本书得到南京大学"985"三期工程的资助

图书情报与档案管理创新丛书

基于TAM与TTF模型的网络信息资源利用效率研究

孙建军 著

科学出版社

北京

内 容 简 介

本书具体分析了网络信息资源利用效率的内涵，结合技术接受模型（technology acceptance model，TAM）和任务技术适配模型（task technology fit，TTF）提出了网络信息资源利用效率整合关系模型，并运用结构方程模型，证实TAM模型中的有用认知、易用认知仍然是影响用户利用网络信息资源时的行为意图和实际使用行为的重要解释变量。任务技术适配对易用认知、有用认知、实际使用和利用效率有正向的显著影响，对行为意图、实际使用有正向的显著影响；主观规范对有用认知、行为意图有正向的显著影响；行为控制认知对行为意图、实际使用有正向的显著影响。以理论研究和实证分析为基础，进而深入探索提升网络信息资源利用效率的具体途径与措施。

本书可为图书情报与档案管理等方面的研究人员提供参考。

图书在版编目(CIP)数据

基于TAM与TTF模型的网络信息资源利用效率研究／孙建军著.—北京：科学出版社，2013.4

（图书情报与档案管理创新丛书）

ISBN 978-7-03-037268-0

Ⅰ.基… Ⅱ.孙… Ⅲ.计算机网络–信息资源–资源利用–研究 Ⅳ.G250.73

中国版本图书馆CIP数据核字（2013）第069092号

责任编辑：李 敏 刘 超／责任校对：桂伟利
责任印制：徐晓晨／封面设计：王 浩

科学出版社 出版
北京东黄城根北街16号
邮政编码：100717
http://www.sciencep.com

北京京华虎彩印刷有限公司 印刷
科学出版社发行 各地新华书店经销

*

2013年4月第 一 版　　开本：787×1092 1/16
2015年7月第二次印刷　　印张：14 插页：2
字数：332 000
定价：130.00元
（如有印装质量问题，我社负责调换）

总　　序

图书情报与档案管理作为独立的一级学科，如何在激烈的竞争环境中生存、扬弃、发展、创新，探索出一条既符合学科发展规律，又与社会、经济、科技和文化发展与时俱进的学科发展道路，是一代又一代图书情报与档案管理人光荣而神圣的使命。

南京大学信息管理系作为我国图书情报与档案管理学科的重要教学和研究阵地，从20世纪20年代创建伊始就一直以培养人才、创新科研、服务社会为历史使命。80多年来，已毕业的6000多名南京大学信息管理系学子遍及海内外图书资讯服务机构，以及文教、传播及其他行业。

图书情报与档案管理学科的发展承载着先辈的学术寄托，从创建图书馆学科肇始，学科先辈就在为争取独立学科地位、构建自身核心理论及扩大教育规模而努力。图书情报与档案管理获得一级学科地位后，仍然面临"大学科观"与"小学科观"、"图书馆业务中心论"与"情报分析与服务中心论"等不同的学科发展路径争论。20世纪90年代以来，又面临紧跟计算机科学、互联网技术发展，适应工商管理需求的巨大挑战。

走向国际化、建成世界一流大学是南京大学的既定战略目标。南京大学信息管理系近日被批准加入国际iSchools图书情报教育联盟，这是我系推进国际化战略所迈出的坚实一步。从国际上看，2000年美国图书情报教育联合会就指出，图书情报教育的服务场景和核心技能正发生深刻蜕变，以数字环境和学科融通为特征的创新更为显著；美国图书馆学会也发现，美国所有图书情报学院开设的课程越来越多地围绕信息科学的前沿展开，充分体现了图书情报与档案管理学科的创新特征；2002年在意大利帕尔玛召开的"图书馆和情报研究国际化"研讨会和在赛萨洛尼基达成的"欧洲图书情报学教育重整和适应标准"，以及2003年在波茨坦召开的"应对变化——图书情报学教育管理变革"研讨会和随后推进的"博洛尼亚进程"均反映了学科内涵的跨学科发展与融合发展趋势。

国内外同行皆认为图书情报与档案管理学科目前仍然属于学科范式急剧"转型"阶段。因此，在学科范式和教育探索中，必须以学科创新为前提和己任。南京大学信息管理系历来致力于学科前沿与社会服务的有机融合，其学科与期刊评价、数字图书馆技术、数字出版教育、数字人文阅读、信息系统采纳、信息用户行为、保密科技、档案信息资源建设等领域在国内外具有重要影响力。

含英咀华悟真知，南京大学信息管理系汇集了全系最新、最具影响力的一批科研成果，通过编写出版《图书情报与档案管理创新丛书》，既向国内外学者汇报南京大学信息管理系的科研进展，也想与国内外同行相互切磋，共同为图书情报与档案管理学科的发展贡献绵薄之力。创新是一个持续的过程，我们也希望通过国家"985"工程等平台的支持，以《图书情报与档案管理创新丛书》为载体，催生更多学术成果，将图书情报与档案管理学科的学术创新精神延续传承。

古曰："周虽旧邦，其命维新"[①]。仅以创新为旨向，以《图书情报与档案管理创新丛书》为形式，诉予大家同仁，是为志，亦以为序。

孙建军
2011年8月于南京大学

[①] 引自《诗经·大雅·文王》

前　言

信息时代的迅猛发展和信息浪潮的风起云涌使信息资源日益引起全社会的广泛关注，信息资源已成为关系国家发展的战略资源。可以说，网络信息资源的出现在带给用户方便的同时，也带来了更多的挑战。用户对那些更有利于或更方便其网络学术信息查寻的信息检索系统充满了期待；各类传统信息服务机构及信息资源公共管理部门也希望通过信息资源（系统）的合理选购、用户培训等方式促进网络信息资源的利用；对网络数据库开发商来说，面对日益激烈的市场竞争，为了开发出适销对路的产品并成功地将其推销出去，他们在用户需求分析、用户开发、系统问题设计诊断、品牌建设等方面，也期盼着有更好的成效。所有这些都强烈地呼唤着学术界对影响用户利用网络信息资源的各种因素进行深入的理论研究，并在此基础上积极探索促进网络信息资源有效利用的对策措施。网络信息资源利用效率研究也成为继网络信息资源评价后的一个新的研究热点。

本书就网络信息资源利用效率研究的内涵进行了具体分析探讨，借鉴在研究信息系统使用时较有影响的两个模型——技术接受模型（technology acceptance model，TAM）和任务技术适配模型（task technology fit，TTF）的思想，提出了网络信息资源利用效率研究的整合关系模型。TAM 模型从行为科学的角度解释信息技术的采用已经获得了广泛的成功，这一理论能够普遍应用于信息科技领域，解释和预测各种信息系统的使用。TTF 模型关注技术特性与任务特性之间是否有良好的适配，以任务特性与技术特性为自变量，以效率为因变量，用于解释信息技术对工作任务的支持能力。TAM 与 TTF 理论分别从用户、任务和技术的不同角度来阐述其对信息系统效用的影响。网络信息资源利用效率研究的复杂性也同样取决于这三个维度所包含的各种因素。本书构建的网络信息资源利用效率研究的整合模型将从用户、任务、技术三个维度来具体探讨网络信息资源利用效率的影响因素，以期找出明确、稳固的外部变量和干扰变量。

在实证部分，本书针对网络公共信息资源的利用对测量指标进行操作化定义，并设计调查问卷和统计分析，运用结构方程模型，利用 379 份有效样本数据，验证了模型的有效性和可靠性，并探索了变量之间的效应关系，是对先前模型的有效发展。研究发现，各影响变量能够很好地预测态度和行为意向，共同解释了行为意向变量，高于其他类似的实证研究，并得到了具有理论价值的研究结论。

（1）TAM 模型中的有用认知、易用认知仍然是影响用户利用网络信息资源时的行为意图和实际使用行为的重要解释变量，并且 TAM 模型中易用认知对有用认知的影响效应也进一步得到了验证，这说明 TAM 仍是一个具有相当活力的模型，能用于研究用户对网络信息资源的使用行为。

（2）TTF 模型能够弥补原 TAM 的缺陷，其中，任务技术适配对易用认知、有用认知、实际使用和利用效率有正向的显著影响；而任务与技术的适配更多的是与网站设计质量有关，因而以 TTF 模型为导向改进网站质量是提高网络信息资源利用效率的有力措施，并进一步拓展和验证了 TTF 模型的应用价值。

（3）信任、主观规范和行为控制对用户使用网络信息资源有重要影响。虽然这三个变量并没有在原始的 TAM 与 TTF 模型中出现，但是它们与这两者有着密切的关联，并且在解释网络信息资源利用行为时具有显著的效应关系。实证得出，信任对行为意图、实际使用有正向的显著影响；主观规范对有用认知、行为意图有正向的显著影响；行为控制认知对行为意图、实际使用有正向的显著影响。

以理论研究和实证分析为基础，本书进而深入探索提升网络信息资源利用效率的具体途径与措施为：以易用性为原则的网站界面设计；以增进有用认知为目标的信息内容保障；以 TTF 模型为导向的公共信息平台开发；以促进用户信任为根本的制度体系建设；以提高用户信息素质为目的的培训。

本书共分 9 章，主要内容如下。

第 1 章，绪论。主要包括研究背景、研究目的与意义、国内外学界对网络信息资源利用研究现状，以及 TAM、TTF 模型研究进展，同时提出本书的研究思路、研究方法与创新点，并概要地说明本书的主体结构。

第 2 章，网络信息资源利用维度分析。全面系统地对影响网络信息资源利用的维度：用户特征、行为特征、任务特征和技术特征进行了分析，从中汲取相关知识，为构建理论模型奠定了理论基础。

第 3 章，技术接受模型及其研究进展。从理论来源、模型演变、相关理论、实证整合等方面系统研究本课题基础之一的 TAM 的理论研究和实证研究现状，从中分析 TAM 及其衍生模型对网络信息资源利用效率研究的借鉴价值。

第 4 章，任务技术适配模型及其研究进展。从理论来源、发展演变、扩展模型等角度系统研究本课题基础之一的 TTF 模型的理论研究和实证研究现状，从中分析 TTF 模型及其衍生模型对网络信息资源利用效率研究的借鉴价值。

第 5 章，技术接受模型与任务技术适配模型整合研究。在第 3、4 章的基础上，考察了 TAM 和 TTF 模型整合研究的可行性与必要性，并介绍了国内外的相关进展。

第 6 章，网络信息资源利用效率模型与研究假设。根据网络信息资源利用的维度，从 TAM 和 TTF 模型的适应性和整合的必要性出发构建了基于 TAM 与 TTF 模型整合的网络信息资源利用效率的理论模型，明确模型中各结构变量的相互联系与作用，提出了相应的研究假设，并进一步研究理论模型中结构变量的含义、特征，形成整个模型中变量的指标体系。

第 7 章，网络公共信息资源利用实证研究。通过分析网络公共信息资源利用的特征和

| 前　言 |

第5章涉及的指标体系，设计网络公共信息资源利用的测量题项和调查问卷，分析样本数据，对模型的信度、效度进行检验，以及通过结构方程模型对理论模型进行检验，并对验证结果进行归纳。

第8章，网络信息资源利用效率改进策略。通过综合分析第7章实证分析中的验证结果，对提高网络网络信息资源利用效率提出具有针对性和可行性的建议。

第9章，结语。对本书的主要创新点和研究结论进行总结。简要分析了研究中存在的不足之处，提出了后续研究的构想和思路。

孙建军
2012年12月

目 录

总序
前言
第1章 绪论 ………………………………………………………………………… 1
  1.1 问题的提出 …………………………………………………………………… 1
    1.1.1 网络信息资源开发与利用矛盾 ……………………………………… 1
    1.1.2 信息系统用户行为研究理论与方法日益成熟 ……………………… 3
    1.1.3 研究可行性 …………………………………………………………… 8
  1.2 研究目的和意义 ……………………………………………………………… 8
    1.2.1 研究目的 ……………………………………………………………… 8
    1.2.2 研究意义 ……………………………………………………………… 9
  1.3 网络信息资源利用的行为学研究视角 ……………………………………… 9
    1.3.1 网络信息资源利用行为研究进展 …………………………………… 9
    1.3.2 技术接受模型与任务技术适配模型研究进展 ……………………… 13
    1.3.3 研究进展小结 ………………………………………………………… 15
  1.4 研究思路、方法与创新 ……………………………………………………… 15
    1.4.1 研究思路 ……………………………………………………………… 15
    1.4.2 研究方法 ……………………………………………………………… 17
    1.4.3 创新点 ………………………………………………………………… 17
第2章 网络信息资源利用维度分析 …………………………………………… 19
  2.1 网络信息资源利用维度的构成 ……………………………………………… 19
    2.1.1 网络信息资源利用的概念模型 ……………………………………… 19
    2.1.2 网络信息资源利用阶段与维度 ……………………………………… 19
  2.2 网络信息资源利用的用户特征维度 ………………………………………… 21
    2.2.1 信息用户与行为相关理论研究 ……………………………………… 21
    2.2.2 用户个体差异对网络信息资源利用的具体影响 …………………… 23
    2.2.3 特定用户的信息资源利用行为 ……………………………………… 25
    2.2.4 用户态度对信息资源利用行为的实证研究 ………………………… 26
  2.3 网络信息资源利用的技术特征维度 ………………………………………… 29
    2.3.1 信息技术与行为相关理论研究 ……………………………………… 29
    2.3.2 信息技术对绩效的影响 ……………………………………………… 34
    2.3.3 存在的问题 …………………………………………………………… 34

2.4 网络信息资源利用的任务特征维度	35
2.4.1 不同类型网络信息资源利用的任务差异	35
2.4.2 调查中存在的问题	42
2.5 影响网络信息资源利用行为的因素	43
2.5.1 行为主体	43
2.5.2 行为过程	43
2.5.3 行为对象	45
2.5.4 行为环境	45
2.6 小结	46

第3章 技术接受模型及其研究进展 ... 47

3.1 技术接受模型研究概况	47
3.2 技术接受模型的理论源泉	51
3.2.1 理性行为理论	51
3.2.2 计划行为理论	53
3.3 技术接受模型及其扩展	56
3.3.1 技术接受模型	56
3.3.2 技术接受模型的修正	57
3.3.3 扩展的技术接受模型（TAM2）	59
3.3.4 技术接受和利用整合理论（UTAUT）	60
3.3.5 技术接受整合模型（TAM3）	62
3.4 技术接受模型的相关理论	63
3.4.1 社会认知理论	63
3.4.2 自我效能理论	64
3.4.3 创新扩散理论	64
3.5 技术接受模型的实证整合分析	67
3.5.1 Ma 的整合分析	67
3.5.2 William 的整合分析	67
3.5.3 Schepers 的整合分析	68
3.5.4 Yousafzai 的整合分析	69
3.5.5 TAM 与 TRA、TPB 整合统计分析	83

第4章 任务技术适配模型及其研究进展 ... 92

4.1 任务技术适配模型研究概况	92
4.2 任务技术适配模型的理论来源	96
4.2.1 信息系统成功模型	96
4.2.2 技术效果链模型	97
4.3 任务技术适配模型的提出	97
4.4 任务技术适配模型的扩展和整合	98

4.4.1 通用性扩展 ·· 98
   4.4.2 专用性扩展 ·· 100

第5章 技术接受模型与任务技术适配模型整合研究 ················ 102
5.1 技术接受模型与任务技术适配模型整合研究概况 ················ 102
5.2 技术接受模型与任务技术适配模型的适应性 ···················· 105
   5.2.1 技术接受模型的适应性 ·· 105
   5.2.2 任务技术适配模型的适应性 ···································· 106
5.3 技术接受模型与任务技术适配模型整合的必要性 ·················· 106
   5.3.1 技术接受模型的不足 ·· 106
   5.3.2 任务技术适配模型的不足 ······································ 107
5.4 技术接受模型与任务技术适配模型整合的可行性 ·················· 107

第6章 网络信息资源利用效率模型与研究假设 ···················· 109
6.1 网络信息资源利用理论模型构建 ································ 109
   6.1.1 网络信息资源用户接受与利用基础模型 ························ 109
   6.1.2 基于TTF/TAM整合的网络信息资源利用效率模型 ·················· 110
6.2 研究假设 ·· 111
   6.2.1 有用认知对行为意图和实际使用的影响 ························ 111
   6.2.2 易用认知对有用认知和行为意图的影响 ························ 111
   6.2.3 行为意图对系统实际使用的影响 ······························ 112
   6.2.4 TTF对易用认知、有用认知、实际使用及利用效率的影响 ·········· 112
   6.2.5 用户信任对行为意图和实际使用的影响 ························ 113
   6.2.6 主观规范对有用认知和行为意图的影响 ························ 113
   6.2.7 行为控制认知对行为意图和实际使用的影响 ···················· 114
   6.2.8 实际使用对网络信息资源利用效率的影响 ······················ 114
6.3 结构变量的测量指标体系 ······································ 114
   6.3.1 变量的定义 ·· 114
   6.3.2 变量的指标体系 ·· 116
6.4 数据分析方法 ·· 118
   6.4.1 描述性统计分析 ·· 118
   6.4.2 信度与效度分析 ·· 118
   6.4.3 单因素方差分析 ·· 119
   6.4.4 结构方程模型分析 ·· 120

第7章 网络公共信息资源利用实证研究 ·························· 122
7.1 网络公共信息资源利用研究概述 ································ 122
   7.1.1 网络公共信息资源概念和特征 ·································· 122
   7.1.2 研究背景 ·· 123
   7.1.3 网络公共信息资源利用研究现状 ································ 123

7.2 网络公共信息资源利用的特征维度 127
7.2.1 任务特征 127
7.2.2 技术特征 128
7.2.3 用户特征 129
7.3 研究主题中概念的界定 130
7.4 问卷设计与样本收集 130
7.4.1 指标选取的依据 130
7.4.2 测量指标操作化定义 132
7.5 样本收集 136
7.5.1 问卷前测 136
7.5.2 样本分布 137
7.5.3 信度与效度检验 140
7.5.4 用户特征的影响分析 153
7.6 结构方程模型的检验 168
7.6.1 结构方程模型的数学表示 168
7.6.2 结构方程模型的识别 169
7.6.3 结构方程模型的估计 170
7.6.4 结构方程模型的评价 172
7.6.5 结构方程模型的修正 173
7.7 结果讨论 180
7.7.1 研究假设的结论解释 180
7.7.2 变量之间的效应关系 182

第8章 网络信息资源利用效率改进策略 185
8.1 以易用性为原则的网站界面设计 185
8.2 以增进有用认知为目标的信息内容保障 186
8.3 以 TTF 为导向的公共信息平台开发 187
8.4 以促进用户信任为根本的制度体系建设 188
8.5 以提高用户信息素质为目的的教育体系 190

第9章 结语 192
9.1 主要贡献及结论 192
9.2 研究展望 193

参考文献 195
附录 A 网络公共信息资源用户利用的调查问卷 204
附录 B 验证性因子分析的协方差矩阵 208
附录 C 验证性因子分析的路径图 210
附录 D 网络公共信息资源利用模型的协方差矩阵 211
附录 E 网络公共信息资源用户利用模型的结构方程路径图 213

第 1 章 绪 论

1.1 问题的提出

一般认为，信息资源利用是根据社会需要，对信息资源进行采集、处理、存储、传播、服务、交换、共享和应用的过程（赖茂生等，2004）。在本书中，网络信息资源利用可认为是用户获取、使用或传播网络信息资源的行为。该行为包括两个阶段：第一阶段是用户对网络信息资源的认知、态度、采纳、习惯及依赖等，该过程一般在信息系统行为认知和采纳理论方面进行研究，在国外主要是信息技术接受（information technology acceptance，后称 TAM）理论研究；第二阶段是网络信息资源的内容对用户需求的满足程度，即强调利用效率或效能层面，包括用户满意理论、任务适配理论及相关资源评价理论等。上述两个利用阶段既相互联系，又彼此区别：没有第一阶段的信息资源采纳就不可能获得信息资源价值；信息资源有用性和易用性更加促进用户对信息资源进行采纳。

一直以来，我国理论界在研究网络信息资源利用时，并没有区分信息资源利用过程的阶段性，尤其是不同信息资源利用阶段的影响因子的差异性，以致一直存在两个研究弊端：要么直接采用单一阶段的研究模型研究整个过程，以致对影响因子发掘不够全面；要么笼统研究整个过程的影响因子，而忽视影响因子之间的内在关联性。因此，本研究提出运用整合模型同时研究信息资源利用的两个过程。

此外，本研究问题的提出还直接源自于当前网络信息资源开发与利用的直接矛盾，迫切需要研究网络信息资源利用的改进方法。

1.1.1 网络信息资源开发与利用矛盾

2000 年以来，我国网络信息资源数量保持持续增长。根据中国互联网络信息中心（2012）2012 年 7 月 19 日发布的《第 30 次中国互联网络发展状况统计报告》，截至 2012 年 6 月底，我国 IPv4 地址数量为 3.30 亿，拥有 IPv6 地址 12 499 块/32；截至 2012 年 6 月，我国域名总数为 873 万个，其中 .cn 域名数为 398 万个，两者均出现明显增长；网站总数达到 250 万个。但是，我国网民整体素质并不高，网络信息资源利用情况并不乐观。据《中国互联网络发展状况统计报告》分析，许多用户不采用某种资源的比重最大的原因就是不懂得使用。用户自己的经验和对使用某种资源系统的自信心会大大影响对这种资源的利用频率，甚至影响优先选用的可能性。2012 年 7 月发布的《2012 年中国网民信息搜索行为研究报告》指出如下情况。

（1）当与工作学习相关时，网民的搜索比例最高，为 75.9%；其次为有感兴趣的信息时和下载软件时，比例分别为 67.1% 和 63.6%。

（2）综合搜索网站的使用比例为 97.8%。视频网站和购物网站站内搜索的使用比例分别为 75.6% 和 72.9%。垂直搜索网站的使用比例相对较低，为 24.7%，有待进一步提高。

（3）在常用综合搜索引擎上的搜索内容：新闻、影音娱乐及饮食生活类信息的搜索用户比例较高，分别为 62.7%、55.9% 和 53.1%；社区论坛、旅游及应用软件类信息的搜索用户比例偏低，分别为 32.5%、37.9% 和 43.1%。

（4）网民在搜索购物信息时，对产品价格、品牌和评价最关注，比例分别为 87.0%、81.9% 和 75.5%。

（5）网民在搜索购物信息时主要在购物网站进行站内搜索，比例为 62.7%；其次在综合搜索网站进行搜索，比例为 34.3%；在垂直搜索网站搜索的比例最低，仅为 0.7%。

（6）用户在搜索完购物信息后，线上购买情况较多的比例为 39.7%，线下购买情况较多的比例为 21.3%，30.7% 的用户线上线下购买情况差不多，只有 8.3% 的用户不购买。可见网上搜索购物信息后的转化率较高，搜索后的购买行为比较突出。

（7）旅行搜索用户对旅行信息的查询主要集中在交通工具和目的地两大类上，其中对火车票的信息查询比例最大，为 72.0%；其次为目的地和机票，比例分别为 69.7% 和 53.7%。

（8）在进行旅行信息查询时，使用综合搜索网站进行搜索的用户比例最高，为 78.1%；旅行网站及垂直搜索网站的搜索用户比例较低，分别仅为 12.0% 和 3.1%。

（9）最近 6 个月内，93.5% 的微博用户曾在微博上搜索过信息，其中 28.0% 为深度用户，他们每天都在微博上查找信息。

（10）微博用户对热点新闻事件的搜索比例最高，为 70.4%；其次为朋友信息和名人信息，比例分别为 64.6% 和 53.7%，与国内微博的信息功能和社交功能相吻合。

通过上述研究，不难发现，网络信息资源利用的关键因素在于用户对网络信息资源的评价、态度、感知和使用动机，而其评价、态度、感知和动机则归结为用户特征、技术特征和行为特征三个层面。从根本上讲，网络信息资源利用是"网络信息资源—用户—信息技术"三元关系构成的生态体系，落脚点是用户信息需求的满足。正如毕强（2002）所言，"网络信息资源开发和建设的最终目标是满足用户的信息需求，其价值是通过用户对信息资源的利用和需求的满足来实现的"。而现有的研究恰恰将主要精力放在了信息技术和信息内容本身，很少考虑在使用过程中人与信息、信息技术的交互作用，因此也不能带来信息资源价值的充分实现，也就无从谈及网络信息资源利用的"最大效率"。

作为一个完整的生态系统，"网络信息资源—用户—信息技术"之间既有共生关系，也有冲突关系，尤其是协调网络信息资源与用户的关系。网络信息资源利用的主体是网络用户，用户因为自身的需求和特点寻求有帮助的信息。用户因为自身条件的不同会对相同的资源作出不同的行为反应。用户希望所使用的网络信息检索系统方便易用，满足自身信息需求；信息服务机构和部门则希望网络信息资源价格、技术要求、服务提供等方面均比较合理，而满足最终用户的需求；信息资源系统的开发商则需要将用户需求纳入系统设计，在开发过程中就能针对用户需求进行系统的设计和开发。但是，往往最终用户对网络信息资源开发的参与度偏低，最终造成网络信息资源的真实利用率并不高。因此，网络信息资源既是以资源为中心的技术网络,也是以用户为中心的服务网络。

1.1.2 信息系统用户行为研究理论与方法日益成熟

信息系统用户行为研究,大约起源于20世纪70年代。1967年,明尼苏达大学的会计学教授Gordon B. Davis开设了全球第一个管理信息系统的博士生课程,并在此后30年创建了影响信息系统研究的主要学术流派:明尼苏达学派,或者称为信息系统行为学派。而Swason(1974)、Lucas(1976)、Schewe(1976)等学者分别在检索系统、商务系统和管理系统的用户研究中发现系统的使用效果对用户采纳具有显著的正向驱动;而Guthrie(1972)、Alter(1978)、Maish(1979)则从不同的情绪维度证实,事前用户态度和情绪与信息系统使用显著相关;同时,Gallagher(1974)、Edstorm(1977)等还发现信息满意度、系统以往的成功经验都是决定信息系统是否被利用的关键因素。但在20世纪80年代之前基本以经验研究为主,理论基础非常分散,研究框架和模型复用性并不是很强。

1985年,Fred Davis在全球移动代理论坛(International Symposium on Mobile Agents)上宣读了一篇论文——A Technology Acceptance Model for Empirically Testing New End-user Information Systems' Theory and Results,首次完整提出了TAM的术语,但并没有引起学术界的关注;1989年,Fred Davis连续在管理信息系统顶级刊物《管理信息系统季刊(MISQ)》上发表了三篇文章:《信息技术的感知易用性和用户采纳》(Perceived Ease of Use and User Acceptance of Information Technology)、《信息技术的感知有用性、易用性和用户采纳》(Perceived Usefulness, Ease of Use, and User Acceptance of Information Technology)和《信息技术用户采纳:两种理论模型的比较》(User Acceptance of Information Technology: A Comparison of Two Theoretical Models),同时在《管理科学》杂志上也发表了一篇类似的论文——《计算机技术用户采纳:两种理论模型的比较》(User Acceptance of Computer Technology: A Comparison of Two Theoretical Models)。这四篇论文提出了一个简单的技术接受模型(TAM基本型),该模型中易用认知(perceived ease of use)和有用认知(perceived usefulness)是解释用户对信息系统的采用和使用的两个十分关键的影响因素。

该模型为Davis赢得了巨大的学术声誉,目前这四篇论文的累计被引量已经超过12 000次,并被广泛拓展与应用,带来了信息系统和信息技术(IS/IT)研究视角的重大转变,即信息系统行为研究(behavioral paradigm)引起学术界更广泛的关注,并且研究逻辑性和规范性大为增强。

微软开发的学术搜索引擎显示,从1985年至今收录的与TAM相关的学术论文总量为1140篇,总被引约16 881篇次,其年度累积出版论文数量和累积被引篇次见表1-1,其增长趋势如图1-1所示。

表1-1 国外技术接受模型出版文献和累积被引情况

项目	1985年	1986年	1987年	1988年	1989年	1990年	1991年	1992年
累积出版	1	2	2	2	3	3	4	5
累积被引	—	—	13	16	29	21	38	69

续表

项目	1993 年	1994 年	1995 年	1996 年	1997 年	1998 年	1999 年	2000 年
累积出版	5	5	8	14	22	31	41	54
累积被引	133	160	194	204	238	278	325	413
项目	2001 年	2002 年	2003 年	2004 年	2005 年	2006 年	2007 年	2008 年
累积出版	67	91	131	167	229	290	385	488
累积被引	574	876	1 243	1 671	2 398	3 410	4 878	6 687
项目	2009 年	2010 年	2011 年	2012 年				
累积出版	650	807	905	1140				
累积被引	9 120	11 559	12 844	16 881				

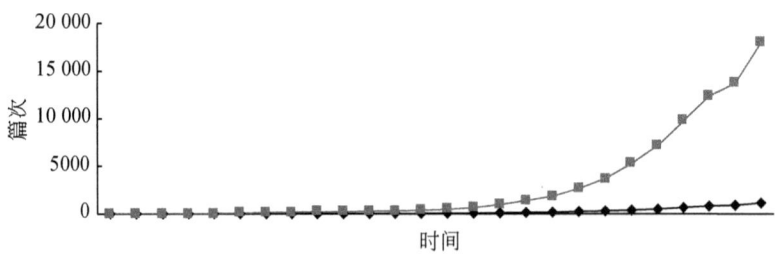

图 1-1　国外技术接受模型研究趋势

在国内，从 20 世纪 90 年代中后期开始陆续引入 TAM 的研究，CNKI 学术趋势统计了 1997～2011 年的技术接受研究情况，也表明国内近年技术接受研究呈现快速增长的趋势（表 1-2 和图 1-2）。

表 1-2　国内技术接受出版文献情况

项目	1997 年	1998 年	1999 年	2000 年	2001 年	2002 年	2003 年	2004 年
年度出版	0	1	0	0	0	0	0	4
累积出版	0	1	1	1	1	1	1	5
项目	2005 年	2006 年	2007 年	2008 年	2009 年	2010 年	2011 年	
年度出版	9	7	9	17	28	33	37	
累积出版	14	21	30	47	75	108	145	

其中，采纳行为理论是技术接受领域中最为活跃的研究分支，信息技术接受领域研究的核心问题是"如何预测或解释信息技术应用中用户表现出来的行为差异"，研究主要集中在根据社会学与心理学的相关理论分析技术接受过程中的组织行为与个体行为，解释行为产生机理与相关影响因素。此后，TAM 及其相关拓展模型以精炼的形式体现了影响技术接受行为的各因素之间的逻辑结构，为人们提供了一种能有效解释和预测用户信息系统

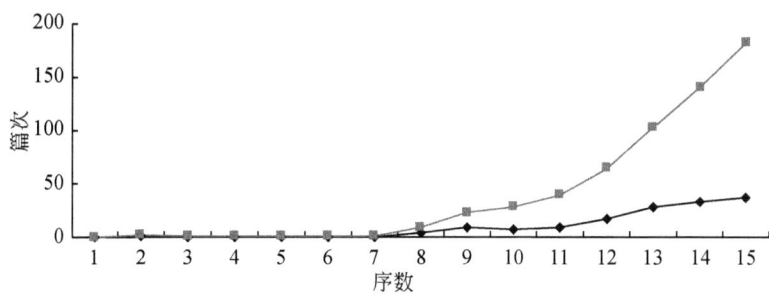

图 1-2　国内技术接受研究增长趋势

使用行为的良好工具。在此后的实证研究中,学者肯定了 TAM 的价值,TAM 被认为是解释和预测用户信息系统接受/使用行为最有力的模型之一。

但是,模型简洁也是 TAM 的主要弊端。正如 Davis 的主要合作者之一 Bagozzi 在一篇文献中所陈述的,TAM 因为过于简洁而不足以解释所有系统场景的所有采纳行为。根据 Bagozzi 的论述,笔者总结了至少四个方面需要重新考虑:第一是 TAM 没有考虑技术差异性,专有技术和通用技术是否同样适用于 TAM 有待进一步验证;第二是技术接受的环境因素没有考虑,组织环境、个人环境和社会环境的差异性无法体现;第三是决策者的价值取向差异,而以调查方法获取总量数据的方法忽视了用户个体差异;第四是决策者本身的差异,比如在博客技术接受研究中,媒介博客、情感博客、教育博客和研究博客等差异在简单建模中被忽视了,同样在电子商务中不同用户群体的价值取向被忽视。因此,单纯运用 TAM 来解决所有的信息技术或信息系统的采纳是不足取的。

针对这些弊端,1990 年以后在 TAM 理论研究中出现了以下三类主要的改进方法。

第一类是进行 TAM 的拓展(broadening),通过增加 TAM 的变量数量和类型,提供更为完整的解释,比如后续增添的信任、娱乐性、主观态度、主观规范等变量。例如,20 世纪 90 年代学者的发展,包括 Mathieson(1991)将计划行为理论 TPB 引入 TAM;Taylor 和 Todd(1995)引入了认知行为控制;Lucas 和 Spitler(2000)引入了社会规范和系统质量认知;Venkates 和 Morris(2000)在个体采纳中引入性别因素和经验因素。Dishaw 和 Strong(1999)认为,TAM 模型还应该考虑主观规范,主要原因是信息系统的使用者在组织环境中会感受到社会压力、文化氛围等影响,Legris 等(2003)也持相似的观点。在众多学者的影响下,Davis 和 Venkatesh(2004)引入组织因素后,提出了扩展技术接受模型(TAM2),增加了主观规范、印象、产出质量、工作相关性等自变量。

第二类是进行 TAM 的深化(deepening),通过对 TAM 中的 PEU、PU 等变量进行分解和细化,建立二级解释变量,这也是在实证研究中采用最广泛的方法。大量信息系统学者认为,TAM 具有广泛的适用性,由于 TAM 是一个开放模型,其本身并没有对外部变量作出更多的解释和定义,学者能针对具体应用背景和其他理论对原模型进行定义和扩展。Lai 和 Li 就认为,通过分离研究变量,感知娱乐性、感知安全、信任、隐私、自我效能均被加入到模型中以增强模型在不同应用背景下的解释力。从理论上看,TAM 最先关注到信息技术的用户接受阶段,而 ISC 学者也提出一些通过改进 TAM 进行信息技术用户持续利用行为的解释。典型的研究如 Juan Carlos Roca 等在 TAM 基础上融合更多的影响因素研究网络在线学习的用户持续性,认为在线学习系统的用户持续性的感知效用由感知质量和感知可用性两部分构成,感知质量由信息资源质量、服务质量和系统质量三部分共同影响,而感知可用性则包含了感知有用性、认知吸收和感知易用性三个影响因素,此外认可度、感知行为控制和用户主观要求也在模型中有所体现。

第三类是进行 TAM 与其他相关系统行为模型的融合研究,如计划行为理论(TPB)、期望确认模型(ECM-IT)、期望差异模型(EDT)、理性行为理论(TRA)、任务技术适配模型(TTF)、网络消费理论等,从而提出集成或融合的技术接受与利用整合理论(unified theory of acceptance and use of technology,UTAUT)。例如,Bhattacherjee 也曾经整合期望差异模型 EDT 和 TAM 来解释电子商务用户的满意度和持续使用意图的影响因子;Liao 则综合 TAM、ECM 及认知模型(COG)构建了一个新的信息系统使用生命周期模型 TCT,并探明 TCT 的两个核心元素分别为态度和满意度,指出该模型对处于系统生命周期各个阶段的用户的使用性具有通用性;Venkatesh 等则从用户长期接受角度对 TAM 进行扩展,并通过实验证明社会因素和认知过程都会对感知有用性和用户使用意图有显著影响。这是国内外比较通行的研究方法,课题组在前期研究中也曾运用模型整合的思路探索性研究过电子政务、电子商务和网络信息资源的采纳和利用问题。

目前,TAM 不仅包含个人层面的技术接受,还有团队层面和组织层面的接受;不仅有采纳前的影响因素,还有采纳初期和采纳后的影响因素;不仅有系统短期使用影响因素,还有长期持续性使用的影响因素。Jeyaraj 等(2006)在系统采纳模型元模型分析中,分离了 135 个自变量和 8 个因变量的 505 组对应关系。

TAM 从诞生、发展到成熟,其理论框架历经学者们不断的探讨与修正,围绕该模型,学者们进行了大量的实证研究。虽然 TAM 仍然存在若干不足,但 Van den Poel 和 Keunis(1999)、Teo 等(1999)、Lederer 等(2000)、Moon 和 Kim(2001)、Chang Cheung(2001)、Morris 和 Turner(2001)、Shih(2004)等学者相继证实,在互联网环境下,TAM 仍具有很强的解释性,这些学者相继作了相应的拓展和修正。

具体而言,网络资源的利用和用户的年龄、学历、从业背景、经济状况等因素相关。结合相关研究成果,用户态度、信念等相关方面也影响用户网络信息资源利用行为。

(1)多阶段改变理论。使用者在不同阶段的信念、态度和意向等也不会是完全相同的。多阶段改变理论指出(林丹华等,2005):第一个阶段是前沉思阶段,此时个体尚未意识到不良行为所带来的危险,不想改变自己的行为。第二个阶段是沉思阶段,个体已经意识到问题的严重性,并开始认真地思考变化自己的行为。第三个阶段是准备改变阶段,个体开始计划、准备改变自己的行为,一些间断性的行为变化已经出现,但持续性的变化尚未出现。第四个阶段是行动阶段,此时个体已经出现了持续性的行为变化,第五个阶段是保持阶段。

(2)用户信息意识。用户的信息意识直接关系到用户是否运用网络来获取相应的信息并加以应用,且关系到用户对网络信息的满意度。这是当前网络环境下图书馆信息服务除了要注意一般性网站所需要注意的问题,还要建立起以信息用户为导向的服务意识的重要原因。以信息用户为导向的服务包括用户培训服务,即对用户信息意识及用户利用现代信息技术手段进行信息检索方法与能力的培养。信息服务质量包括用户获得的信息产品质量及获得信息产品的全部活动和过程。

（3）用户易用认知。传统信息系统的易用性，除了与用户本身的知识结构有关外，还体现在系统用户界面上。但对于一般的网站而言，要使用户感觉到使用方便、容易，还应对以下几个方面予以注意：网页的设计、信息的组织形式、导航系统的强弱、与用户的交互性、安全性、可检索性、费用的大小等。

（4）用户有用认知。对于信息系统而言，用户感知的有用性主要体现该系统是否能够帮助用户提高工作绩效；最终所提高的工作绩效比用户期望值高还是低。对于网络资源，要使用户觉得它有用，首先要确保它的真实性。此外，还要看其内容的丰富程度，看其是否能够满足其信息需求、娱乐需求、交流需求、生活帮手需求等。《中国互联网络发展统计报告》显示，互联网是网民信息的第一来源渠道，约3/4的网民通过互联网获取信息。很多网民有了思维定式，互联网是最快最好的信息渠道，网上调查结果显示，90.4%的网民表示需要信息时首先想到的就是互联网。

（5）用户态度和主观规范。理性行为理论和计划行为理论都指出，影响行为主体行为的关键是行为主体的态度和主观规范。行为态度是指行为主体对某种行为所存在的一般而稳定的倾向或立场，取决于行为主体的行为信念和其对行为结果的评价。主观规范是指因他人的期望而使行为主体作出特定行为的倾向程度，取决于规范信念和相应遵从动机。面对一个全新的网站，用于测量用户态度的指标可以为：①访问这个网站是一个坏/好主意；②访问这个网站是一个愚蠢的/明智的选择；③访问这个网站令人感到不愉悦/愉悦。用于测量用户主观规范的指标可以为：①能够影响我行为的人认为我应该访问和利用这个网站的资源；②对我来说重要的人认为我应该访问和利用这个网站的资源。

（6）用户的行为控制认知（鲁耀斌和徐红梅，2005）。简单地讲，感知的行为控制是指行为主体对行为控制难易程度的感知。同样面对一个全新的网络信息资源，用户感知的行为控制可以通过下列子项体现：①我有访问和利用这个网站所需要的资源；②我有访问和使用这个网站所需要的知识；③给我访问和使用这个网站所需要的资源、机会和知识，我将会很容易地访问和利用这个网站上的信息资源。

（7）社会规范。除了主观规范，社会规范对人们的技术接受行为也有很大的影响，主要包括（李霆等，2005）：①对机制主体的认识，即社会规范本身（自变量）。对于社会规范这个复杂变量的不同成分，如强制成分和内化成分等在定义上没有清晰的界定。外界对这些技术特征的积极的或消极的评价（有用/无用、易用/难用）将会直接作用于个体信仰和评估结构（有用性感知、易用性感知）的形成或改变过程。可用"制度规范"这个反映客观现实的二分变量（0：无制度约束；1：有制度约束）来代替"用户自愿使用程度"这个主观性较强的变量，以更准确地描述社会规范的强制成分发生作用时所处的不同组织情境（"用户自愿使用程度"这个控制变量实际上反映了在信息技术使用方式上的两种不同类别：一是用户依据自己的意愿决定是否使用的所谓"自发式"使用方式，常见于个人层面上的电子邮件、文件编辑等应用；二是用户无论愿意与否都必须使用的所谓"强迫式"使用方式，常见于组织层面上的文档管理系统、工作流管理系统等应用）。②对机制客体的认识，即社会规范的作用对象（因变量）。目前的研究大多关注用户的外显行为，如对信息技术的使用频率或使用量，较少涉及用户的心理感知，而心理感知也是"广义"

行为研究中不可或缺的重要方面。③对关联机制的认识，如技术的影响机制、用户个人特征的影响机制等，没有以集成的观点来审视众多影响因素之间的交互作用可能对技术接受行为造成的影响。社会规范对用户感知的影响作用是随着用户经验水平的增长和用户自我效能感的增强而不断减弱的。

上述理论的发展与成熟为研究网络资源和相关技术的采纳提供了可行的研究框架和基础。

1.1.3　研究可行性

综上所述，网络信息资源相对一般信息系统，具有更强的社会性、多样性和复杂性，但归根结底也是信息系统的一种类型，因此 TAM 可以为研究用户采纳网络信息资源提供支撑，并进而为研究网络信息资源利用效率提供理论依据。另外，单纯的 TAM 框架或模型又难以解释网络信息资源利用的特有场景和模式。就本书而言，TAM 与 TTF 模型都有其局限性。TAM 没有考虑任务技术适配对网络信息资源利用效率的影响，即 TAM 仅关注网络信息资源采纳前或采纳后的短期利用行为，对长期行为和其他影响因素无法解释；TTF 模型未包含行为与信念，而影响网络信息资源利用的因素除了任务技术适配度之外，还包括许多其他因素，如过去的使用经验、对互联网的接受程度及社会环境的影响等，这些因素 TTF 模型也无法解释。因此，有必要突破两个模型各自的局限性，进行整合拓展，以更好地研究网络信息资源利用效率问题。

因此，本书致力于通过拓展、深化和整合综合运用，构建适用于网络信息资源利用的技术接受模型，并通过实证研究予以验证。这也是本书的研究初衷，也是国家社会科学基金资助项目"基于 TAM 与 TTF 模型的网络信息资源利用效率研究"的重要组成部分，是课题研究的核心内容之一。其任务是构建网络信息资源利用效率评价的理论模型，以及对模型进行验证和修正。

1.2　研究目的和意义

1.2.1　研究目的

（1）引入技术接受模型和任务技术适配模型作为研究的基础和依据，分析两个模型对网络信息资源利用效率研究的适用性和可行性，探讨两者整合的必要性和可行性，构建一个整合 TAM 与 TTF 的网络信息资源利用效率评价模型。

（2）用实证的方法，研究整合模型在网络信息资源利用效率中的适用性。整合模型为研究网络信息资源利用效率提供了一个可行的基本框架，最终的实证研究结果将支持一些变量的解释，也可能否定一些变量的解释。该实证能在整合的概念模型基础上调整若干关系变量，使得对网络信息资源利用效率评价或政策评估更有借鉴性。

（3）通过本研究来全面地描述和分析用户利用网络信息资源的主要影响因素，以便在此基础上积极探索促进网络信息资源有效利用的相关对策与措施。

1.2.2 研究意义

从理论上看，网络信息资源具有迥异于传统信息资源的特点，网络信息资源利用效率已成为继网络信息资源评价之后的又一个学术热点。我们引入的 TAM 与 TTF 模型的思想，从用户、行为、技术、任务的角度考察网络信息资源利用效率的影响因素，是对以往研究方法和体系的突破，会进一步丰富和扩展网络信息资源开发与利用研究的理论体系。

从实践上看，信息资源的开发利用是国家信息化的核心任务，网络信息资源已经成为信息资源的重要组成部分，全面研究网络信息资源利用效率对推动全社会的信息资源开发利用具有重要意义。在此背景下，深入研究网络信息资源用户接受和利用过程中的主要影响因素，并依据实证分析提出提高网络信息资源利用效率的对策和建议，可以为相关部门的决策提供服务。

1.3 网络信息资源利用的行为学研究视角

1.3.1 网络信息资源利用行为研究进展

通过查阅国内外从行为学视角研究网络环境信息资源利用的文献后发现，目前该领域的研究非常活跃，但缺乏一个公共研究框架，属于"成长"中的研究课题。

1. 网络信息资源利用研究文献的基本情况

以 SSCI 和 LISA 数据库作为统计来源，以主题 =（Information Resource Acceptance or Information Resource Usage or Information System Usage or Information System Acceptance) and 出版年 =（2000－2009）为检索项进行检索，检索时间为 2009 年 6 月，得到相关文献 249 篇。

从研究方法来看（表 1-3），国际上对网络信息资源或信息系统利用研究的论文大部分都采用实证研究方法，占总数的 49.3%；阐释型或概念构建型等纯理论（pure theory）研究文献仅 34 篇，占总数的 15.4%。统计结果表明，应用研究（theoretical application）是本领域研究的主要方法范式。

表 1-3 研究方法分布

研究方法	频率	比例/%
实证研究	109	49.3
概念应用	50	22.6
阐释型	25	11.3
调查研究	17	7.7
案例研究	11	5.0
概念构建型	9	4.1
合计	221	100.0

注：其中 28 篇论文无法找到原文确定其具体方法，故共计 221 篇

从应用领域来看（表1-4），文献分布在40多个具体领域和范畴；运用SSCI提供的学科分类，分属14个一级学科范畴，足见信息资源利用所涉及的范围之广泛，其是当前社会普遍关注的研究课题。但与之形成鲜明对比的是，在网络信息资源领域出现"利用（usage）"的文献只有9篇，仅占总数的3.6%，说明普遍意义的网络信息资源利用尚未引起足够重视。

表1-4 应用领域分布

应用领域	频率	比例/%	累积比例/%
医学与医疗	85	34.1	34.1
地理	20	8.0	42.2
土地利用	20	8.0	50.2
信息系统	13	5.2	55.4
企业	13	5.2	60.6
环境	11	4.4	65.1
农业	10	4.0	69.1
信息资源	9	3.6	72.7
信息系统评价	8	3.2	75.9
生物	7	2.8	78.7
教育	6	2.4	81.1
水资源	5	2.0	83.1
商业	4	1.6	84.7
人力资源	3	1.2	85.9
交通	3	1.2	87.1
化学	3	1.2	88.4
其他领域	29	11.6	100.0
总计	249	100.0	

注：其他领域是指电力、城市规划、银行、用户参与、信息检索、信息技术利用、图书馆、林业、矿业、客户关系管理、建筑、机器人救援、会计、航空、供应链、多媒体、电子商务、电视电影产业、污染、体育、生态农业、旅游等22个领域

在国内研究文献中，以CNKI数据库作为统计来源，以篇名包含"网络信息资源"且包含"利用"，或者关键词包含"网络信息资源"且包含"利用"为检索项进行检索，通过阅读文摘及全文的方式，剔除相关性不大的文献，获国内研究网络信息资源利用的相关文献共350篇，检索时间为2009年6月。

从时间统计上看，2000年以前网络信息资源利用研究的文献仅9篇，2000年均保持较高的发文量；但在2008年以前的文献都侧重于利用技术实现信息资源的有效利用方面，2008年以后才开始出现基于用户接受模型的网络信息资源利用分析的相关文献（图1-3）。

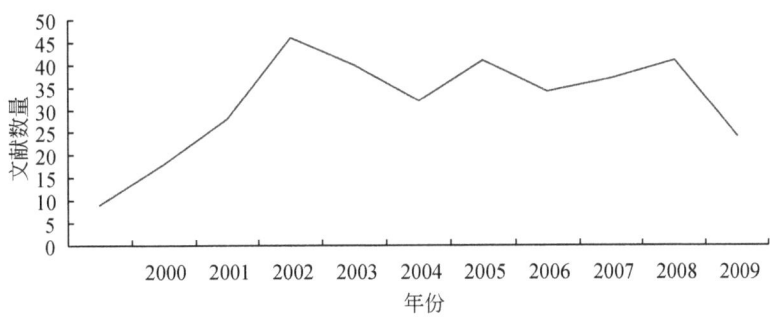

图 1-3 国内网络信息资源利用文献的时间分布

国内探讨网络信息资源利用时所用的研究方法绝大多数都是阐释型,达到总数的 86.6%,实证研究、概念应用、构建概念、案例研究的文献仅有 47 篇。这说明在研究方法的规范性上,国内对网络信息资源利用的研究与国外相关研究的差距明显。

从文献量来看,国际上关于网络信息资源利用的研究主要是应用性研究,采用的主流研究方法是实证研究方法;虽然广泛分布于 40 多个领域,但一般意义上的网络信息资源利用研究却并不多见。而国内文献主要论述网络信息资源利用的方法、形式、技术实现、政策制度和评价等方面,从行为学角度研究的文献并不多见。

2. 网络信息资源利用行为研究的主要观点

在国内,目前关于 TAM 的相关研究文献仅 30 余篇(表 1-5),主要是陈国青教授、高平教授所带领的学术团队,文献多为引介与实证研究,在电子政务和远程教育方面有所拓展,但尚未有将整个互联网或网络信息资源作为独立变量的研究模式出现。

表 1-5 国内信息系统采纳研究相关论文

题目	作者	文献年份	应用领域	研究方法
基于 TAM 和 TTF 模型的教师信息技术接受模型研究	任秀华	2009	教育	构建概念型(TAM 和 TTF)
整合 TTF 与 UTAUT 视角的移动银行用户采纳行为研究	周涛等	2009	银行	实证研究
网络信息资源利用效率评价模型、方法及实证研究	熊晓元和孙艳玲	2009	农业	实证研究
移动营销:基于短信息服务的消费者接受实证研究	何德华和鲁耀武	2009	电信	实证研究
基于 TAM/TTF 整合的网络信息资源利用效率模型与指标框架研究	李明等	2009	网络信息资源评价	构建概念型(TAM 和 TTF)
影响信息技术接受的关键因素研究——以教育信息技术为例	彭连刚	2009	教育	实证研究

— 11 —

续表

题目	作者	文献年份	应用领域	研究方法
基于 TTF 的企业移动支付采纳行为研究	曹媛媛	2008	商务（移动支付）	案例研究
移动商务技术接受问题的研究述评	何德华和鲁耀斌	2008	商务	说明型
计算机自我效能、任务技术适配对网络学术信息资源利用的影响	李宝强和孙建军	2008	网络信息资源利用	构建概念型 TTF
企业信息化过程中的员工行为	袁同山等	2008	商务	构建概念型（TRA、TAM、TTF）
基于 TAM 扩展模型的用户网络学术信息资源利用初探	李宝强等	2008	网络信息资源利用	构建概念型（TAM 和 TTF）
网络信息资源利用效率的模型研究——基于 TAM/TTF 模型	雷银枝等	2008	网络信息资源评价	构建概念型（TAM 和 TTF）
Mobile Technologies Adoption: An Exploratory Case Study	褚燕和黄丽华	2008	电信	构建概念型 TTF
基于 IDT/TTF 整合模型的企业移动服务采纳实证研究	邓朝华等	2008	电信	构建概念型（IDT 和 TTF）
TTF 模型的研究进展综述	曾雪鹏	2008		说明型
基于 TTF 模型的网络信息资源利用效率研究	董珏	2008	网络信息资源利用	说明型
基于 TAM 与 TTF 整合模型分析网络信息资源利用	叶晓飞	2008	网络信息资源利用	构建概念型（TAM 和 TTF）
消费者网上购物行为的实证研究	董铁牛等	2007	网上购物	构建概念型（TAM 和 TTF 和 PR）
基于 TTF 的不同类型的组织移动商务采纳案例研究	鲁耀斌等	2007	商务	案例研究
搜索引擎用户使用意向之探讨	潘杰峰	2006	网络信息资源利用	说明型
基于 TAM/TTF 整合模型的企业实施 ERP 研究	高平等	2006	商务	说明型
论信息系统效用及其影响因素	谢新洲和申宁	2003	网络信息资源评价	说明型

此外，Borsuk（1998）从媒体消费和消费者行为理论角度出发，运用 Coupey 和 Hoffman 的前导记忆理论、Punj 和 Staelin 的信息消费理论、Rubin 的技术媒体理论和佐治亚技术研究中心的传统媒体的网络影响力理论综合研究了网络作为媒体的使用情况。

图书情报学者研究网络信息资源利用时，还经常采用资源评价或资源利用行为评价方法。目前的研究成果中，网络信息资源利用评价有定性和定量两类方法。定性评价方法是指根据评价标准和指标体系对网络信息资源进行评价的方法。国内外学者对于定性方法的探讨，首先是确立评价标准，其次是建立评价指标体系，所以出现了众多的评价指标体系

(侯立宏和朱庆华，2006；袁静，2006）。例如，著名的10C原则就是从"内容、可信度、批判性思考、版权、引文、连贯性、审查制度、可连续性、可比性和范围"这十个角度来进行网络信息资源评价的。定量研究方法是从客观角度对网络信息资源进行的评价，相对于定性研究方法，定量研究方法提供了一个系统、客观的数量分析方法，得出的结论更为直观。网络信息资源定量评价方法实际上已经包含了对网络信息资源利用效率的研究，但是目前学界主要着眼于网络信息资源本身，应用访问量统计、链接分析法、概率统计方法等定量评价方法。

尽管学者从不同角度为网络信息资源利用提供了便利条件，但深层次的研究仍有待探索，如用户使用网络信息资源的原因、各种影响网络信息资源利用的正面和负面因素及相互作用机制。而借鉴信息系统工程中对用户使用信息系统的研究方法开展对网络信息资源使用的研究成为一个趋势。例如，本课题组成员在2007~2009年也做了大量初创性的研究工作，主要将信息技术采用延伸到网络信息资源利用，从概念模型、评价框架到特定领域的实证应用。此外，熊晓元和孙艳玲（2009）将TAM和TTF模型引入农业网络信息资源评价，运用DEA数据包络分析方法，对西部12个省农业信息资源建设效率及现行农业政府网站利用效率进行有效性评价和比较。

1.3.2 技术接受模型与任务技术适配模型研究进展

随着信息技术的不断普及，很多企业购买或引进了各种类型的信息系统，但是信息系统给企业所带来的收益并没有达到预期水平，出现了信息技术悖论。学者从不同角度解释了这一现象。从经济学角度看，学者们认为主要是由于数据统计口径不一致或数据误差而导致悖论，或者是由于用户学习新的技术具有滞后性，而这种滞后效果无法反映到统计数据中所造成的；除此之外，还包括替代效应、效益扩散、管理不当及资本存量假说等（Jorgenson et al., 2000）。从心理行为等角度，学者们则提出很多的模型，如技术接受模型（Davis，1986；1989）、任务技术适配模型（Goodhue，1995）及理性行为理论（Ajzen and Fishbein，1980）等。不同理论在信息技术与信息系统的采纳行为方面的研究，可以通过Science Direct数据库的检索结果而管窥一二（表1-6）。从表1-6可以发现，与其他模型相比，TAM是目前影响最大的研究模型，其研究文献数量远超其他模型。

表1-6 TAM、TTF以及TRA模型在Science Direct中的检索结果

检索词	检索项	结果（篇数）
technology acceptance model	TITLE-ABSTR-KEY	256
theory of reasoned action	TITLE-ABSTR-KEY	134
Task technology fit	TITLE-ABSTR-KEY	52

1. 技术接受模型研究进展

TAM是Davis等研究用户对信息系统接受时所提出的概念模型。在理性行为理论的基础上，Davis探讨了认知及情感因素对信息系统使用的影响，提出用易用认知和有用认知

两个概念解释用户对信息系统的采用和使用过程。

技术接受模型从诞生、发展到成熟已有十多年的时间,学者们从理论和实证角度不断地探讨与修正其理论框架。徐博艺等(2006)认为,TAM 经过了四个主要发展时期:研究影响企业信息技术接受行为的主要因素的基础发展阶段、以行为科学为基础,研究企业信息技术接受的行为逻辑的提高阶段、依托理性行为理论,进行系统建模的发展成熟阶段,以及 TAM 出现后的修正扩展阶段。

20 世纪 90 年代 TAM 的发展包括:Mathieson(1991)将计划行为理论 TPB 引入 TAM;Taylor 和 Todd(1995)引入认知行为控制;Lucas 和 Spitler(2000)引入社会规范和系统质量认知;Venkates 和 Morris(2000)在个体采纳中引入性别因素和经验因素。Dishaw 和 Strong(1999)认为,TAM 还应该考虑主观规范,主要原因是信息系统的使用者在组织环境中会感受到社会压力、文化氛围等影响,Legris 等(2003)也持相似的观点。在众多学者的影响下,Davis 和 Venkatesh(2004)引入组织因素后,提出了扩展技术接受模型(TAM2),增加了主观规范、印象、产出质量、工作相关性等自变量。

目前,从 Davis 的 TAM 中分离出的所有变量关系,其核心可以归纳为以下的相关关系:①PEOU→PU;② PU→AT;③ PEOU→AT;④PU→BI;⑤ AT→BI;⑥ BI→U;⑦PEOU→U;⑧PU→U。迄今为止还没有一项研究对这 8 个关系给出完整的验证,实证研究结论的汇总见表 1-7(Legris et al.,2003)。

表 1-7 TAM 中关系实证研究汇总

项目	PEOU→PU	PU→AT	PEOU→AT	PU→BI	PEOU→BI	AT→BI	AT→U	BI→U	PEOU→U	PU→U
正相关	21	12	10	16	10	7	3	10	4	8
不显著	5	1	3	3	3	4	0	1	5	5
负相关	0	1	0	0	0	0	0	0	0	0
没有测试	2	14	15	9	15	17	25	17	19	15

在 TAM 的实证研究中,很多领域都出现了假定变量与目标变量关系不显著的结论,充分说明 TAM 作为一种概念模型和理论框架,并不适用于所有的技术接受情景,需要通过实证进行修正和调整,以增强其解释能力。

与 TAM 密切相关是 TRA 和 TPB。从根本上说,TAM 和 TPB 都由 TRA 发展而来的(孙建军等,2007a)。

2. 任务技术适配模型研究进展

信息系统功能与用户任务需求间的适配通常被称为任务技术适配,是由 Goodhue(1995)等首先提出的。Goodhue 通过 TTF 模型说明信息系统的使用及其使用效果(个人绩效)在很大程度上取决于任务技术适配,即信息系统功能对用户任务需求的支持程度能够影响用户的系统使用及其使用效果。

Dishaw 和 Strong(1999)提出,用于考察用户对信息系统接受的 TAM 中的有用认知和易用认知,受用户对信息技术和任务特征评价的显著影响,因而考虑用户对信息技术的接受还应考虑任务和技术的匹配情况。而 TTF 由于考虑到了任务和技术两个方面的匹配和关联,因此在解释任务特征对用户的有用认知和易用认知信念的影响时,将更有说服力。

Mathieson 和 Keil（1998）通过实证研究也证实，TTF 对易用认知和有用认知存在显著的直接影响；Wu 和 Chou（2008）则在实证研究中发现，TTF 在 Web2.0 环境下仅对用户易用认知具有强烈的直接影响。

除了通过有用认知和易用认知对用户技术接受产生间接作用，任务技术适配还能够直接影响用户的网络信息系统实际使用及其信息资源利用效率。Goodhue 和 Thompson（1995）、Dishaw 和 Strong（1999）的实证研究证实，TTF 对用户使用参照信息系统或工具时，还检测到显著的直接关联，即 TTF 自身对用户接受信息技术具有直接影响，适配度越高的网络信息系统，应越经常被用户使用。该理论为耦合 TTF 模型与网络信息资源利用提供了理论依据。

此后，TTF 模型也引起了学者的关注，他们引入了包括用户自我效能对适配的影响、组织环境压力对适配的影响等新的变量对这个模型进行了不断的修正和扩展。此外，TTF 与 TAM 整合模型构建也被提出。

1.3.3　研究进展小结

综合上述研究，信息资源（系统）利用行为研究在管理信息系统领域是比较活跃的课题，近年来成果非常多，但是以网络信息资源利用为独立变量、采用 TAM 和 TTF 整合模型来解释的理论和实证研究还没有。因此，本书选择从整合模型角度进行网络信息资源利用实证研究，具有一定的理论创新，在实证上也具有可行性。

通过文献梳理，笔者还进一步明确了以下几方面。

第一，网络信息资源利用的行为研究是个人层面的采纳行为，但是也受社会环境的影响，但是在实证中该社会环境因素主要通过主观规范变量显示。

第二，目前的采纳实证研究中，自变量和因变量的关系考察是不完备的。

第三，TAM 和 TTF 模型整合具有较强的理论创新，而且 TAM 和 TTF 的整合模型能更好地解释信息技术接受和采纳，比如 Klopping 和 Mckinney（2004）就证实，TAM 与 TTF 的整合模型在解释电子商务网站消费者行为上更具有效性。

第四，行为测度可以反映利用效率的内涵，可以丰富信息资源利用效率评价相关理论。

因此，理论上将 TAM 与 TTF 模型进行整合，可以弥补两个独立模型各自的缺陷，形成一个更有效的网络信息资源利用效率的研究模型。这也是本书研究的出发点和创新之处。

1.4　研究思路、方法与创新

1.4.1　研究思路

本书对网络信息资源利用效率这一研究对象的含义进行了具体分析，并以此为基础构建了网络信息资源利用效率研究的概念模型，希望为进一步实施网络信息资源建设及其利用效率的研究建立基本的研究框架和研究思路。

本书采用交叉学科的方法，借鉴相关学科的理论和方法，深入探讨影响网络信息利用效率的各种变量，构建出能够合理解释网络信息资源利用效率中各影响变量关系的结构方程模型，并在网络公共信息资源利用领域进行实证分析，进而挖掘出提高网络信息资源利用效率的对策措施。

TAM 从行为科学角度解释信息技术的采用已经获得了广泛的成功。事实上，近年来随着互联网的普及，许多学者已就 TAM 或其简单修改模型在一些网络信息系统（特别是万维网）使用分析中的适用性进行了实证研究。这些研究从不同的侧面揭示了 TAM 在网络信息系统使用上的解释和预测能力。相关研究成果为 TAM 在解释用户网络信息系统使用及其信息资源利用上的适用性提供了支持。

Goodhue 等指出，工作绩效良好与否，主要看技术特性与任务特性之间是否有良好的适配，基于该思想提出的 TTF 模型以任务特性与技术特性为自变量，以效率为因变量，用于解释信息技术对工作任务的支持能力。网络信息用户不但有一般信息用户的特性，同时也具有计算机和网络使用者的特性。将 TTF 模型中的技术具体化为网络信息资源管理系统特性，则 TTF 模型对网络信息资源的利用效率研究可以提供积极的支持。

TAM 与 TTF 理论分别从用户、任务和技术三个维度来描述信息系统利用的影响因素，而网络信息资源利用效率也同样取决于用户、技术和任务三个维度所包含的因素。笔者认为，以 TAM 与 TTF 两个目前较成熟的信息技术接受模型为理论基础，将其整合为一个基础理论模型，以期该模型能更好地解释网络信息资源利用效率的影响因素，找出明确、稳固的外部变量和干扰变量。

研究的思路如图 1-4 所示。

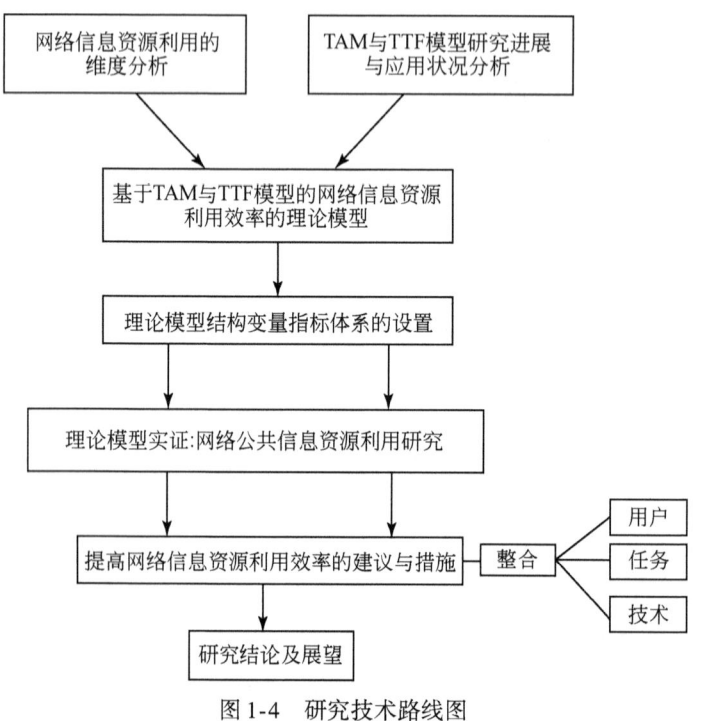

图 1-4　研究技术路线图

1.4.2 研究方法

为了实现上述研究目的，本研究结合了规范分析和实证研究方法，力求研究结论的科学。在实际分析和研究过程中，各种分析方法交叉融合在一起。总体上，采用了以下几种方法。

（1）文献综述。为了构建网络信息资源利用效率的理论模型，借鉴了国内外相关领域的研究成果和方法。广泛收集和阅读相关文献，尽可能在国内外既有文献中，获得本研究所需的资料，以取得必要的背景材料和事实依据，并在此基础上，完成了相应的文献综述。

（2）专家咨询。根据研究需要设计问卷调查表，以电话访谈、当面访谈或邮件方式向专家进行咨询，以了解不同专家对网络信息资源利用效率的理论模型中结构变量的选择及具体观测变量的解释。

（3）问卷调查。结构化的问卷调查往往是用来发现复杂现象中起关键作用的变量及变量之间关系的一种重要方法。针对网络信息资源利用效率的理论模型的结构变量和观测变量所对应的指标，设计结构化的调查问卷，通过向用户发放调查问卷，来收集样本数据，检验模型的有效性。

（4）科学建模。在总结 TTF 和 TAM 模型特点的基础上，本研究构建了一个整合基础模型，作为实证分析的依据。该模型模拟了网络信息资源利用中的各种影响因素，并对因素之间的因果关系进行假设界定。

（5）探索性数量统计法。本研究先对各种影响网络信息资源利用效率的因素关系提出探索性假设，并运用数学统计方法对研究对象的数量关系进行分析，认识和揭示变量之间的因果关系，借以达到对网络信息资源利用效率的解释目的。

（6）实证分析。通过构建的网络信息资源利用效率的理论模型，选择网络公共信息资源具体领域，进行理论模型的实证研究。

此外，本研究融合了信息科学、计算机科学、心理科学、社会科学、行为科学的理论和知识，因而跨学科的交叉研究方法也多次用到，从整体上对课题展开综合研究。

1.4.3 创新点

本研究主要应用实证分析手段，研究网络信息资源利用效率模型，分析模型中各个结构变量之间的影响关系。其中，主要创新点如下。

（1）在国内较早将 TAM 与 TTF 模型引入网络信息资源利用效率研究中，研究两者的适应性、可行性及整合的必要性，并构建一个基于 TAM 与 TTF 的网络信息资源利用理论基础模型。突破了当前研究过多关注信息内容、信息技术的评价，能使现今分散的、片面的研究状况发生根本变革，有助于从心理学、行为科学、认知科学等角度更加深刻地探讨影响网络信息利用效率的因素，为提高网络信息资源利用效率研究提供新的思路。

（2）本研究从信息质量、技术支撑、辅助功能三个维度来衡量任务技术匹配，针对网络公共信息资源这一应用领域开发出了合适的量表，并将其纳入模型。另外将计划行为理论中的主观规范和感知行为控制变量引入模型，论证了其对用户使用网络公共信息资源的重要作用，提高了模型对用户利用效率的解释能力。

（3）本研究的实证部分从任务特征、技术特征、用户特征等角度探讨了影响网络公共信息资源利用效率的因素。针对网络公共信息资源利用设计了一套具有可操作性的指标体系，并对其中指标变量的定义进行明确。通过使用因子分析、结构方程建模等社会统计方法得出明确观点，认为有用认知对行为意图、实际使用有正向的显著影响；易用认知对有用认知、行为意图有正向的显著影响；任务技术适配对易用认知、有用认知有正向的显著影响；信任对行为意图有正向的显著影响；主观规范对有用认知、行为意图有正向的显著影响；行为控制认知对行为意图有正向的显著影响；行为意图对实际使用有正向的显著影响；实际使用对利用效率有正向的显著影响。根据这些观点，在结论部分，摒弃了泛泛而谈的空洞建议，而是有针对性地提出了几点较有新意的提高网络信息资源利用效率的建议与措施。

第 2 章　网络信息资源利用维度分析

网络信息资源具有信息量大、增长迅速、形式多样、内容丰富、存储数字化、时效性与交互性强等特点，它在数量结构、内容、类型、载体形态、分布和传播范围、控制机制、传递手段等方面表现出与传统信息资源的巨大差异，比如网络数据库、联机公共查询目录、电子图书、电子期刊、电子报纸、网络资源指南和搜索引擎及网站等的信息获取模式和行为就与传统信息资源存在一定差异。

从国内外已有的一些相关研究看，提出的有关变量有：主观性规范或社会性影响，行为控制认知，计算机知识与网络知识，计算机素养，计算机自我效能，工具或系统使用经验，趣味性，信任，风险认知与网站所有者的声誉，工作相关性、产出质量与结果显见性，任务特性、技术特性及任务技术适配，系统设计的易理解与易发现，系统兼容性等。仔细考察可以发现，这些变量可概括为用户特征、任务特征、技术特征三大类及其相互影响因素，这是因为信息系统使用环境是既有用户，也有任务和技术的，且三者存在交互作用。在后续研究中，我们也准备从用户、任务、技术三个维度来具体探讨网络信息资源利用效率的影响因素，以期找出明确、稳固的外部变量，并尝试将其整合为一个能够更好地解释网络信息资源利用效率影响因素的基础理论模型。

2.1　网络信息资源利用维度的构成

2.1.1　网络信息资源利用的概念模型

从第 1 章关于网络信息资源利用的研究进展看，尽管从不同角度研究了网络信息资源利用现象，但关于深层次的研究，如用户为什么使用网络信息资源、各种有利因素和不利因素对网络信息资源利用所起的关键作用及内部机理是怎样的，目前的研究基本都没有涉及，对网络信息资源利用过程和内涵的描述也比较笼统。例如，甘利人（2004）认为，网络信息资源利用主要有三个评价指标：信息资源的用户群体规模、网络信息资源系统被使用频率和信息资源利用的后期效果。

李明等（2008）通过对理论的综合梳理发现，网络信息资源利用可以划分为网络信息资源采纳和网络信息任务满足两个阶段（图 2-1）。

2.1.2　网络信息资源利用阶段与维度

1. 网络信息资源利用阶段

在以往的研究中，网络信息资源利用是一个抽象、独立、格式化的过程，或从利用类

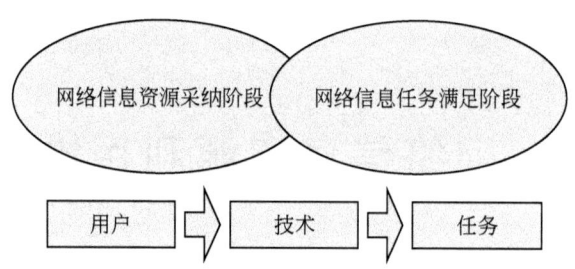

图 2-1 网络信息资源利用的概念模型

型的差异进行区分，如浏览、阅读、点击、下载等，而缺乏从认知和行为过程的角度进行的分析。甘利人和高依旻（2005）以信息搜索行为为例指出："事实上人们的信息搜索过程是一个认知过程，即运用专业领域知识及搜索技能知识不断地认识、搜索信息环境，直至最终从该环境中筛选出所要的信息的过程，这是一个用先前知识与累计的经验知识（在认知学里被称为'图式'）对外界信息进行加工、处理和适应的过程。"

以网络信息资源利用效果来看，也有两种描述视角：效率和效能。效率一般是指网络信息资源使用层面，基于信息技术只有得到使用才能对绩效产生影响的共识（Devaraj and Kohli, 2003），从系统使用角度来评价信息系统效率历来就是重要方向。网络信息系统使用的实践活动，可以提高用户对信息工具、信息检索技能与策略的熟练掌握程度，进而为提高网络信息资源利用效率奠定良好的主体条件。而网络信息利用效能层面建立在对用户希望效能和实际产生效能进行比较的基础上，是用户在利用信息过程中的行为和问题解决状况的具体表现，是网络信息效用价值的真正实现，如用户能更好地完成实践活动，使用户知识水平、个人绩效、满意度等发生改变的能力（谢新洲和申宁，2003）。

2. 网络信息资源利用维度

按照《信息资源开发利用基本理论研究报告》中的定义，信息资源开发利用是根据社会需要，对信息资源进行采集、处理、存储、传播、服务、交换、共享和应用的过程（赖茂生等，2004）。根据 ISO/TC171 文件成像应用技术委员会 405 号决议的观点，网络信息资源的利用形式包括信息的生成、获取、标引、存储、检索、分发、呈现、迁移、交换、保护与最后处置或废弃。

参照国内学者提出的信息检索归因理论，可将网络信息资源利用的影响因素分为内部因素—外部因素和可控性两个层面，提出影响因素矩阵（表 2-1）。

表 2-1 信息资源利用的影响因素

类型	内部因素（用户主体行为因素）		外部因素（系统技术和环境因素）	
	稳定	不稳定	稳定	不稳定
可控	文化背景、信息能力、用户的语言水平	需求、努力、行为经验	信息系统和工具	信息与信息环境、信息服务提供商的技术
不可控	个体差异	情绪、心境	社会文化因素、地域环境因素	情景因素

上述概念均将信息资源利用分解为不同的利用主体、不同的利用目标、不同的技术特征的基本描述维度，因此从用户、任务和技术三个维度基本能够涵盖网络信息资源利用的内涵。

2.2 网络信息资源利用的用户特征维度

对用户特征的研究从根源来讲属于民族学（Ethnology）的研究范畴，意指"习性、风俗、习惯"，是人类学的分支。人类学（Anthropology）是研究人的学科，源于自然科学与人文学，它的研究主题主要有两个取向：一是人类的生物性和文化性，二是人类特质演变溯源。简单而言，人类学研究的目的就是以全面的方式理解作为个体的人，但就更深层而言，这种研究不仅仅在于理解人的躯体构造，而是理解人类所有思维与想法的可能性。换句话说，人类如何行动、如何认知自己的行动、行动的结果又如何影响人的思考，以及人与其他群体、象征的互动是人类学想解答的最根本问题。从人类学的研究特点可以得出一个基本观点：不同特征，其结果必然会带来其他各种行为的差异。

网络信息获取行为的主体是网络用户。网络用户对网络信息资源利用既取决于内部因素，即用户心理和个体认知，也取决于利用过程中的外部因素，即场景（context）、社会规范和社会认知。进而用户的个体差异和用户的社会感知都将导致用户对网络信息资源的认知差异，近而产生信息需求和评价差异，带来不同的网络信息资源利用效果。据《中国互联网络发展状况统计报告》分析，许多用户不采用某种资源的最主要原因就是不懂得使用。用户自己的经验和对使用某种资源系统的自信心会大大影响对这种资源的利用频率，甚至养成优先选用的习惯。因此，用户因自身条件差异将对相同的资源作出不同的行为反应。

2.2.1 信息用户与行为相关理论研究

国内外学术界在网络信息资源的用户需求和信息构建领域，普遍关注到用户个体差异、心理认知及过程差异对信息资源存取利用的影响。Wilson（2000）认为，信息行为源于用户意识到的对某种需要的认知，是指用户确定信息需求、搜集、使用和传递信息时所从事的一切活动。以信息认知为基础，相关研究主题包括用户行为、用户需求、信息搜寻、用户体验、人机交互乃至相关反馈和信息交流等。Willam Paisley 指出，在研究信息利用时，信息科学与行为科学相融合，我们迫切需要信息过程行为的理论，而该理论关注频道选择、搜寻总量及信息质量、普及度和多样化，以及动机因素在其中所扮演的角色（Savolainen，2007）。20 世纪 70 年代以来，经过 Stephen Feinmen 和 Wilson 等信息学专家的推动，信息行为逐渐发展成为信息管理领域的一个核心概念。

1. 信息行为要素理论

许多学者对影响信息行为的因素进行了论述，其中 Wilson（1981）提出的三因素影响观点比较全面，影响较大，该理论认为影响因素包括个人特质、人际关系和环境因素。邓小昭和曹双喜（2006）进一步梳理，认为网络用户的个人特质包括人口特质、人格特质和认知形态三个方面。人口特质包括用户的性别、年龄、教育程度、行业性质、收入等；人格特质包括用户心理因素（主要指使用动机）和情感目标；认知形态主要包括知识认知（主要指领域知识）和经验认知（主要指信息获取经验，尤其是网络使用经验）。人际关系包括工作角色、工作参与及参与层次。网络信息环境因素包含网络信息、网络工具和网络设施三个方面。网络信息包括网络信息资源本身和网络信息表征。信息资源丰富会大量消耗用户鉴别、选择和过滤的精力，并且容易使用户形成疲倦和厌烦心理，这在很大程度上会降低用户利用网络信息的效率；而信息资源过于缺乏在一定程度上又会使用户产生失望心理以致降低用户查询信息的积极性；网络信息表征的合理程度（如信息组织结构是否合理及信息呈现是否简洁醒目）将影响用户利用信息的效率。网络工具主要指信息查询和交流工具及其提供的服务，其易用程度会影响用户是否利用它们去获得和交流信息。网络设施主要包括网速、网络费用及网络安全等方面的状况。网速过慢、网络费用过高及网络不安全会降低用户使用网络的积极性和限制用户利用网络信息。

其他学者的理论观点则各有侧重点。Paisley（1986）归纳的八因素观点侧重环境因素；Bouazza（1986）总结的三因素观点侧重个人特质方面；Mick 和 Lindsey（1980）总结的三因素观点侧重个人特质和人际关系两个方面。Nahl（1998）对查找网络信息资源的情感和认知因素进行了探讨，结果显示，情感变量（如自信、期望、满意）和认知变量（如对于任务的准确排序和对屏幕菜单、标签和指示的解释）之间呈显著相关，而检索行为是由情感和认知操作交互组成的，其中，情感控制操作的方向，认知提供操作的内容。Klobas（2000）通过对用户学习使用 Internet 的行为调查，提出了 Internet 使用的行为意图模型（behavioral intention model of internet use）。该模型由态度（信念、看法及评价）、社会影响、感觉到的使用控制、使用 Internet 的意图和 Internet 使用等要素构成。对 Internet 使用具有影响的因素有态度、社会影响和感觉到的使用控制，其中影响显著的因素是态度。相反，信息质量等尽管会影响态度的形成，却被认为是不重要的因素（Klobas，2000）。黄慕萱（1988）认为，"使用者和问题是影响用户信息行为最明显的两项；资料库或检索过程也会影响用户的信息行为"。《第 24 次中国互联网络发展状况统计报告》（中国互联网络信息中心，2010）认为，网民在网络信任与安全方面的心理体验直接影响用户使用网络的深度。报告中的数据显示：只有不到三成的网民相信网上交易的安全性，不到四成的网民在网上注册时愿意填写自己的真实信息。用户的个体特征直接影响其对网络的心理体验，从而影响网络信息资源的利用效率。上述研究都证实，用户认知和态度对信息资源利用具有决定性影响。

在国内研究中，周晓英（2005）通过研究网络信息的获取模式发现，不同用户具有显著差异性，存在搜索、浏览和询问等不同的模式。而用户信息获取行为的差异则主要取决于以下几个因素：①提问概念的复杂性；②主题在主观、客观连续体中的位置；③在界面中与搜索框及主题目录关系相对的明确性；④对主题的已有的知识。同时，用户知识结构的不同发展阶段会影响到两种方式的选择：①探索阶段，由于不能知道确切的主题层次，所以更喜欢浏览的方式；②在研究深化和细化阶段，由于对要查询的内容比较熟悉，所以能够直接到达具体网页的搜索方式一般更受欢迎。

2. 信息用户分类和行为分类理论

在信息系统采纳研究中也发现，个体对信息技术的知觉受到用户自身的特点（包括年龄、性别、教育背景、主观规范、计算机自我效能感等）、技术的特点（系统用户界面、对需求的满足、可靠性、复杂程度等）及用户与技术的相互作用三方面因素的影响（方针等，2005）。

邓小昭（2003）则提出了网络用户的多样性和用户分类理论。该理论认为，网络用户可能是个人，也可能是团体，而二者对网络信息的获取和采纳截然不同。即使以个人为主体，则网络用户仍然可以根据其构成因素如性别、年龄、教育程度、行业性质、收入及职业性质等进行分类。这些方法主要依据用户人口统计特质进行分类，便于对用户进行分类研究。还有美国学者将网络用户按照接触网络时间长短和居家使用网络的频率分类；德国弗赖堡大学学者将网络用户按照专业领域和网络使用经验进行分类。

在信息系统的使用过程中，随着IT/IS进入企业的阶段递进及组织成员对IT/IS认识的加深，IT/IS的扩散过程具有动态变化的特点，进而将企业IT/IS采纳与扩散过程中的信息行为大体分为IT/IS组织采纳决策行为、组织调适行为、个体接受行为。前两者对应于组织信息行为，后者对应于个体信息行为（李怡文，2006）。

在网络用户个人特质对用户使用网络的影响研究方面，学者们主要有如下发现：①就人口特质的影响来看，网络用户的性别、年龄和职业都发生了相应的变化，从而改变了不同用户对网络信息资源的认知。②网络用户的使用动机非常多样，包括工具性使用、消遣娱乐、匿名角色扮演、社会性使用、自我肯定和环境监督等。用户使用动机不同，就会产生不同的信息行为；网络用户的情感目标提供了信息的相关性判断标准，因而也会对信息行为产生影响。③在认知形态方面，网络用户的领域知识有助于用户对该领域相关信息的获取，但是与检索熟悉度之间没有显著的关系；网络用户的网络使用经验对用户的信息行为产生重要影响，检索经验丰富的专家比新手具有更好的检索技巧和更合理的检索策略。

3. 组织环境和用户行为理论

谢新洲和申宁（2003）认为，在特定的信息系统条件下，使用环境是影响信息系统效用的主要因素。这里的环境指企业内部环境，具体包括企业文化、战略、组织结构等。除此之外，影响信息系统使用的还有用户本身和任务的特征。用户特征包括工作经验、系统经验、技术学习能力、专业水平、工作经验、自我效能感及个体的受教育程度、年龄等；任务特征包括任务具体的内容和特点，信息系统的使用能够协助组织完成什么样的任务。

2.2.2 用户个体差异对网络信息资源利用的具体影响

网络信息资源的利用和用户的年龄、学历、从业背景、经济状况等因素相关，《中国互联网络发展统计报告》从性别、年龄、教育水平、职业背景、经济状况、对网络信息资源使用的可信任度和满意度等角度对我国网民分布进行了统计（中国互联网络信息中心，2010），下面所引用的数据均来自于2009年6月的《中国互联网络发展统计报告》。

(1) 性别分布特征。中国网民中，男性所占比例较大。但近几年来，女性比例正逐步上升，网民中男女比例差距逐渐缩小。截至 2009 年 6 月，中国网民男女性别结构比例保持在 53∶47（中国男性和女性的互联网普及率分别为 55.8% 和 44.2%）。

(2) 年龄分布特征。目前，中国网民年龄结构发展不均衡，青少年网民的规模为 1.75 亿人，占整体网民数的 51.8%，如表 2-2 所示。40 岁以上网民的比例有上升趋势，30～39 岁网民的比例从 2008 年的 17.6% 上升到 2009 年的 20.7%。这说明网民的年龄分布逐渐趋于成熟。

表 2-2　网民年龄结构表　　　　　　　　　　　　　　　　（单位:%）

项目	10 岁以下	10～19 岁	20～29 岁	30～39 岁	40～49 岁	50～59 岁	60 岁以上
比例	0.9	33.0	29.8	20.7	9.9	4.0	1.7

(3) 学历分布特征。网民的主要群体逐渐集中在低学历人群，如表 2-3 所示。从历史变化情况来看，中国互联网网民学历结构正在发生变化，高学历网民的比例在逐步下降，网民中学历较低的人群正逐步增多（大专以上的网民比例由 2002 年的 58.0% 和 56.5% 已分别逐步降到 2009 年 6 月的 12.7% 和 12.4%）。

表 2-3　网民学历结构分布　　　　　　　　　　　　　　　　（单位:%）

项目	小学及以下	初中	高中	大专	大学本科及以上
比例	7.6	26.3	41.0	12.7	12.4

(4) 职业分布特征。从表 2-4 可以看出，中国网民规模主要集中在学生群体，比例为 31.7%。无业下岗失业群体的比例比 2008 年增长了 2.1%，说明网络普及程度的提高。

表 2-4　不同从业性质的网民规模　　　　　　　　　　　　　（单位:%）

项目	学生	机关事业单位	企业	个体户	自由职业者	无业下岗失业	其他
比例	31.7	10.5	17.9	6.9	6.9	7.4	18.7

(5) 月收入分布。从表 2-5 可以看出，网民中低收入人群的比例较高，这也同用户群体主要是学生相关。2009 年月收入 1500 元以上的网民比例为 41.8%，比 2008 年增长 1.5%。

表 2-5　网民收入结构表　　　　　　　　　　　　　　　　（单位:%）

项目	无收入	500 元以下	501～1000 元	1001～3000 元	3001～5000 元	5000 元以上
比例	5.1	23.5	15.6	42.4	8.5	5.9

(6) 城乡分布。报告中数据显示，截至 2009 年 6 月底的农村网民规模达到 9565 万人，比 2008 年增长 13.1%。总体分布中，城镇网民占 71.7%，农村网民占 28.3%。这说明网络的用户开始向农村网民进行渗透，但速度却比较缓慢。

(7) 用户对互联网的信任程度分布。数据显示，84.3% 的网民认为互联网是其最重要的信息渠道，48%的网民对互联网的信任程度比对电视更高，特别是网民网络交易信任水平偏低，仅有29.2%的网民认为网上交易是安全的，不到四成的网民愿意在网络上填写真实信息。

（8）用户与互联网的互动。有81.7%的网民表示上网以后，比以前更关注社会事件，深入分析发现：年龄越高、学历越高、收入越高，在网上发表意见的比例越低；从职业身份分析，中小学生比大学生在网上发表意见的比例更高，农村外出务工人员、产业服务业工人比企业公司管理者发表意见的比例更高。

（9）互联网给用户人际关系带来的影响。数据显示，即时通信的使用比例达到72.2%，是使用率排名第三的网络应用，通过开展网络社交类应用，人们的交往广度被拓宽，人际联系密度加深。近九成的网民认同互联网加强了其与朋友的联系，这一比例半年提升了4.5个百分点。网民对互联网拓展其人际关系的认同度也达到了66.5%。

此外，网民在互联网上的分享行为越来越多，有76%的网民在网上看到好东西会转发，有78.5%的网民经常在网上与他人分享知识。年轻网民在网上的分享行为较为活跃，由于低龄网民在网络互助行为上更加积极，随着网民的成长，未来网络空间的分享行为和互助行为将更为普遍。

调查中还发现，受教育水平低，不具备上网所需技能，加上收入水平低，无力购买相应上网设备，共同阻碍了中国居民加入互联网行列。短时期内，居民的教育结构不可能得到明显的改善。在这种条件下，增加上网设备数量、普及互联网知识、降低进入互联网的门槛、增加互联网体验，是快速提高互联网普及率和网络信息资源使用效率的有效方法，这些需要政府和产业链各个环节的共同推动。

从《中国互联网络发展统计报告》的统计指标来看，在分析网络资源用户特征方面，主要是从用户个体因素中下列几个特性进行的：性别、年龄、教育水平、职业背景、经济状况、对网络信息资源使用的可信任度和满意度。但关于影响信息系统使用效率的用户特征因素研究及其他相关研究成果表明，用户使用网络信息资源效率还受其他因素的影响，突出表现为用户的信息意识（这与我们的信息素质教育有关）、用户的有用认知、用户的易用认知、用户的行为控制认知、用户的态度和主观规范（包括用户的使用经验、满意度和信任度）、社会规范等。因此，今后可以从这些角度来研究或评价考证用户对网络信息资源的使用情况。另外，不管是报告中所用的用户个体因素，还是后面的各种用户特征因素，它们是独立的，但更是相关的，因此，我们应该从系统的角度来分析或评价用户特征要素对网络信息资源使用效率的影响，以在促进我国网络信息资源发展的同时，有效提高其利用效率。

2.2.3 特定用户的信息资源利用行为

作为一类特定用户，科研工作者的网络利用行为也引起研究者的普遍关注。例如，Voorbij 和 Henk（1999）对荷兰某高校科研人员的信息检索行为进行了研究；Brown 和 Cecelia（1999）对天文学家、化学家、数学家、物理学家的网络信息检索行为进行了比较；Ford 和 Miller（1996）对大学生和研究生有关网络应用的个体差异进行了调查和实证分析。Yu 和 Apps 通过 Super Journal Project 项目，对电子期刊用户行为进行了研究。

天津师范大学的米国伟由布鲁克斯认知理论推理得到科研工作者的知识认知结构理论，提出情报吸收效果与情报认知结构的关系理论，并提出"科学工作者的认知风格"的研究命题。

胡昌平教授通过调查发现，网络环境下利用互联网获取学术资源已经成为科研人员获取信息的主要手段之一，并专门研究了高校科研人员获取学术信息的特点。

中国互联网络信息中心（2010）发布了《2009年中国搜索引擎用户行为研究报告》，对我国搜索引擎用户的结构特征、认知心理和行为趋向进行了详细、深入的剖析。

此外，商业机构和网络分析机构也开展了对特定用户的实证研究，如《"世界杯"球迷信息来源与互联网使用行为研究报告》分析了特定用户为获取特定信息而对互联网的使用情况。在报告中对球迷的构成和与非球迷的界定都进行了不同的调查，并调查了用户对特定信息的何种形态有更好的接受和感应效果。《2006年中国C2C网上购物调查报告》先根据买家的购物经验和数量进行细分，对买家的购物频率、选择的支付工具及买家重视的几个因素，如支付系统、网站通信工具、网站商品品种、用户界面等进行调查统计，以及对卖家的技术和功能使用情况进行统计。2008年《第四届中国互联网社区发展状况调查报告》是由康盛创想（Comsenz）公司和艾瑞市场咨询（iResearch）联合发起，国内多家社区门户、IDC服务商及数百家知名互联网社区网站充分参与的大型互联网产业调查。报告针对网络社区运营者（站长）进行调查研究，基于网络社区站长的基本特征、行为特征、商业模式的选择，分析了网络社区发展趋势和网络社区新应用。

在一个基于网络资源整体的评价体系中，资源系统的利用效果评价大多是利用从资源系统本身出发可评测或可计量的指标进行的。如果要针对特定的资源或用户群，就要从资源本身的特色和服务内容、类型出发，细化用户群进行测度。在上述的调查报告中，用户的上网行为通常从以下几个方面进行测度：①用户希望在网上获得的信息、上网的目的；②用户上网的环境，即地点、时点、接入方式、付费情况；③用户常使用的网络服务，获取新信息的渠道；④使用时长和频率；⑤对网络的满意度评价，即网速、费用、服务质量、内容和其他。

然而，这些都是针对作为信息发布形式出现的网络资源，由服务商提供资源系统，用户付出时间和精力去搜寻取得信息。但是随着新的网络资源形式的出现，信息发布也逐渐转向信息交互，行为不光是用户的特征之一，同时牵涉到信息提供者的行为表现。以《博客使用》调查报告为例，传统的信息搜寻者成为信息发布者，采取积极互动的形式获取更多信息。

2.2.4 用户态度对信息资源利用行为的实证研究

用户态度也是影响用户信息资源利用的重要因素，因此很多研究将信息资源利用聚焦到用户态度上。例如，《2005互联网使用状况及影响的调查报告》研究的主要内容包括：五城市用户的特征，用户使用互联网的特征，用户与非用户在人际交流、大众媒介接触及观念、行为上的差异等，由此考察互联网对社会和个人的影响，并提出了假设框架：①个人的社会背景及生活现状会影响其对大众媒介的使用；②个人的社会背景及生活现状也会影响其是否使用互联网；③个人的社会背景及生活现状还会直接影响其开放的程度；④个人使用互联网的状况会影响其对大众媒介的使用；⑤个人使用互联网的状况也会影响其在观念和行为上的开放程度。

《2007 互联网使用状况及影响的调查报告》研究的主要内容包括：七城市用户使用互联网的特征，用户对互联网的认识与态度，用户采用和使用互联网的情况，由此考察互联网对媒介、人际交往、人的开放程度等方面的影响。

这次调查主要侧重研究以下问题。

(1) 对互联网的认识和态度。比较网民和非网民对网络的认知差异，了解这种差异可能对互联网的采用产生的影响，以及大众（包括网民）对互联网管理和控制的态度。

(2) 互联网采用。通过考察不同人群对互联网的采用（性别、年龄、文化程度、配偶状况、职业、收入等），了解目前中国城市数字鸿沟的现状。

(3) 互联网使用。了解不同人群上网的时间、地点、频度和方式，以及由此形成的不同的网络行为。分析不同人群对网络的依赖，以及可能形成的网络瘾。考察网民经常使用的网站和搜索引擎、网民对电子商务使用现状等。

(4) 对媒介的影响。分析网络对不同人群的媒介渗透情况（包括电视、报纸、杂志、广播、书籍、录像带/VCD/DVD、录音带/CD/MP3 等），了解人们对不同媒介的信任程度，以及不同的媒介对人们娱乐或者获得信息的作用和影响。

(5) 对人际交往的影响。考察不同的人际关系（包括亲情关系、工作关系、其他社会关系等）通过不同方式交往（面对面交往、固话、手机、短信、电子邮件、QQ、MSN等）的现状，以及新媒介的引入对传统交往方式的影响。

(6) 对公民政治参与的态度和影响。了解公众（包括网民和非网民）对互联网可能带来的政治参与机会的认知程度，以及网民对电子政务的使用现状。

(7) 对人的开放程度的影响。考察网民和非网民在观念和行为上的开放程度上的差异；互联网作为一种开放的技术，对人们的观念和行为的开放程度可能产生的影响。

中国互联网络信息中心第 24 次报告中则采用网民行为与态度评价对用户网络利用态度和认同度进行了系统评估，结果如表 2-6 所示。

表 2-6 中国网民的总体认同度

分类	指标	测试项目	认同度/%
网络信任	信息信任	互联网是我重要的信息渠道	84.3
		与电视相比我更相信互联网上的信息	48.0
	交易信任	在网上注册时，我愿意填写真实资料	39.4
		我认为在网上进行交易是安全的	29.2
网络互动	社会参与	我经常在网上发表意见	56.1
		上网以后，我比以前更加关注社会事件	81.7
	人际拓展	通过互联网我认识了很多新朋友	66.5
		互联网加强了我与朋友的联系	87.0
	网络分享	我经常在网上与他人分享知识	78.5
		当在网上看到好的东西时，我会把它转发	76.0

续表

分类	指标	测试项目	认同度/%
网络依赖	生活助手	我的生活离不开互联网	77.5
		网上办事节省了我很多时间	81.6
	社会隔离	互联网时代，我感觉更孤单	22.0
		互联网减少了我与家人相处的时间	34.4
	网络成瘾	一天不上网我就感觉难受	16.4
		与现实社会相比，我更愿意待在网上	17.4

《博客使用》调查报告结合网络对博客本身的一些性能和使用用户的市场情况进行了调查。首先对博客进行了界定，对其规模、空间、读者规模和一些潜在的因素进行了调查；其次是用户的来源和忠诚度的分析；再次是用户的使用满意度分析；博客的行为分析和读者分析；博客的赢利模式、价值和潜在市场分析。博客行为分析的指标体系具体如表2-7所示。

表2-7 博客使用调查的指标体系

分析对象	指标	细化指标
博客行为	行为动机	建博客的目的、博客内容、博客心态
	更新频率及变化	更新频率、更新频率变化、花费时间
	博客表现	日均访问量、广告价值
	博客功能及使用	博客功能或工具、博客的资源属性、链接的博客资源量、参加的博客圈
	博客未来打算	未来打算、投入
读者行为	行为动机	消遣娱乐是读者阅读博客的第一追求，而在营销领域，娱乐营销已经是非常成熟的营销方式之一，充分利用博客的参与性、互动性、圈子性的特点，挖掘博客在娱乐营销上的价值，应该成为探索博客赢利模式的方向之一
	常浏览的博客内容	对内容进行分类统计
	博客信息渠道	对读者获取博客的信息渠道进行分类统计
	常浏览的博客数	数量分段统计
	阅读方式	首页、链接、输入地址、收藏、搜索、在线RSS、其他
	使用过的功能或工具	留言、评论、博客搜索、收藏等

因此，面对一个全新的网站，用于测量用户态度的指标可以为：①访问这个网站是一个坏/好主意；②访问这个网站是一个愚蠢的/明智的选择；③访问这个网站令人感到不愉悦/愉悦。用于测量用户主观规范的指标可以为：①能够影响我行为的人认为我应该访问和利用这个网站的资源；②对我来说重要的人认为我应该访问和利用这个网站的资源。

另外，有些学者构建利用效率评测框架对用户的上网行为进行测度。①先考察使用群体：已长时间使用的、刚开始使用的、有意向使用的；②使用频率：反复使用、流量统计、使用时间等；③后期效果：与需求的结合情况；④影响因素：服务功能的质量、社会个体的知识获取素养、社会的支撑环境（包括教育、政策体系等）。用户的行为控制认知理论认为，行为主体对行为控制难易程度的感知也会影响网络信息资源的利用（鲁耀斌和徐红梅，2005）。同样面对一个全新的网络信息资源，用户感知的行为控制可以通过下列子项体现：①我有访问和利用这个网站所需要的资源；②我有访问和使用这个网站所需要的知识；③给我访问和使用这个网站所需要的资源、机会和知识，我将会很容易地访问和利用这个网站上的信息资源。

2.3 网络信息资源利用的技术特征维度

信息技术，在网络信息资源利用过程中作为与用户对应的客观对象，其本身特征和属性，如信息技术的有用性和易用性都直接影响用户对信息资源的使用。但关于信息技术的评价，从来没有简单的一元化的"好"的技术与"差"的技术：一方面，技术本身的特性影响使用者对它的评价；另一方面，信息技术使用者对技术的评价与其所处的社会结构密切相关。这就是信息技术与信息系统研究中一直存在争论的信息技术二重性问题。对于组织的IT采纳行为，理性决策主义认为是个体理性行为的结果，而制度主义认为是制度性因素导致的结果。这种认识差异在社会科学领域被称为"二元论"（dualism），而应用在信息技术领域，即被称为信息技术具"两重性"。也就是说，一方面，IT是在特定的社会环境结构中，由个体主观理性行为所创造的社会学产物；另一方面，IT也是在客观存在的既定规范与资源的集合体，个体的任何行为都受到这些既定规范和资源的限制或激励。

两重性问题的回答直接决定了信息技术是自变量，还是因变量。因此，从技术特征维度对信息系统利用和网络信息资源利用行为的研究也是当前研究者主要关注和拓展的领域。

2.3.1 信息技术与行为相关理论研究

不同的理论研究者均证实，信息技术本身的易用性、有用性、可察性、复杂性、兼容性等性能指标显著影响信息技术或资源的使用。因此，作为网络信息资源利用的技术维度研究，典型的理论研究包括理性决策主义信息技术理论、制度主义信息技术理论、适应性结构理论（adaptive structural theory，AST）、信息技术和资源可用性理论及网络信息服务质量理论等。

1. 理性决策主义信息技术理论

在信息技术与组织的交互研究中占主流地位的两个研究学派分别是决策主义学派与制度主义学派。

理性决策主义学派的基础是实证哲学家的传统研究假设，强调组织的认知过程伴随着理性决策（Orlikowski，1995），主张从心理学的视角研究技术接受过程中的科技和变革。决策理论学派以系统理性主义（system rationalism）为基础（李怡文，2006），主张技术对组织的变革促进作用，认为技术可以弥补人类的弱点。理性决策理论学派认为组织对IT采纳的目的是要实现组织利益最大化这一目标，经过理性分析以后作出的决策、技术或IT

被采纳以后，应该带来组织生产力和绩效的提高，并且令组织和个人感到满意。如果不能实现以上目标，则组织不会作出采纳决策，采纳后的实际效果如果低于预期效果，则说明IT采纳和组织间的融合出现了问题。持有这种观点的理论是技术决定论，以技术工程的视角，将认知过程和社会心理学结合起来进行研究，经典理论包括任务技术适配模型、理性行为理论等。

2. 制度主义信息技术理论

制度主义学派的研究很少关注或强调技术本身的作用，通常都是从整体的角度出发，认为技术的使用或属性认知更多的是一种社会行为，即对技术有用性或易用性的评价不仅仅取决于技术本身，还取决于技术在当时社会中的认知和采用情况。制度主义学派批判了理性决策学派的"技术中心论"假设，认为技术包含了塑造人类认知和行为的内在理论，将技术视为带来变革的机会而不仅仅是组织变革的自变量，组织变革是社会进化的产物而不是技术创新的产物；提出技术不能决定行为，相反，是人在制度的背景下使用资源、可解释方案（interpretive schemes）、既定规范（embedded norms）来构建技术的社会结构。

许多研究者从制度主义的视角来解释创新的采纳和扩散过程，认为影响创新采纳的关键因素是社会压力或制度压力，组织在社会因素而不是经济或效率因素的驱动下采取行为活动。这些社会因素主要指来自组织外部的"一致性"压力。同时，制度主义并不否认社会由个体组成这一现实，但并不认同微观视角中个体的简单叠加就构成社会现象这一观点，微观特征未必可以形成一致的宏观特征，如个体的理性行为在宏观上体现为非理性行为，制度主义强调合理的制度设置可以引导个体采取理性行为。制度主义在理论建构上通过概念替换的方式尽量避免个体因素的存在。

徐峰和戚桂杰（2012）认为，信息技术既是组织决策的目的，又是结果，这种信息技术使得单独采用任何一种学派理论的观点来研究IT采纳都不够全面。首先，这样的信息技术研究视角是以"信息技术是否导致了组织的变革和组织变革的效果"为研究出发点，是以结果为导向的静态分析，忽略了信息技术影响组织变革的具体过程研究；其次，两种学派的研究都是基于组织环境，而非组织环境的技术影响并没有考虑；再次，从研究方法上两者将信息技术视为组织结构之外的变量，而组织在采纳信息技术过程中最大的特点则是可能因个性化配置而改变信息技术本身的机构和功能，因此信息技术与组织结构之间并不是单向的因果决定关系，而是双向的二者之间相互作用影响的互动形式。

3. 适应性结构理论

由于理性决策学派和制度学派存在不足，以Barley和Orlikowski为代表的组织研究学者在社会学家Giddens的"结构化理论"基础之上提出了"技术结构化理论"，弥补了两种学派理论中的不足。Barley首先将结构化理论用于研究信息技术与组织结构的关系，他的基于案例的比较研究结论证明，IT对组织中角色期望和职位的改变是一种普遍的现象，但对组织结构的变革是案例性的，信息技术只是触发角色期望和组织变革的一种中介变量，而非可以决定组织变革的前因变量。

Desanctis和Poole在结构化理论的基础上，结合理性决策学派和制度主义学派提出了

第 2 章　网络信息资源利用维度分析

适应性结构化理论（adaptive structural theory，AST），解释信息技术在组织变革进程中的作用，研究发现组织结构变革是与能动者采纳 IT 的行为动机有着密切联系的。美国麻省理工大学斯隆管理学院的 Orlikowski 将结构两重性理论引入组织和 IT 采纳的研究中，分析了组织结构和制度特征、能动者及信息技术三者之间的关系，技术既是行动者建构的用于一定工作场所的物质性结构体，也是行动者通过赋予其不同的含义和强调其不同的特征而在使用中建构的社会性结构体。

Desanctis 和 Poole（1994）结合理性决策主义与制度主义视角，提出了适应性结构理论（adoptive structuration theory，AST），认为 IT 行为（包括采纳和使用）的发生来自于三种因素：先进 IT 自身的结构特征、组织内部系统和来自其他外部结构源的影响（任务、组织环境等）。其中，先进 IT 的技术结构包括结构性特征（structural features）和技术所具有的精神（spirits）。结构，如数据和决策模式，是指技术的具体形式和有形形态对采用者的影响；精神则是指技术的价值取向与采用者价值、观点及取向的契合程度。因此，主张从结构和精神两个层面解构信息技术的内涵和影响。组织内部结构包括组织自身的结构因素，如组织的能力和资源、制度、沟通形式等；外部环境中的结构源因素包括竞争环境、关联组织间的关系、政府政策等。

这三种结构因素对应的 IT 采纳行为包括：技术本身的结构因素、企业内部的因素和环境的结构因素，与 TOE 的模型框架是一致的。根据 AST 理论，组织 IT 采纳的影响因素包括适应性结构化理论是对信息技术两重性理论的有益补充，提供了一种新的研究思路，即考虑组织和 IT 采纳的双重影响。2004 年，Schwieger 等结合适应性结构理论和扩散理论，提出了一个经修正的研究模型。模型提出，适应性结构化过程是一个循环过程，在该过程中，组织不停地调节本身的结构来适应技术结构的变化，技术结构的变化也对组织的结构带来影响，在循环过程的不同阶段，变量对技术采用的影响作用不同。

对于组织 IT 采纳，技术与制度之间存在四条交互路径：①IT 技术需求的产生来自于组织的活动，因此组织对所需 IT 技术的采纳具有一定理性选择的机会，同时需要组织具有相对应的 IT 能力及配置型资源；②IT 采纳是组织活动的中介，由此采纳行为带来的利益将促进组织 IT 采纳，作为中介还需要与组织现有资源匹配；③组织采纳 IT 时受到制度环境的影响，组织采纳 IT 的决策结果会受到各种环境制度压力的作用，包括竞争、规范强制压力等；④组织采纳 IT 的过程可能对制度环境产生影响，因为组织行为能改变其他组织所处的制度环境，即伙伴影响力的存在性，通过影响组织间关系的制度规则，形成竞争优势。

以 AST 理论为基础，Orlikowski 的技术结构化模型及 Desanctis 和 Poole 的适应性结构化理论进一步提出，从组成结构的要素角度来看，组织 IT 采纳实质上就是采纳主体对规范、配置型资源和权力型资源的结构变迁。

因此，对组织 IT 采纳的分析也应该从这三个维度展开。

（1）规范。采纳行为所遵循的模式，在组织内部物化为管理制度、组织文化及行为流程规则等跨越时间维度、提供公共知识并保护主体安全性的手段。组织基于维护自身安全性的考虑，通过跨时空一致性和连续性来排斥异己型规范，而 IT 技术可能是组织之外的主体创造物，IT 技术中包含了创造主体的具有时间一致性和连续性的技术特征和精神，即 IT 的结构，而 IT 结构在引入采纳组织之后就会脱离与创造者的联系而出现在采纳主体的行动中。为了避免出现排斥和伤害本体的现象，组织在采纳前应该对二者的规范之间的适配性进行评估。

（2）配置型资源。可供采纳主体使用的物质性资源，包括对物质资源的支配能力和改造能力，具体物化到组织当中主要就是组织的财务资源，因此对组织 IT 采纳创新来讲，组织是否有充裕持续的财务资源支持是一个重要的影响因素。除此之外，对各类物化资源的利用能力，特别是组织 IT 的管理、使用和创新能力，也是一种重要的配置型资源。

（3）权力型资源。组织采纳活动中微观主体对微观主体的控制能力，以及对组织内部配置资源和权力性资源进行分配的权力。权力型资源是组织权力的集成器，具体物化为高层领导的态度，因此，在 IT 采纳中，高层领导的支持就相当于获得了采纳所必需的配置型资源和一部分权力型资源。根据以上分析，组织在 IT 采纳的过程中出于保护本体安全的需要，结构变迁产生了对三种要素的需求。

徐峰和戚桂杰（2012）则认为，影响组织 IT 采纳的因素包括：社会整合（人为推动）、系统整合（规范同化）、匹配度（规范一致性）、配置型资源（财务资源）和权力型资源（高层态度）。

此外，Tomatzky 和 Fleischer 提出的信息技术接受的 TOE 框架认为，技术因素包括组织自身的相关技术和在市场上能够获得的相关技术。组织自身的技术能力影响着组织获取技术的能力。

4. 信息技术和资源可用性理论

可用性是对信息技术使用的综合评价，对信息资源可用性的研究历史悠久。在内地，usability 被翻译为"可用性"；在中国台湾地区，可用性（usability）有多种中文译名，包括：使用性、易用度、易用性、好用性、优使性等（林妙华，2006）。在国外，IBM 在 1970 年引入可用性测试，微软公司 1989 年提出微软可用性指南（MUG），从内容、易使用性、促销、定制服务、情感因素方面进行 Windows 操作系统和其他软件产品的可用性测试。20 世纪 90 年代以后，关于网站可用性的研究比较多，典型的如 Derrick Story 提出的网站设计可用性原则，计算科学工程西北联盟（NACES）从网站设计、网页设计、导航帮助方面制定的通用网站可用性指南，以及 José A. Borge 等提出的设计网页可用性原则。

国际标准化组织（ISO）1997 年在 ISO/DIS9241-11 标准中给出的可用性的定义，是指特定的用户在特定环境下使用产品并达到特定目标的效力、效率和满意的程度，即有用性包含有效性（effectiveness）、效率（efficiency）和用户主观满意度（satisfaction）三个构面。

Jakob Nielsen 则认为，可用性包含易学性、交互效率、易记性、出错频率和严重性，以及用户满意度五个构面。Nielsen 提出的模型被认为是简易评估模型。该模型首先设定可用性评估目的，然后将可用性分为学习性和易用性两方面进行评估，在不受外界干扰的情况下回答指定问题，记录答案和时间以量化系统的可用性。

美国人因工程学会（Human Factors and Ergonomics Society）曾将可用性的五大属性定义为：效率（efficiency）、学习（learnability）、记忆（memorability）、错误（error）及满意程度（satisfaction）。

在国内，对网站和相关网络信息资源而言，可用性评价是指"用户获取和大量使用网站时的有效性、效率和用户主观满意度"。中国人民大学的周晓英教授则认为,可用性关注用户能否用产品完成他的任务,效率如何,主观感受怎样。黄晓斌和邱明辉(2002)在数字图书馆可用性研究中认为,数字图书馆可用性是数字图书馆在一定条件下能够使其用户容易、有效、满意地实现信息需求、完成工作的一种能力。他们提出数字图书馆可用性的原则包括:易学、易记、高效、容错、愉悦、服务差异化、与实际工作相结合、经济上的可行性等;同时,数字图书馆可用性的内容包括:对数字图书馆的总体感受、客户端软件、检索能力、检索的结果与处理、导航方法、系统帮助、系统性能、用户定制等。

因此,信息系统是否真的好用,只能靠间接的方式,其牵涉的领域除了信息技术外,认知心理学、人机交互(human-computer interaction)理论等也很重要。

5. 网络信息服务质量理论

网络信息服务质量理论是从服务科学的视角,以技术或资源的利用过程或结果为导向的评价方式。PZB(1988)所构建的 SERVQUAL 量表被广泛采用。此外,Delone 和 Mclean(1992)则提出 IS 效能模型(information-system quality model),认为网站系统质量(system quality)与信息质量(information quality)共同影响网站系统使用和用户满意度。Aladwalli 和 Palvia(2002)以学生为样本,在 TAM 和 IS 的基础上创建网站质量概念模型,认为感知网站质量是用户对网站功能满足其需求的程度及网站整体效能的评价,并初步构建了网站质量体系模型,主要包括技术适当性、网站内容、网站外观三个维度。

网站服务质量体系的实证评价方面,相关质量评估理论与实践研究受到学术界的广泛关注,其中从用户感知视角评价网站质量成为研究热点和前沿,多表现为运用网站质量概念模型(Aladwani and Palvia,2002;Jeong and Gregoire,2003)、网站质量体系理论(Jeong and Lambert,1999;2001;Dragulanescu,2002),构建网站质量评估量表(Barnes and vjdaen,2000;2001a;2001b;2002;2003)开展实证研究。比如 Zeithaml 等(2002)在借鉴传统 SERVQUAL 概念架构基础上,提出电子化服务质量概念模型,即 e-SERVQUAL(简称 e-SQ)。它包含 11 个维度,分别是:能否成功进入、导航便利性、效率、定制化/个性化、安全性/隐私性、响应性、保证性/信任性、定价知识、网页的美观性、可靠性、灵活性。在概念性模型 e-SQ 的基础上,Parasuraman 等(2005)通过严格的概念化、建构、修订和测试阶段,建立了一个测评不同类型网站服务质量的多项目量表 E-S-QUAL,并证明 E-S-QUAL 和 E-RecS-QUAL 基本能够帮助理解消费者如何评估 e-service 的质量。E-S-QUAL 是以 e-SQ 量表为基础和核心的,包括 4 大维度的 22 个项目,而 E-RecS-QUAL 是电子化服务补救量表,包括 3 大维度的 11 项目。英国学者 Barnes 和 Vidgen(2000;2001a;2001b;2002;2003)以学校网站为例,在 SERVQUAL 量表基础上构建了 WEBQUAL 系列量表。Waston 和 Goodhue(2002)则进一步将调查对象扩展到网站设计者和网站用户,构建了 WEBQUALT 模型,提出网站质量主要体现在四方面,并将其细化为 12 个维度:有用性(适用信息、互动性、信任、响应时间)、易用性(易理解性、易操作性)、娱乐性(外观、创新性、情感吸引)、互补关系(形象一致、在线完整性、相对优势)。Schubert(2003)则结合网络营销相关理论、TRA 及 TAM 理论,进一步提出了网站评估方法 EWAM(extended web assessment method)量表,其特点在于从在线交易的不同阶段入手对电子商务网站进行评估。

网络信息服务质量理论为信息资源的技术维度描述和思考体系提供了参考和借鉴。

2.3.2 信息技术对绩效的影响

Tyre 和 Hauptman（1992）研究了生产过程中组织对技术变革的反应效果。信息技术有其独特性，如技术发展的规模性、信息技术的高端性及新旧技术更新和可替换性等都会给组织带来多方面影响。其中最主要的影响是组织如何在信息技术的效益凸显之前对这种不确定性作出良好的反应。通过实证研究得出的结论是组织需要对信息技术变革作出不同程度的适应，这样才能促进技术效益的发挥，而提高信息技术和组织中个人及管理过程之间的适应性是提高组织绩效的必然选择。

我国学者李国鑫和王雅林（2004）探讨了信息技术对个人、过程与组织三个层面绩效的影响。个人绩效受到信息技术两方面的影响：一是使用者对采纳信息技术的行为意图；二是所使用的信息技术与任务的适配程度。这两个方面都会影响信息技术的使用效果。该观点虽然研究了信息技术影响绩效的三个层面，但不管是哪个层面，最终使用信息技术的都是用户。用户对信息技术的认识直接影响信息技术的使用，这当中的认识包括两个方面，分别是有用性认知和易用性认知。

李怡文研究了组织在不同阶段采纳 IT/IS 影响因素的差异问题。该研究得出以下结论：在单一的技术结构下，仅凭技术优越性无法促使组织采纳，组织对信息技术是否采纳受技术、组织和环境三方面结构源的共同作用。并且，组织在上一阶段的技术接受过程中浮现出的新的结构将通过影响规则与资源影响下一采纳阶段的采纳活动。从社会技术观点的适应性结构化理论的视角，可以找到合理的解释来说明采纳前后阶段技术的结构特性对采纳行为的差异性影响（李怡文，2006）。

信息技术能否产生绩效与组织之间的适应性至关重要。要提高适应性，所有对其有影响的变量都需要同技术相协调，如组织中的管理要素也要同技术变量相适应，才能产生最佳的效果；员工的培训也必须同技术本身的特征相关联。因此，需要对适应性，特别是技术和任务的适应性进行更加具体深入的研究。

2.3.3 存在的问题

在针对信息技术对使用网络信息资源的影响的研究中，存在以下问题。

（1）对信息技术没有明确地进行分类描述，现有研究基本上都是笼统地研究信息技术对信息资源使用的影响，或者针对单独的某项信息技术进行研究，但是没有对信息技术进行明确的分类和分析，以至于没有对具体的信息技术进行具体的研究，没有对信息技术的各个方面进行研究，也就不能准确地把握信息技术的特点。

（2）信息技术没有很好地与用户、任务等结合起来进行研究，大多是孤立地研究信息技术、用户等。应该把信息技术的各方面与用户、任务等结合起来研究，如用户界面与用户有联系，信息技术的功能特征就与任务有联系。

2.4 网络信息资源利用的任务特征维度

任务技术适配是针对一种信息技术工具到底能不能支持某项任务而提出的一个术语。Goodhue 和 Thompson 根据技术绩效循环链（technology performance chain, TPC）理论提出了任务—技术匹配理论，认为要使信息技术或信息系统产生积极作用，应该包括两个过程：系统必须被用户采纳；系统必须很好地匹配其使用者的工作。

Goodhue 将技术特性与任务特性之间的匹配定义为技术对任务的支持程度，即技术可以在多大程度上配合任务的处理流程，为任务处理提供及时和足够的数据与信息。某一特定任务的特性会需要技术以特定的功能来支持，比如非独立任务可能需要使用许多不同部门的数据，此时就需要信息技术提供一个集成企业各部门数据的数据库。用任务—技术适配模型来评价、预测网络信息资源的利用效率，能比较现实地考虑到信息系统功能和用户的任务需求这两个因素。信息系统只有被用户使用，其资源才能产生利用效率；而此任务—技术适配模型主要是说明两者适配的结果会影响使用效果，并解释适配度对技术（信息系统）使用存在某种程度的影响。当任务需求与技术功能之间的差距越小时，任务与技术的匹配度就越高。

用户使用网络信息资源的目的是利用信息满足自身的主体需要，换言之，即完成一定的任务。例如，撰写学术论文需要查找学术数据库；人与人之间的交流通信需要通过电子邮件系统；购买商品需要利用电子商务网站；了解产品需要访问企业网站等。因此，针对不同的任务，应当具有不同的利用网络信息资源的方式及效率。不同的用户利用信息有不同的目的，而不同的组织、学科领域同样具有不同的特点，哪些因素对该组织、领域信息利用效率有影响也是不尽相同的。通过 TAM 与 TTF 整合模型分析网络信息资源中的某一特定类型，可以得出各外部变量对用户使用数据库的态度、行为的影响效应，从而解释哪些因素是利用网络信息资源的关键因素及作用机理，这对人们今后进一步利用网络信息资源有一定的借鉴意义。

2.4.1 不同类型网络信息资源利用的任务差异

网站按照主体性质不同可分为政府网站、企业网站、商业网站、教育科研网站、个人网站、公益性网站及其他网站等，这些网站分别对应着不同的用户任务需求。《2005 年中国互联网络信息资源数量调查报告》显示，用户对企业网站提供的信息需求最大，占网站总体的 60.4%，接下来依次为个人网站、教育科研类网站、政府网站。下面是几种代表性类型网站信息资源利用目的的调查情况。

1. 政府网络信息资源利用目的

政府信息资源是一切产生于政府内部或虽然产生于政府外部但却对政府各项业务活动有影响的信息的统称（马费成，2004），主要包括国家法律法规和政策等信息、科技信息、国民经济统计信息、行业和地区信息等，通常可划分为保密信息、商用信息、公开信息三类。政府信息资源服务则一般被认为是以公众受益和社会效益为目的，采用非营利的方式，向公众提供普遍的信息产品和服务。

惠振鹏认为，政府网站所决定的政府信息能力是执政能力的重要环节。政府最重要的能力之一就是对公共信息的处理。近年来政府网站已经成为提升政府信息能力的重要手段和战略措施。从电子政务的角度来看，政府网站主要有整合、接入和表征三大功能。因此，公众利用政府网络信息资源主要有三类目的：一是公民知情权的具体体现，通过政府公开相关信息获知一定的社会信息；二是通过信息公开方式对政府工作进行监督；三是对政府公共信息资源进行汇集和再利用，产生额外的社会经济价值。

而从政府角度看，政府公共信息资源的提供类型也表明自身的服务特征和利用目的。调查显示（图2-2），政府网站提供最多的服务是"友情链接"（91.3%）及"法律法规/政策/文件"（85.9%），并涵盖多种信息公开服务。

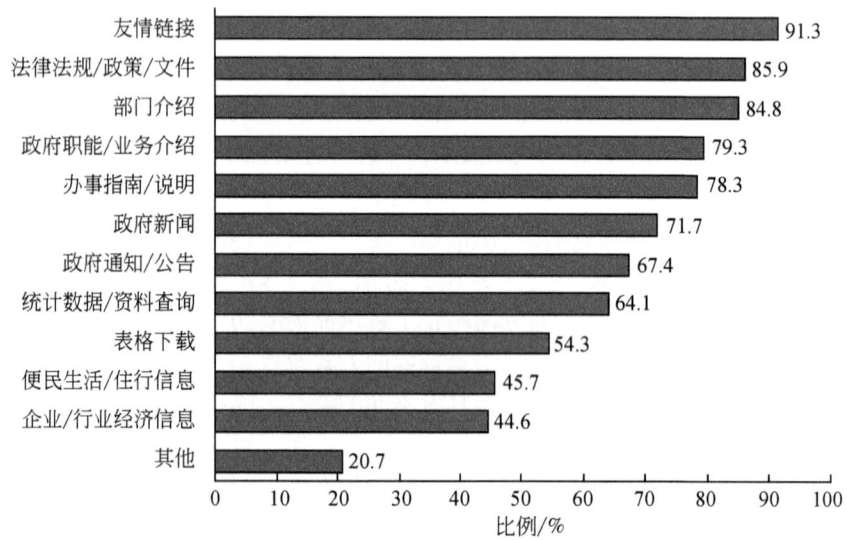

图 2-2 政府网站提供各类信息的比例

资料来源：《2005年中国互联网络信息资源数量调查报告》

从表2-8可看出，政府新闻、企业/行业经济信息和统计数据/资料查询的更新较为频繁，更新频率在六个月以上的所占比例较高的有"部门介绍"、"友情链接"。

表 2-8 政府网站各类信息更新比例　　　　　　　　　　　　（单位:%）

信息类别	每日	每三日	每周	每两周	每月	每三个月	每六个月	六个月以上	不固定
政府新闻	36.4	9.1	10.6	1.5	4.5	4.5	—	—	33.3
部门介绍	1.3	—	6.4	—	3.8	5.1	5.1	41.0	37.2
政府职能/业务介绍	1.4	—	—	1.4	4.1	6.8	2.7	31.5	52.1
统计数据/资料查询	16.9	3.4	8.5	—	8.5	6.8	5.1	13.6	37.3
法律法规/政策/文件	2.5	1.3	5.1	—	7.6	3.8	—	7.6	72.2
办事指南/说明	1.4	1.4	2.8	—	5.6	5.6	5.6	22.3	55.6
政府通知/公告	11.3	—	8.1	—	4.8	—	—	1.6	74.2
企业/行业经济信息	22.0	2.4	22.0	—	—	—	4.9	9.7	39

| 第 2 章 | 网络信息资源利用维度分析

续表

信息类别	每日	每三日	每周	每两周	每月	每三个月	每六个月	六个月以上	不固定
便民生活/住行信息	9.5	2.4	4.8	2.4	11.9	—	2.4	11.9	54.8
表格下载	6.0	—	8.0	—	8.0	4.0	4.0	18.0	52.0
友情链接	—	—	—	1.2	2.4	2.4	1.2	40.4	52.4
其他	15.8	5.3	10.5	5.3	15.8	—	—	5.3	42.1

资料来源：《2005 年中国互联网络信息资源数量调查报告》

图 2-3 为政府网站提供的各项服务所占比例，其中，留言板、政府信箱是大多数政府网站都提供的服务功能。

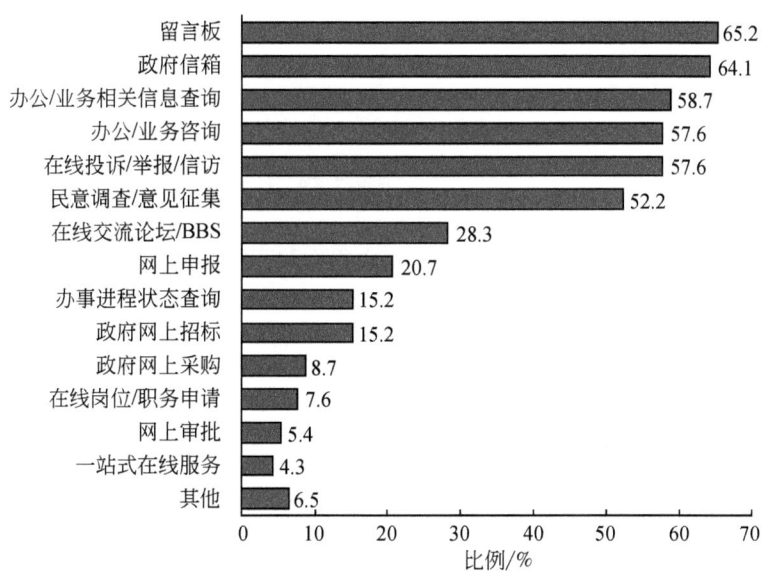

图 2-3　政府网站提供各种服务的比例

资料来源：《2005 年中国互联网络信息资源数量调查报告》

2. 教学与科研利用网络信息资源的目的和行为

随着计算机技术、网络通信技术的迅速发展，教学与科研中的网络信息资源利用越来越普及。图 2-4 为教育科研网站提供的各类信息比例，可以看出，大多数此类网站都提供"学校/机构概况（87.6%）"、"友情链接（82.9%）"、"学校新闻（71.4%）"和"校内信息（69.5%）"等信息。

教育科研网站提供的服务情况如图 2-5 所示，提供比例较高的有"意见信箱（58.1%）"、"咨询信箱（57.1%）"和"电子邮箱（52.4%）"。

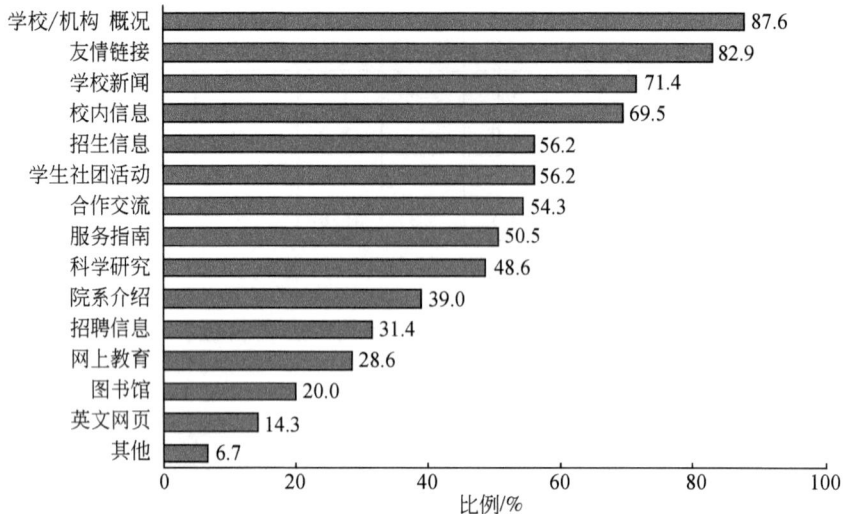

图 2-4 教育科研网站提供的各类信息分布

资料来源:《2005 年中国互联网络信息资源数量调查报告》

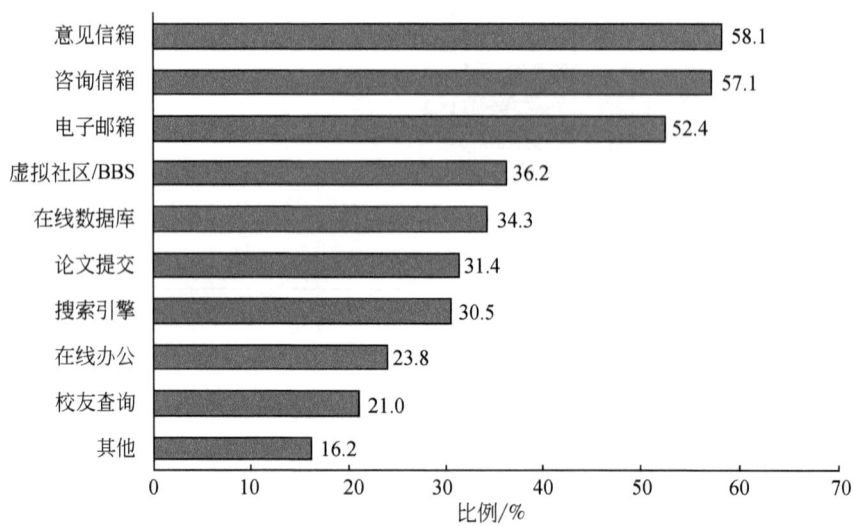

图 2-5 教育科研网站提供的各类信息服务分布

资料来源:《2005 年中国互联网络信息资源数量调查报告》

3. 企业网络信息资源利用

图 2-6 为企业网站所提供的主要信息服务比例,大部分企业网站都在网上发布"企业介绍""产品/服务介绍"等信息。

| 第 2 章 | 网络信息资源利用维度分析

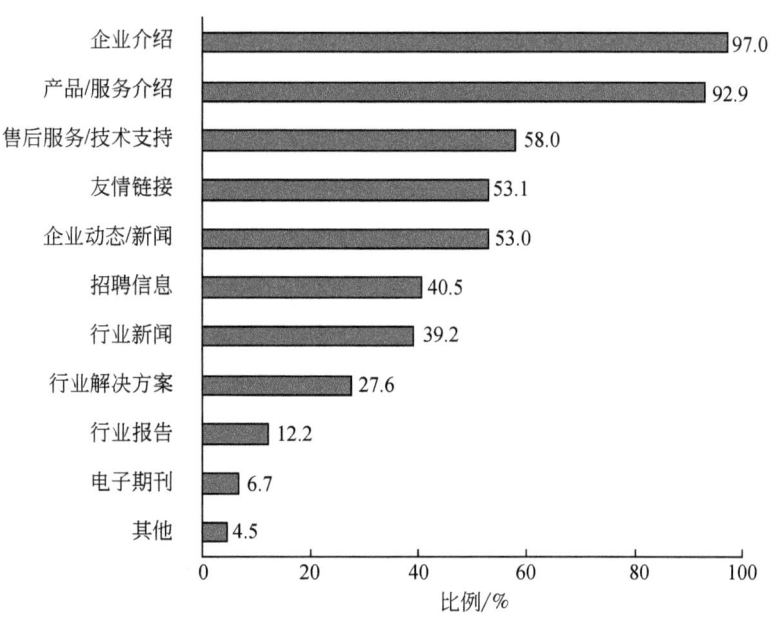

图 2-6 企业网站提供的各类信息服务的分布
资料来源:《2005 年中国互联网络信息资源数量调查报告》

企业网站提供的主要服务包括：产品查询，在线咨询/投诉，企业会员服务，网上采购，虚拟社区/BBS 论坛，针对最终用户的网上销售，民意调查/在线征集，针对代理商、经销商的网上销售等，见图 2-7。

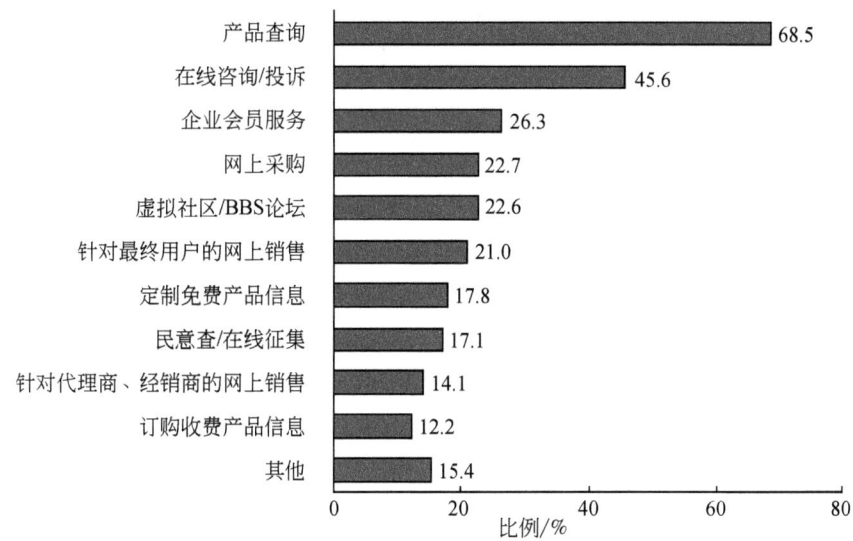

图 2-7 企业网提供站各种服务的比例
资料来源:《2005 年中国互联网络信息资源数量调查报告》

表 2-9 显示，"行业新闻"和"企业动态/新闻"更新频率较高，大部分信息的更新周期在一周（含一个周）以下。

表 2-9　企业网站各类信息更新比例　　　　　　（单位:%）

信息类别	每日	每三日	每周	每两周	每月	每三个月	每六个月	六个月以上	不固定
企业介绍	2.6	0.2	3.3	1.1	6.8	8.8	10.0	41.6	25.6
产品/服务介绍	4.4	0.7	5.3	2.4	10.4	11.2	7.2	21.5	36.9
行业新闻	13.7	3.1	13.7	2.2	14.1	5.7	3.3	9.7	34.5
企业动态/新闻	7.8	2.4	13.0	3.3	14.8	7.5	3.3	6.2	41.7
售后服务/技术支持	5.5	0.4	3.4	1.8	8.8	7.0	7.9	31.5	33.7
行业解决方案	3.5	0.9	5.5	1.4	8.1	10.1	8.7	20.8	41.0
行业报告	3.9	—	5.8	2.6	9.7	13.0	8.4	21.4	35.2
电子期刊	8.2	—	8.2	3.5	17.6	16.5	5.9	17.7	22.4
招聘信息	2.4	—	2.6	1.2	8.3	7.9	5.7	15.6	56.3
友情链接	2.0	0.2	1.8	0.8	5.7	3.9	5.0	47.2	33.4
其他	9.7	3.2	1.6	1.6	3.2	11.3	4.8	41.9	22.7

资料来源:《2005 年中国互联网络信息资源数量调查报告》

4. 商业网络信息资源利用

商业信息资源是又一种重要的信息资源,商业网站提供的信息服务多种多样,主要有网站/网页浏览、网上购物、电子邮箱、软件上传或下载、搜索引擎、域名注册等,如图 2-8 所示。

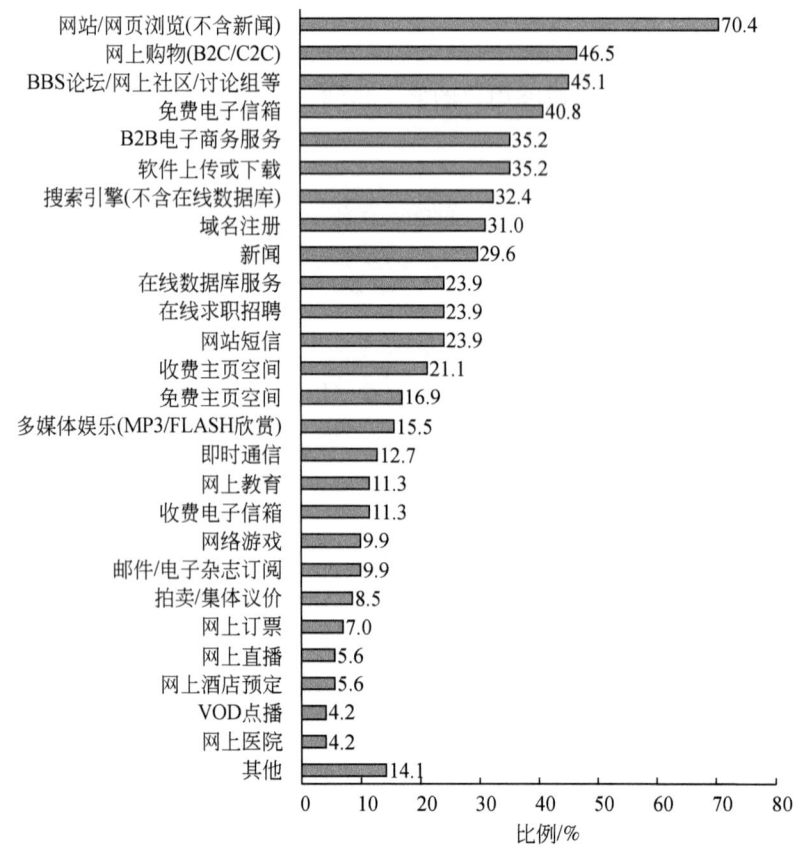

图 2-8　商业网站提供的各类信息服务的分布
资料来源:《2005 年中国互联网络信息资源数量调查报告》

| 第 2 章 | 网络信息资源利用维度分析

从图 2-9 可看出，商业网站信息最主要的是"产品信息"和"企业信息"这两类，其次为"商贸信息"。

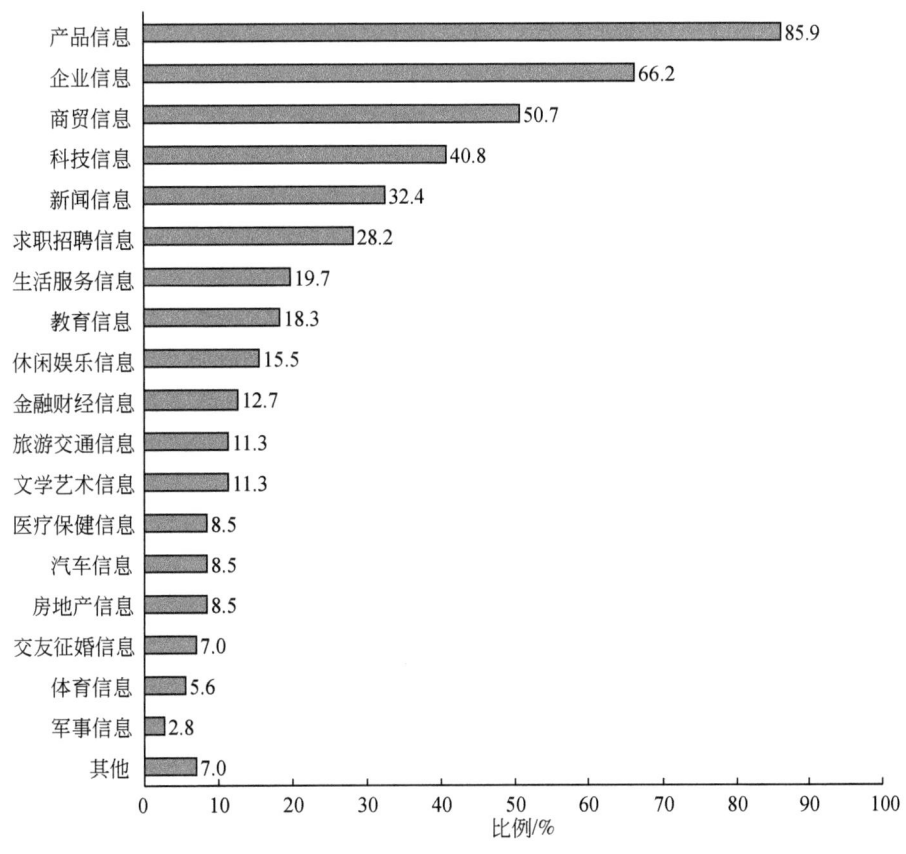

图 2-9 商业网站提供的各类信息的分布
资料来源：《2005 年中国互联网络信息资源数量调查报告》

由于商业网络信息资源带有很明显的赢利性质，因而与其他类型网络信息资源利用不同，其是否收费受到很大的关注。调查发现，我国绝大多数信息是以免费为主，其中收费比例最高的有"企业信息（18.8%）"、"产品信息（17.5%）"和"商贸信息（13.5%）"，见表 2-10。

表 2-10 商业网站信息收费情况分布表　　　　　　　　（单位:%）

项目	免费	收费	二者兼有
新闻信息	100	—	—
产品信息	77.8	17.5	4.8
商贸信息	78.4	13.5	8.1
企业信息	81.3	18.8	—
科技信息	93.1	6.9	—
教育信息	100	—	—

续表

项目	免费	收费	二者兼有
军事信息	100	—	—
求职招聘信息	100	—	—
金融财经信息	88.9	11.1	—
房产信息	83.3	—	16.7
汽车信息	100	—	—
休闲娱乐信息	100	—	—
生活服务信息	92.9	17.1	—
体育信息	100	—	—
医疗保健信息	100	—	—
文学艺术信息	100	—	—
旅游交通信息	100	—	—
交友征婚信息	100	—	—
其他	80	20	—

资料来源：《2005年中国互联网络信息资源数量调查报告》

2.4.2 调查中存在的问题

各学者得出的主要结论有：①不同的信息资源系统其服务的目的不同（赢利、公益、其他），其提供的信息内容和服务形式、侧重点就会有差别，用户需要根据该系统是否能满足信息需求进行判断时就会有不同的选择。②资源系统的技术体系、收费标准和服务质量，都可能影响用户利用资源的效果。③资源系统的影响力。一个权威性的资源系统必然会成为人们使用同类资源系统的参照标准，影响力体现在两个方面，即人们对其的评价及量化的被链接计量。④网络信息系统的表现形式也是影响用户获得信息的因素，如术语、布局、链接设计等外在形式。

《2005年中国互联网络信息资源数量调查报告》是迄今为止针对信息资源开展的一次规模最大、最完备的调查，调查得出了有关网络信息资源建设现状和利用的许多有价值的结论。然而，此次调查还存在以下一些缺陷。

（1）对于网络信息资源的利用，本次调查虽然明确地提出了利用效果这一指标，但主要是从网站信息的发布情况和信息与业务的结合情况两个方面来衡量的，未免简单和粗糙。

（2）很明显，学界对于网络信息资源利用的研究缺乏对用户任务的限定及研究，马克思主义哲学的一条很重要的原理即是"具体问题具体分析"，针对不同的任务，应当有不同的信息获取方式及利用方式。

（3）尽管信息与业务结合的带有考虑任务和资源适配的成分，但是对获取资源的方式与任务的匹配没有进行研究。只有当所采取的利用信息资源的方式与所需完成的任务相适应的时候，才能够取得较好的效果。而目前学界既没有对任务的表述，至多是对不同学科领域的概括，也没有关于二者匹配对网络信息资源利用的影响的研究。

2.5 影响网络信息资源利用行为的因素

2.5.1 行为主体

网络信息获取行为的主体是网络用户，用户因为自身的需求而寻求有帮助的信息。用户因为自身条件的不同会对相同的资源作出不同的行为反应。《中国互联网络发展状况统计报告》指出许多用户不采用某种资源的最大的原因就是不懂得使用。用户自己的经验和使用某种资源系统的自信心会大大影响他对这种资源的利用频率，甚至是对其优先选用的可能性。我们将用户对使用某种资源系统的经验和自我能力评估统称为用户自我效能。该报告是通过计量用户对某种资源的时间长短和频率，以及是否使用过特定的工具来反映用户的经验的。

德国弗赖堡大学通过实验，研究了用户的领域知识和网络信息能力对信息搜寻行为的影响，根据用户与经济领域的相关程度将用户分为四种类型：①Web+Econo+，表示参与者是Web专家，同时也是经济领域专家；②Web+Econo-，表示参与者是Web专家，但不是经济领域专家；③Web-Econo+，表示参与者不是Web专家，但是经济领域专家；④Web-Econo-，表示参与者既不是Web专家，也不是经济领域专家。并且，对这四种类型用户的搜索行为差异进行了测试研究。

2.5.2 行为过程

信息获取行为的产生必然有一定的信息需求在驱动，人们对资源系统的感知和认识会促使行为的产生，在获取行为发生后，人们再进一步将行为产生的结果应用到需求中去。不同的信息需求必然会促使用户去选择正确的信息渠道，然而用户对这些资源的可用性、易用性和有用性的感知必然会促使其作出不同的行为反应。

国外学者Marchionini（1995）单就信息用户的搜索行为进行了研究，提出了用户搜索模式，并分解出八个搜索步骤：①认识并接受一个信息问题；②定义并理解问题；③选择一个搜索系统；④构造一个查询；⑤执行搜索；⑥评价结果；⑦提取信息；⑧思考/重复/停止。

芬兰坦佩尔大学的研究课题——"在项目进展中认知、查询式策略改变和检索词"进一步对不同类型用户使用的查询式策略与引入新关键词的类型进行了统计考察，由此观察不同用户的网络信息搜索行为特点。

南京理工大学信息管理系在"数据库资源利用效率课题"的研究中，以认知科学为理论基础，认为用户信息搜索行为最终可以运用认知科学理论来加以解释。事实上人们的信息搜索过程是一个认知过程，即运用专业领域知识及搜索技能知识不断地认识、搜索信息环境，直至最终从该环境中筛选出所要的信息的过程，这是一个由先前知识与累积的经验知识（在认知学里被称为"图式"）对外界信息进行加工、处理和适应的过程。通过对科技用户的网络信息搜索行为特征变量中的查询式与关键词策略进行观测分析，提出了一套指标体系，如表2-11所示。

表2-11 南京理工大学数据库资源利用课题指标体系

分析指标	观察指标	指标解释
查询式策略	相交	检索内容需要同时满足几个不同的概念，表现形式为用AND连接检索词
	变更	相对于前一个检索式，至少有一个关键词发生改变
	否定/联合/同类	使用AND、OR、NOT调整检索式
	减限	减少原检索式中的检索词或者使用原检索词的上位词以扩大查询范围
	聚焦	检索式的概念从小逐步扩大
	限制	通过对描述、语言、年份等的控制进行检索
引入新关键词	同义词	概念相同的关键词
	上/下位词	概念范围宽/窄的关键词
	相关词	不同类但属于一个搜索主题
关键词特征	长度	检索式的字数或词数
	类别	将关键词按内容分为搜索行为、用户、网络、理论/方法、信息五类

采用德国弗赖堡大学对用户的分类方法对不同的用户类型进行统计分析时，采用的是各个指标的平均次数统计，并使用贝叶斯模型来分析。另外，还有一批学者针对用户对网络信息资源的检索行为进行了研究，具体如表2-12所示。

表2-12 网络信息检索行为研究举例

研究者	研究对象	研究方法	研究内容或结论
Catledge 和 Pitkow	非受控成人检索者，分为三类：选择短而非重复的检索路径以避免过长导航的浏览者、一般目的的浏览者和频繁使用较长导航的浏览者	检索日志分析	研究者发现回退功能被频繁使用，用户倾向于把查找限定在一个网站的某一部分，呈现出中心辐射型的导航类型
Byrne		口头协议和录像日志	用户行为（用户的检索课题、确定网页、进入网页、提供信息、配置浏览器和对环境作出反应）
Tauscher 和 Greenberg	程序员和软件工程师		重复访问网页行为
Hoelsher 和 Strube	专业检索人员		网络检索行为
Navarro-Prieto	有经验的检索者，检索新手		网路经验和检索任务的关系
Jasen			检索式的构成特征
Nahl	大学生检索新手		认知和情感因素对检索的影响

2.5.3 行为对象

信息获取行为的对象就是网络上不同的资源系统。在已有的调查报告中,用户对资源系统的评价通常包括以下几个方面:收费、速度、中文信息、服务质量、是否有用。在选择信息资源系统时,通常考虑价格、速度、服务质量和知名度等。

首先,不同的信息资源系统,其服务的目的不同(赢利、公益、其他),其提供的信息内容和服务形式、侧重点就会有差别,用户需要根据该系统是否能满足信息需求进行判断时就会有不同的选择。其次,资源系统的技术体系、收费标准和服务质量,都可能影响用户利用资源的效果。最后,是资源系统的影响力。一个权威性的资源系统必然会成为人们使用同类资源系统的参照标准,这体现在两个方面:人们对其的评价及量化的被链接计量。

网络信息系统的表现形式也是影响用户获得信息的因素,各学者的研究内容及其结论如表2-13所示。

表2-13 网络信息系统表征对信息检索的影响

研究者	研究内容	结论
Eliasen	术语和布局对选择数据库的影响	扩展术语的范围,并按类型进行分组后,数据库的选择功能明显增强
Khan 和 Locatis	信息表述对用户检索行为的影响	他们发现以列表格式提交的低链接密度收效最好。减少每屏显示中的链接数量可减轻用户的认知负担;采用链接列表,而不是将链接嵌入文本中也可以减轻用户信息处理的难度
Khan 和 Locatis	链接队列和链接响应对检索的影响	发现当检索课题中的用词和链接中的用词一致时,可改进检索效率
Carlson 和 Kacmar	最优的链接表述方式,链接设计	彩色设计被认为对大范围的链接最有效;而非标准链接,如斜体字、框式设计和阴影也受到用户的好评

2.5.4 行为环境

人的行为更多的时候会处于一个社会环境之中,因此,我们在考虑个人的认知行为时还要考虑用户行为受到的环境影响。

(1) 组织影响。对很多用户,特别是从事某项团体任务或项目的用户而言,使用某个技术产品是出于组织上的规定或命令。而且用户在组织任务中的角色和地位会影响他使用信息系统的权限。具体的任务是由具体的人来执行的,组织结构和权限的分派会影响个人在执行任务过程中的表现行为。

(2) 社会规范、使用习惯等。在实际环境下,人们从便利性出发会根据周围人或个人以往的使用习惯采用一些信息系统。

网络信息获取行为是一个很复杂的研究对象,综上所述,我们得出下列结论:信息获取行为的影响因素包括用户的需求和用户专业经验、资源系统的特性及环境影响三个方面；用户的需求是促使行为发生的根本原因，用户对自己使用系统资源的能力和经验会影响其行为表现；资源系统的特性会影响用户的感知和认识，从而有针对性地对不同的资源产生不同的行为；用户的行为也会受到环境因素的影响。

2.6 小　　结

从以上研究调查中我们发现，报告调查中涉及的问题涵盖了系统特性和用户行为、用户评测的各方面，但缺乏一个整体的框架将这些影响因素整合起来，没有挖掘这些因素之间的关联性，也缺乏有力的理论对其进行支持。用户行为、信息技术等都对网络信息技术的采用造成了一定的影响，但是不能将它们孤立起来研究，因为这几方面的因素都是相互作用、结合起来影响信息资源利用效率的。

那么以上论述都说明了网络信息资源利用效率研究中存在着哪些问题，应当通过什么手段来影响网络信息资源利用效率的关键因素呢？

（1）在获取信息用户性别、年龄、收入、学历等要素之后，怎样确定这些要素对用户使用网络信息资源的影响程度？用户利用网络信息资源是怎样一个心理行为过程？

（2）行为主体、行为过程、行为环境及行为对象与最终的网络信息资源利用效率是什么关系，用户特征对行为又是什么关系？

（3）在采用新的信息技术后是否就可以提高网络信息资源利用效率，用户采用新技术是否与组织所设想的目标一致？哪些用户特征会影响用户对新技术的接受程度，并最终通过新技术来提高利用效率，这是怎样的一个作用过程？

（4）不同的任务对提高网络信息资源利用效率有什么要求？技术本身与任务本身是否需要一种匹配的关系？这种匹配的关系对提高利用效率又是怎样的一种关系？怎样来测定匹配的程度？

以上四点是我们需要考虑的关键，说到底即应该以怎样的一种框架来分析网络信息资源的利用，从宏观上把握利用的过程与影响因素而不致偏颇，这就是本书研究的重点。

第3章 技术接受模型及其研究进展

3.1 技术接受模型研究概况

以 SSCI 和 LISA 数据库作为统计来源,以主题=(Technology Accept Model) and 出版年=(2000-2009) 为检索项进行检索,再通过阅读文摘,剔除相关性不大的文献,得到605篇相关文献,采用文献计量学方法,对这605篇文献进行多方面、多角度的归类、整理、统计与分析(表3-1)。

表3-1 相关文献年份数量分布

年份	论文频率	百分比	有效百分比	累积百分比
2009	122	20.2	20.2	20.2
2008	145	24.0	24.0	44.1
2007	120	19.8	19.8	64.0
2006	61	10.1	10.1	74.0
2005	55	9.1	9.1	83.1
2004	29	4.8	4.8	87.9
2003	33	5.5	5.5	93.4
2002	17	2.8	2.8	96.2
2001	13	2.1	2.1	98.3
2000	10	1.7	1.7	100.0
合计	605	100.0	100.0	

从文献的年份分布情况,可以得出以下结论:①技术接受模型虽然经历30年的发展,但仍然是一个热门的研究课题。②有关技术接受模型的研究文献量从2007年开始增长迅速。2007~2009年发表的文献数量占文献总量的64.0%,说明近年来技术接受模型的研究已成为信息资源管理、信息系统相关领域研究的热点问题。

表3-2 作者地区分布

地区	论文频率	百分比	有效百分比	累积百分比
美国(不含夏威夷)	155	25.6	25.6	25.6
中国内地、中国香港	121	20.0	20.0	45.6
中国台湾	70	11.6	11.6	57.2

续表

地区	论文频率	百分比	有效百分比	累积百分比
韩国	62	10.2	10.2	67.4
英国	30	5.0	5.0	72.4
加拿大	20	3.3	3.3	75.7
马来西亚	17	2.8	2.8	78.5
澳大利亚	17	2.8	2.8	81.3
西班牙	15	2.5	2.5	83.8
新加坡	12	2.0	2.0	85.8
荷兰	8	1.3	1.3	87.1
沙特阿拉伯	6	1.0	1.0	88.1
德国	6	1.0	1.0	89.1
意大利	5	0.8	0.8	89.9
以色列	5	0.8	0.8	90.7
法国	5	0.8	0.8	91.6
伊朗	4	0.7	0.7	92.2
新西兰	4	0.7	0.7	92.9
希腊	4	0.7	0.7	93.6
日本	4	0.7	0.7	94.2
芬兰	4	0.7	0.7	94.9
泰国	3	0.5	0.5	95.4
南非	3	0.5	0.5	95.9
土耳其	2	0.3	0.3	96.2
挪威	2	0.3	0.3	96.5
科威特	2	0.3	0.3	96.9
柬埔寨	2	0.3	0.3	97.2
阿联酋	2	0.3	0.3	97.5
其他15个国家（地区）	15	2.5	2.5	100.0
合计	605	100.0	100.0	

注：表中的其他15个国家（地区）是智利、越南、印度尼西亚、印度、亚美尼亚、瑞典、夏威夷、文莱、斯洛文尼亚、博茨瓦那、冰岛、巴西、奥地利、爱沙尼亚、埃及

从文献的地区分布（表3-2），可以得出以下结论：

①作者所属的国家地区分布广泛。605篇论文分布在43个国家和地区。作者分布的广泛性从一定程度上说明了技术接受模型已经受到世界众多国家的研究者的关注，具有较强的影响力。

②作者的区域分布存在不均衡现象，作者数量排在第一位的是美国，占技术接受模型研究论文作者总数的25.6%；中国内地、中国台湾地区的作者占论文作者总数的31.6%，

排在第二位，说明我国对技术接受模型的研究已具备一定的实力；另外，韩国、英国、加拿大等国家对 TAM 的研究也较多。

从表 3-3 可以看出：①TAM 研究的论文大部分都采用实证研究方法。而实证研究方法的广泛应用，被很多学者认为是信息系统学科领域逐渐成熟的标志。②在实证研究方法中，结构方程模型的应用比例最高（8.9%），而调查又多采用问卷调查的形式。

表 3-3　研究方法分布

研究方法	论文频率	百分比	有效百分比	累积百分比
实证研究	215	35.5	35.5	35.5
逻辑论述	100	16.5	16.5	52.1
模型构建、优化	84	13.9	13.9	66.0
结构方程模型	53	8.8	8.8	74.7
问卷调查	54	8.9	8.9	86.6
实证分析	30	5.0	5.0	88.6
假设验证	19	3.1	3.1	91.7
文献调研	12	2.0	2.0	93.7
类比分析	5	0.8	0.8	94.5
回归分析	4	0.7	0.7	95.2
案例研究	3	0.5	0.5	95.7
实证检验	2	0.3	0.3	96.0
实验研究	2	0.3	0.3	96.4
其他方法	22	3.6	3.6	100.0
合计	605	100.0	100.0	

总体来说，国际上对 TAM 的研究都比较规范，使用的方法也较多。

从表 3-4 可以看出：①TAM 的应用领域非常广泛，涉及电子商务、信息系统、网络学习、用户服务等 70 多个应用领域。②565 篇文献中有 20.2% 的论文将 TAM 应用于信息技术本身（包括信息系统），14.9% 的 TAM 研究应用于电子商务领域（包括网上销售、在线购物、在线拍卖等）。技术接受模型作为经典的个人层次的采纳模型，适用于电子商务领域的研究。③在 605 篇论文中，基础理论研究 40 篇，占 TAM 整体研究的 6.6%，比例很小。

表 3-4　应用领域分布

应用领域	论文频率	百分比	有效百分比	累积百分比
信息技术、系统	114	20.2	20.2	20.2
电子商务	95	16.8	16.8	37.0
移动业务	54	9.6	9.6	46.5
在线、网络学习	45	8.0	8.0	54.5

续表

应用领域	论文频率	百分比	有效百分比	累积百分比
用户服务	28	5.0	5.0	59.5
企业信息化、ERP	26	4.6	2.3	63.4
医疗系统	22	3.9	3.9	66.4
网上银行	17	3.0	3.0	68.8
虚拟社区、环境等	14	2.5	2.5	71.3
教育系统等	14	2.5	2.5	75.9
电子政务	13	2.3	2.3	78.2
知识管理	9	1.6	1.6	79.8
信息交流	9	1.6	1.6	81.4
网络教育	6	1.1	1.1	82.5
网络信息	5	0.9	0.9	83.4
其他应用领域	94	16.6	16.6	100.0
合计	565	100.0	100.0	

注：其他应用领域包括数字图书馆、旅游信息化、决策支持系统、电子邮件、网络用户、应用程序、信息服务、信息评价、电子服务、网络服务等50个领域，每个应用领域的研究文献少于5篇，不再单独列出

在国内技术接受模型的研究追踪中，以 CNKI 数据库作为统计来源，以①题名包含"TAM"或者"Technology Accept Model"；②题名包含"技术接受模型"；③关键词包含"TAM"或者"Technology Accept Model"；④关键词包含"技术接受模型"等为检索项进行检索，共获得相关文献522篇，再通过阅读文摘及全文的方式，剔除相关性不大的文献，获得国内研究技术接受模型的相关文献共100篇。采用文献计量学方法，对这100篇文献进行多方面、多角度的归类、整理、统计与分析。

从表3-5可以得出以下结论：①国内对 TAM 的研究起始于2003年，第一篇相关的论文是2003年发表于《情报理论与实践》上的"论信息系统效用及其影响因素"；②有关 TAM 的研究文献量从2005年开始增长迅速，2005～2009年发表的文献数量占文献总量的98%，说明近年来 TAM 的研究已成为信息资源管理、信息系统相关领域研究的热点问题。

表3-5 相关文献年份数量分布

年份	论文频率	百分比	有效百分比	累积百分比
2009	31	31.0	31.0	31.0
2008	27	27.0	27.0	58.0
2007	22	22.0	22.0	80.0
2006	13	13.0	13.0	93.0
2005	5	5.0	5.0	98.0
2004	1	1.0	1.0	99.0
2003	1	1.0	1.0	100.0
合计	100	100.0	100.0	

表 3-6 研究方法分布

研究方法	论文频率	百分比	有效百分比	累积百分比
模型构建	39	39.0	39.0	39.0
逻辑论述	18	18.0	18.0	57.0
实证研究	14	14.0	14.0	71.0
文献综述	6	6.0	6.0	77.0
类比分析	6	6.0	6.0	83.0
因子分析	4	4.0	4.0	87.0
问卷调查	4	4.0	4.0	91.0
模型整合/优化	3	3.0	3.0	94.0
结构方程模型	2	2.0	2.0	96.0
主成分分析	1	1.0	1.0	97.0
可视化引文分析	1	1.0	1.0	98.0
假设检验	1	1.0	1.0	99.0
案例研究	1	1.0	1.0	100.0
合计	100	100.0	100.0	

在表 3-6 中，有些方法有交叉，比如有些实证研究又使用了结构方程模型、因子分析、假设检验等，在模型构建中又运用了实证分析、因子分析、抽样调查、假设检验等，但表 3-6 仅选择其主要方法加以归类，从中归纳出目前国内研究 TAM 的主要研究方法。

3.2 技术接受模型的理论源泉

衡量信息技术是否成功的关键要素是使用者对信息技术是否接受，对这方面的研究也形成了众多的理论与方法。为了充分借鉴国外的有关研究成果，本书将首先对几个典型的用户接受理论模型进行简要的介绍和分析。

3.2.1 理性行为理论

许多学者在研究用户态度、意向与行为之间的关系的基础上，建立了一些理论模型反映态度、意向和行为之间的关系，其中以 1975 年 Fishbein 和 Ajzen（1975）提出的理性行为理论为代表。理性行为理论（theory of reasoned action，TRA）源于社会心理学学科，该理论的基本前提是认为人是有理性的个体，个体在各种行为发生前要进行信息加工、分析和合理的思考，并能根据所获取的信息理性地进行决策。可以看出，该理论研究的是有意识行为的决定性因素，学者发现该理论能很好地预测和解释个体行为，从而成为研究人类行为最基础、最有影响力的理论之一。

在理性行为理论中，行为意图（behavioral intention，BI）直接影响个体的实际行为（actual behavior，B），而个体对采取该行为的态度（attitude toward behavior，A）和主观规范（subjective norms，SN）共同影响行为意图，即个体首先根据对特定事物的理性态度作内部的判断，然后依据社会的准则进行权衡，在判断和权衡后才会形成后续行为。此外，个体对行为结果的信念（即个人对某种行为结果发生的可能性的主观判断）和个体对行为结果的评价（即个人对某种可能发生的行为结果的评估）共同影响着其使用态度；而规范信念（即个人感受到的于其重要的人或团体对他/她的期待）和依从动机（即个人愿意顺从上述期待的动机）则共同影响着其主观规范。

理性行为理论的基本理论框架如图 3-1 所示。

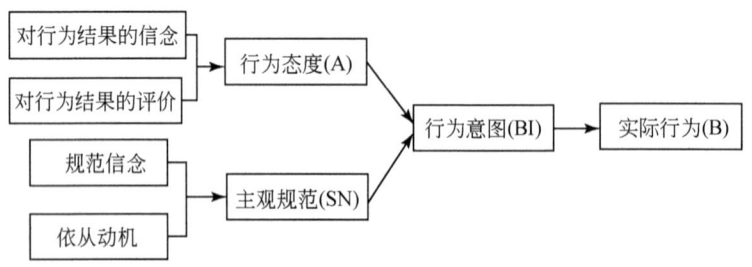

图 3-1 理性行为理论的理论框架

Fishbein 和 Ajzen 明确定义了模型中的每一概念，并给出了相应的测量方法。

（1）行为意图，即行为趋向的意图，指个人从事某个特定行为的愿望大小。

（2）行为态度，指行为主体对从事该目标行为的积极或消极的感情。

（3）主观规范，指个人对大多数于其重要的人认为他应当或不应当从事某种行为的态度的认知。

（4）个人的行为意图，其由行为态度和主观规范两个要素共同决定，具体取决于两者在影响行为意图上的相对权重，可用式（3-1）表示：

$$BI = w_1 A + w_2 SN \tag{3-1}$$

式中，对于不同的研究，相对权重 w_1 和 w_2 由所研究的行为意图的性质决定，并可以通过回归分析进行估计。因此，可以通过测量个体对某一行为的态度、主观规范及两者的相对权重，得知其行为意图，进而预测其行为。可以说，相对权重这一参数大大提高了行为态度和主观规范对行为意图的解释能力。

从图 3-1 可以看出，行为态度取决于对行为结果的信念和对行为结果的评价，而主观规范取决于规范信念和依从动机，可以说，行为态度和主观规范受信念影响，但两者的信念类型不同。

（5）行为信念，即个体如果认为某种行为会带来好的结果，他对这种行为就会持积极态度；个体如果认为某种行为会带来坏的结果，他对这种行为就会持消极态度。这种态度背后对行为结果的信念称为行为信念（behavioral beliefs）。

①对行为结果的评价，指个体对行为所产生结果的评价。

②对行为态度的影响程度可以通过式（3-2）计算，即

$$A = \sum_{i=1}^{n} b_i \cdot e_i \tag{3-2}$$

式中，b_i 是个体对从事特定行为后所产生的第 i 个结果的信念；e_i 是个体对特定行为所产生

的第 i 个结果的评价。

（6）规范信念，影响主观规范的信念是指来自于社会压力方面的信念，即对个体而言比较重要的人是希望还是不希望个体执行某项行为。这些主观规范背后的信念称为规范信念（normative beliefs）。

①依从动机（motivation to comply），指个体服从于这种期望的动机。

②对主观规范的影响程度可以通过式（3-3）计算，即

$$SN = \sum_{i=1}^{n} nb_i \cdot mc_i \tag{3-3}$$

式中，nb_i 是第 i 个人对其从事特定行为的期望，mc_i 是行为主体依从于这种期望的动机。

理性行为理论具有通用性，既能用于解释各种人类行为，也能解释用户的技术使用行为。该理论提出任何影响行为的因素只能通过影响态度和主观规范来间接对行为产生影响，因而能使人们对行为的合理产生有了一个清晰的认识，从而适用于研究信息系统使用行为。但是该理论没有明确表明用什么信念来解释某一特定行为，因此在利用模型时，要首先确定研究对象的主要信念。

Davis 等（1989）提出，TRA 的一大特点是把使用态度和主观性规范作为其他变量影响个体行为的中介变量。这样，系统特征、用户特征、任务特征、组织结构等变量都可作为外部变量纳入模型之中。因而，该模型为整合各种可能的外部变量提供了一个通用的参考框架。

虽然 TRA 在信息系统研究领域得到广泛应用，对解释信息技术的采纳和接受行为有一定适用性，但是该理论基于以下三个假设：其一，假设人是理性人；其二，假设人类的社会行为不受无意识的诱因或力量的影响；第三，假设人类可以自我控制自身行为。Fishbein 和 Ajzen（1980）依据这三个假设提出的理性行为理论，其初衷是整合先前有关态度影响行为的不同理论。理性行为理论出现后，在得到广泛应用的同时也暴露了许多局限性，为了克服其局限性，对其进行了精简或扩展的研究。特别是用户行为会受到各种因素的影响，第二个基本假设并不成立，因此对该理论进一步修正和扩展尤为必要，以增加模型的适用能力和预测能力。

3.2.2 计划行为理论

许多学者发现，在某些情况下，人们所研究的个体行为并不能完全由个体控制，这时，如果还利用理性行为理论进行预测，可能会出现问题。事实上，理性行为理论的设计是对在人们意志控制下的实际行为的预测，适应于使用者不受任何外部资源和个人能力的限制的情况。当一些行为不完全在意志的控制下时，该模型的解释力就会出现不足。

1. 计划行为理论概述

1985 年，Ajzen（1985）提出了计划行为理论（theory of planned behavior，TPB），这是对理性行为理论的扩展。该理论增加了行为控制认知（perceived behavior control，PBC）作为行为意图的一个直接影响因素，由行为态度、主观规范和行为控制认知共同决定行为

意向，其模型如图 3-2 所示。

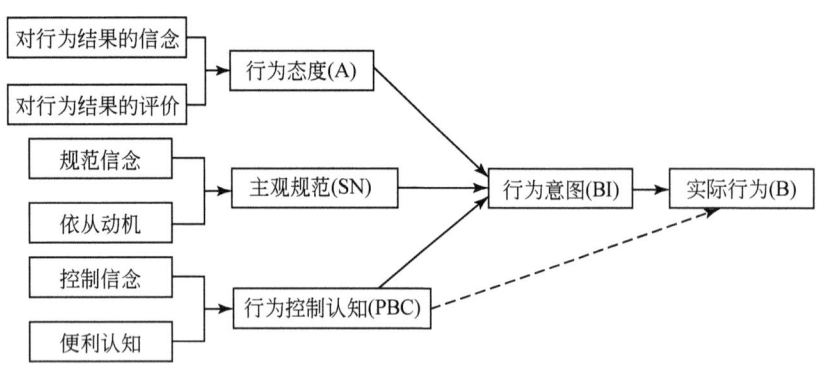

图 3-2 计划行为理论

计划行为理论从三个阶段分析了个体行为的形成过程：①行为取决于个体的行为意图；②行为意图受行为态度、行为的主观规范或行为控制认知三者或其中一部分的影响；③行为态度、主观规范及行为控制认知取决于人口变量、人格特质、对事物的信念和倾向态度、工作特性、情境等外部变量。

行为控制认知是指个体感知完成某一行为的难易程度（Ajzen，1991），它反映个体某一行为过去的经验和预期的困难，受到控制信念和便利认知（perceived facilitation）这两个变量的影响。控制信念指个人对于自己所拥有的采取行为所需的能力、资源和机会的认知；便利认知则指个人对这些能力、资源和机会对其行为影响重要性的评估。所以，行为控制认知受控制信念和便利认知的影响可用式（3-4）表示，即

$$PBC = \sum_{i=1}^{n} cb_k \cdot pf_k \tag{3-4}$$

式中，cb_k 指个体采取行为所需的资源与机会；pf_k 指资源与机会对所采取行为的重要程度。

一般而言，行为态度和主观规范越正向且行为控制认知越强时，行为意图越强。整个模型可以用式（3-5）和式（3-6）表示，即

$$BI = w_1 A + w_2 SN + w_3 PBC \tag{3-5}$$

$$B = w_4 BI + w_5 PBC \tag{3-6}$$

式中，w_1、w_2、w_3、w_4、w_5 为相对的权重系数。

根据计划行为理论，当行为主体为了执行心中想要从事的行为，却又不能完全控制其行为时，必须具备一些必不可少的资源和条件；而对自己是否具备这些资源和条件的认知，将影响个体的行为意图和实际行为。

理性行为理论和计划行为理论在社会心理学中，被广泛地用来解释和预测信念、态度、意向和行为之间的认知和影响因素。

2. 可分解的计划行为理论

Taylor 和 Todd（1995）以创新扩散理论、计划行为理论和技术接受模型为依据，将计

划行为理论中的态度、主观规范、行为控制认知予以分解后提出可分解的计划行为理论（decomposed theory of planned behavior，DTPB）。

创新扩散理论（innovation diffusion theory）认为创新扩散是创新通过某些途径在一个社会系统的成员间传达的过程。Moore 和 Benbasat 指出，个人对信息技术创新的"认知"（perceptions）会影响其对该信息技术的采用行为，而认知的"特性"（characteristics）中，"相对优势"（relative advantage）、"复杂性"（complexity）、"兼容性"（compatibility）会影响信息技术接受行为。其中，相对优势指创新所带来的超越原有创意而具有的效益，如经济效益、形象提升和方便性、满足感，也即技术接受模型中的"有用认知"；复杂性指认知到的了解、学习、操作该项创新的困难程度，也即技术接受模型中的"易用认知"；兼容性指该创新符合潜在接受者现有的价值观、过去的经验和目前需求的程度。该理论的模型架构如图 3-3 所示。

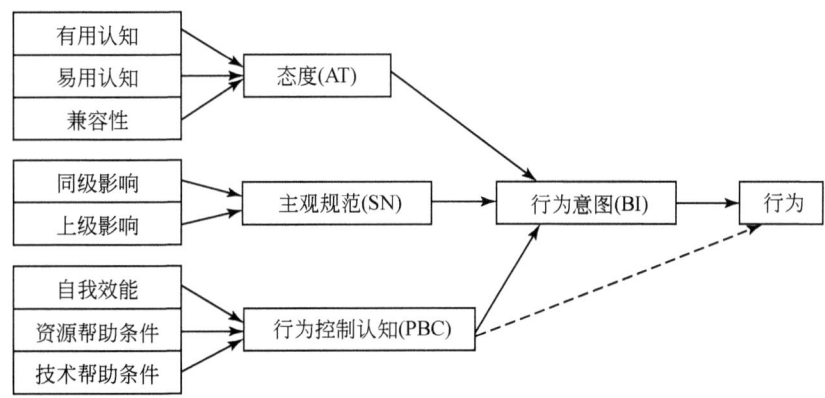

图 3-3　解构计划行为理论模型

由图 3-3 可以看出，态度主要包括以下三个变量：①有用认知（PU）。技术接受模型中的有用认知，是个体相信使用某系统会增加他/她的工作绩效的程度。②易用认知（PEOU）。技术接受模型中的易用认知，是个体相信使用某系统所能省下努力的程度。③兼容性（COM）。该创新符合潜在接受者现在的价值观、过去的经验和目前需求的程度。

主观规范（SN）包括以下两个变量：①同级影响（peer influence），朋友、同事等同级对该行为的看法。②上级影响（superior influence），该使用者的上司对该行为的看法。

行为控制认知包括以下两个变量：①外在资源限制（external resource constraints），即便利条件（facilitating conditions），促成行为完成的外在资源的多少。其分为两种：资源帮助条件（resource facilitating conditions），即资金、时间等物质上的客观帮助条件；技术帮助条件（technology facilitating conditions），即技术方面的帮助措施。②自我效能（self-efficacy，SE），即判断自己对执行某特定行为的能力的大小。

Taylor 和 Todd（1995）应用可分解的计划行为理论，对某管理学院使用电脑资源中心的学生进行研究，实证分析发现可分解的计划行为理论对行为意向的解释能力高于技术接受模型和原始的计划行为理论。

3.3 技术接受模型及其扩展

3.3.1 技术接受模型

1986 年，Davis 提出了技术接受模型，这一模型以理性行为理论为基础，并借鉴了自我效能理论、期望理论模型等相关理论，能够很好地研究信息技术的接受问题，模型如图 3-4 所示。但与理性行为理论的区别是，技术接受模型没有纳入主观规范、规范信念及依从动机的变量，而是增加了外部变量，因而它可帮助我们了解外部变量对用户的内部信念、态度与行为意图的影响，进而影响信息技术使用行为。它可用来解释和预测用户对信息系统和信息技术的接受程度。

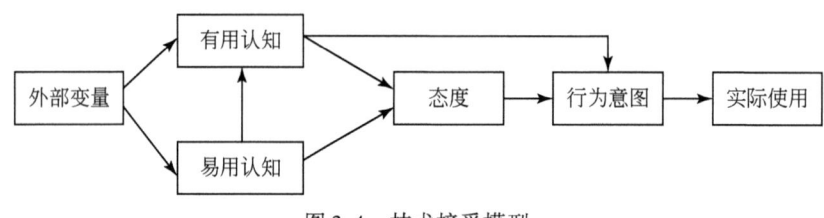

图 3-4 技术接受模型

该模型在理性行为理论的基础上，根据研究对象的不同适当调整了原来变量间的关系，使其能更简洁地描述和解释信息技术的接受程度。Davis 对理性行为理论模型的改进如下：①使用变量有用认知来代替期望理论模型中的变量使用绩效认知（perceived use-performance），使得表述更为精确。②根据自我效能理论中的变量——"自我效能"，提炼出模型中的易用认知变量。③将理性行为理论中抽象的构念——"信念"具体化为 PU 与 PEOU，其理由是对技术的接受行为时，态度比主观规范有更强的影响力，从而认为 PU 和 PEOU 可以取代主观规范，这样，理性行为理论模型就演化为技术接受模型。

其中，TAM 中的概念如下：①有用认知，指用户使用某一特定系统能增加其工作绩效的主观可能性，用户感知技术越能增加工作绩效，采用技术的态度越正向。②易用认知，指用户使用某一特定系统的感知容易程度，当用户感知系统越容易学习，则采用系统的态度越正向。模型还认为易用认知对有用认知有正向影响。③态度，用户对某种新技术所表现出来的正面或负面的评价，反映了一个人对使用的主观感受。④行为意向，用户在面对某种新技术时，想要采用技术的意愿程度。⑤实际使用，用户对某种新技术的实际操作行为。⑥外部变量，指其他可能影响用户接受系统的因素统一用外部变量表示，如用户培训、系统特征、用户参与系统设计等，这些都会直接或间接地影响用户的使用行为。

TAM 中，PU 与 PEOU 共同决定 AT，AT 和 PU 共同决定 BI，而 BI 决定用户的实际使用（U）。除此之外，外部变量（external variables）也会间接地影响使用者的行为意图。

技术接受模型认为技术的使用行为由 BI 决定，而 AT 和 PU 共同影响行为意图，可用式（3-7）表示。

$$BI = w_1 AT + w_2 PU \tag{3-7}$$

技术接受模型中，PU 和 PEOU 共同影响 AT，可用式（3-8）表示：

$$AT = w_3 PU + w_4 PEOU \tag{3-8}$$

此外，模型中还强调 PEOU 会增加绩效。因此，该模型认为 PEOU 对 PU 有直接影响。

$$PU = w_5 PEOU \tag{3-9}$$

1989 年，Davis（1989）通过用户自我报告采集了 107 名计算机用户的样本数据，对 TAM 进行了实证研究。整个研究分为两个阶段：①阶段一。样本收集是在用户培训一小时后，实证分析的结果显示，TAM 能够解释 45% 的使用行为，其中，有用认知对行为意图的路径系数为 0.62，易用认知对行为意图的路径系数为 0.2。②阶段二。样本收集是在用户使用系统 14 周之后，实证分析的结果显示，TAM 能够解释 57% 的使用行为，有用认知对行为意图的路径系数为 0.79，易用认知对行为意图的直接影响不显著，而对有用认知的路径系数为 0.24。这一实证分析的结论如下：①有用认知对行为意图的影响要明显高于易用认知对行为意图的影响；②行为意图的主要影响变量是有用认知；③变量行为意图可以有效地解释和预测用户的计算机使用行为（孙建军等，2007a）。

技术接受模型没有考虑任何的控制因素，用户是否采用新技术都是自愿的，不受任何外部资源的限制。而且作为一个简洁和严谨的理论模型，它能够很好地解释和预测用户的技术使用行为。

Davis 等（1992）又提出，影响用户使用系统的原因，可以分为外部动机（extrinsic motivation）和内部动机（intrinsic motivation）。外部动机是指用户感到使用系统可以达到除了采用本身以外更有价值的结果。内部动机是指在使用系统过程中感觉到的系统价值。有用认知被视为一种外部动机，而娱乐性被视为一种内部动机。

总之，技术接受模型描述了外部变量影响信息技术接受的途径，体现了影响技术接受行为的各因素之间的逻辑结构，提供了一种能够有效解释信息技术用户接受行为的方法。随后经过学术界和企业界的不断补充修正，技术接受模型引入了更多的内部和外部变量，内容不断丰富，形成了更加完善的模型体系。

3.3.2 技术接受模型的修正

TAM 获得了广泛的认同，被应用在各种领域来解释和预测用户信息技术接受的行为，但在具体实证应用中，TAM 仍然存在着以下不足（孙建军等，2007b）。

（1）实证的领域大多是办公自动化软件，如果应用在更多的领域，则结论会更具有说服力。

（2）样本对象主要是学生。以学生作为样本，数据收集的成本低且快速方便。但是以学生为实验对象有一定片面性，和真实环境中的实证研究相比，结论或有失偏颇。

（3）数据收集的方式很多是使用者的自我报告，使用者的主观性使得收集来的数据不够准确，甚至会和真实情景存在很大的差异。

（4）对外部变量的定义不够明确。尽管 Davis 指出外部变量包括用户培训、系统特征、用户参与系统设计等，但因为这些外部变量有不同的影响效应，因而无法从基本的 TAM 中找出稳定的外部变量。

Davis 及其合作者也意识到上述问题，因此他们在后续的研究中，吸收和融入学者们所提出的建议，对原始模型进行修正和改进。

1. 1993 年 Davis 修正模型

Davis（1993）的研究模型舍弃了图 3-4 中的 BI（图 3-5），用 AT 决定系统实际使用，有用认知和易用认知又对使用态度产生影响，而系统设计特征又影响有用认知和易用认知。

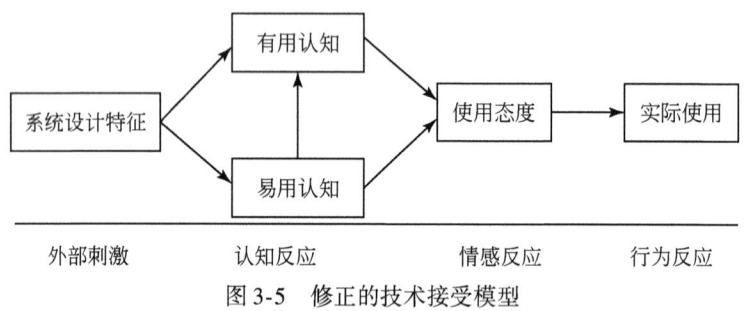

图 3-5　修正的技术接受模型

研究发现：①TAM 能较好地解释系统特征对使用行为的影响；②PU 比 PEOU 对实际使用的影响更显著，超过50%；③AT 对"系统实际使用"的影响是 PU 的一半，且 PU 与 PEOU 的联合影响是 AT 的四倍。这项研究结论得到 Bagozzi（1982）的研究证实。

PEOU 对实际使用行为的影响是间接通过 PU 和 AT 发生的，且不少研究都表明，AT 的影响力很弱，因而 Ma 和 Liu（2004）将 TAM 简化为如图 3-6 所示。

图 3-6　修正的技术接受模型

2. 1996 年 Davis 修正模型

自原始的 TAM 提出以来，关于有用认知、易用认知、使用意图及对系统的态度之间的关系一直存在争议。特别是 Davis 本人认为，"态度只是使用者情绪上所反映出来的对信息技术的喜好，不能完整地传递有用认知和易用认知对行为意图的影响。比如在工作场所，使用者由于受到主管的压力而使用某项技术，而其本身对该项技术可能深恶痛绝，因此，使用者在工作场所的行为，并不表示他对该行为持有积极的态度"。基于此，Davis 和 Venkatesh（1996）于 1996 年对其 1993 年提出的原始模型进行了修正，得出的重构模型如图 3-7。

|第3章| 技术接受模型及其研究进展

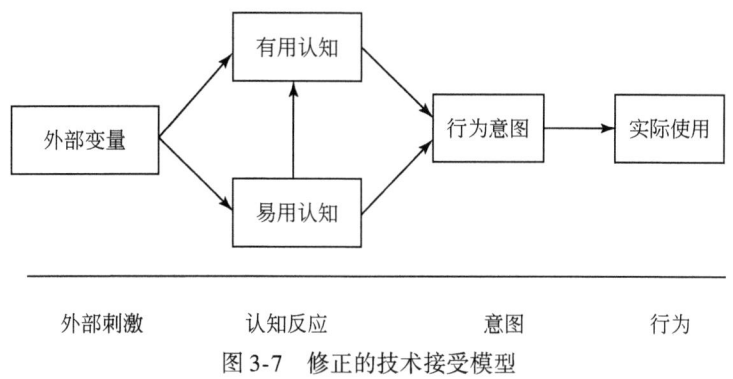

图 3-7 修正的技术接受模型

3.3.3 扩展的技术接受模型（TAM2）

根据 Davis（2000）及其他学者的研究结论，Venkatesh 和 Davis（2000）在技术接受模型中加入一系列外部变量，构建了扩展的技术接受模型（TAM2），如图 3-8 所示。

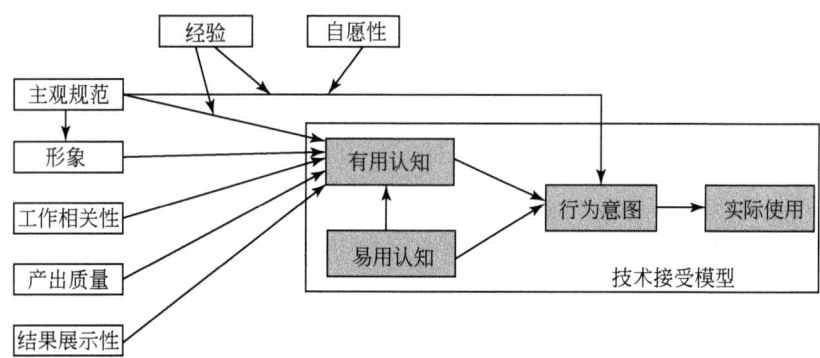

图 3-8 扩展的技术接受模型（TAM2）

之前的理论模型认为，外部变量和易用认知决定有用认知，而在 TAM2 模型中，影响有用认知的变量是社会影响过程（social influence process）和认知工具过程（cognitive instrumental process）。社会影响过程变量主要包括主观规范（subjective norm）、形象（image）、自愿性（voluntariness）和经验变量。认知工具过程变量则包括工作相关性（job relevance）、产出质量（output quality）、结果展示性（result demonstrability）及易用认知。

模型中新增变量的具体含义如下：①工作相关性，指使用者认为技术本身对其工作支持的程度；②产出质量，指使用者使用某一技术对其工作完成产生的效果程度；③结果展示性，指技术应用产生的结果是比较明显、可见的；④主观规范，指使用者对周围重要的人对其技术行为支持程度的感知；⑤形象，指使用者使用某一技术能够提高其社会地位和威望的程度；⑥经验，指使用者使用某一技术的经验；⑦自愿性，指潜在的使用者认为使用某项技术不是被强迫接受的程度；⑧认知工具性过程，指使用者对于某一技术是否满足任务需求这一有用认知的判断。

在 TAM2 中，社会影响过程诸因素的作用方式如下：①主观规范对有用认知的直接影

— 59 —

响有两种方式：内化（internalization）和认同（identification）。通过这种作用，使用者受到周围人信念的影响，并逐渐内化为自己的信念，从而提高自己的有用认知。②主观规范对有用认知是间接影响，而对行为意图具有直接影响。对行为意图影响的大小受到用户是否自愿使用环境的影响。③主观规范对行为意图的作用还受到自愿性的影响。④主观规范会受到经验的影响，Hartwick（1994）认为，当使用者不熟悉系统的时候，主观规范的影响比较显著，但随着经验的丰富，主观规范的影响程度就会逐渐减低。

通过将图 3-4 与图 3-8 进行简单比较，我们归纳出 TAM2 与 TAM 的主要区别如下：①TAM2 舍弃了 TAM 中的态度这一变量；②TAM2 在原始 TAM 中扩展了若干社会影响因素，包括主观规范及形象等构念；③TAM2 纳入了认知工具过程变量。

TAM 认为，PU 和 PEOU 是影响系统使用的主要信念，没有考虑社会因素的影响。TAM2 则纳入了系统使用中影响有用认知的两大因素——社会影响过程与认知工具性过程，因而理论上 TAM2 更完善，能更好地解释和预测用户的技术接受行为（孙建军等，2007b）。

3.3.4 技术接受和利用整合理论（UTAUT）

TRA、TPB 及 TAM 等一系列理论模型的提出为更好地解释技术行为提供了基本研究框架。随着研究的不断深入，研究者提出了各自不同的变量，从而带来以下问题：首先，各种理论模型中所提出的影响变量虽然在表达上不同，但本质相同或相似；其次，由于行为研究的复杂性及研究者研究角度的不同，没有哪一个理论模型能够涵盖所有的影响因素。因此，对各种理论模型进行整合，一直是学者们的研究任务。

2003 年，Venkatesh 等（2003）将任务技术匹配模型、理性行为理论、创新扩散理论、计划行为理论、动机模型（motivational model，MM）、整合的 TAM 与 TPB 模型（combined TAM and TPB，C-TAM-TPB）、PC 利用模型（model of PC utilization，MPCU）及社会认知理论（social cognitive theory，SCT）八个模型进行整合，提出了"技术接受与利用整合理论"（unified theory of acceptance and use of technology，UTAUT），如图 3-9 所示。

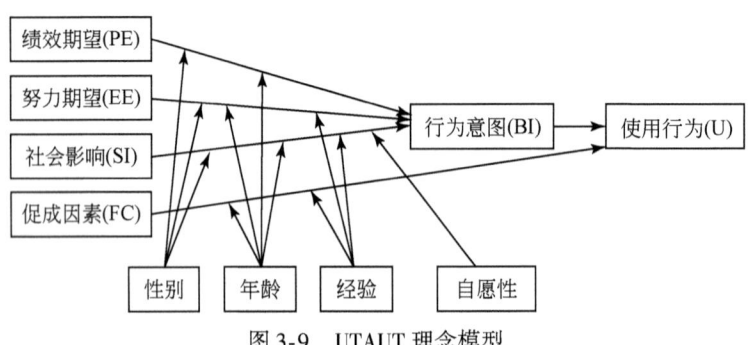

图 3-9 UTAUT 理念模型

UTAUT 对使用行为的解释能力为 70%，主要包括四个核心变量：绩效期望（performance expectancy，PE）、努力期望（effort expectancy，EE）、社会影响（social influence，SI）和促成因素（facilitating conditions，FC）以及四个调节变量：性别（gender）、年龄（age）、经验（experience）和自愿性（voluntariness of use），具体解释见表 3-7。

表 3-7 UTAUT 的构念、来源及定义

构念	来源	定义
绩效期望（PE）：个人相信信息技术的使用可以帮助其在工作上获得更好表现的程度	有用认知（TAM）	技术的使用可以提高使用者工作效率的认知
	工作适配（MPCU）	信息技术能够同工作任务相匹配的程度
	外在动机（TAM）	使用者认为技术的使用可以提高各种期望
	成果期望（SCT）	与行为的结果有关，可以分为绩效期望和个人期望
	相对优势（IDT）	技术的应用相对其他技术可以更好地完成工作
努力期望（EE）：个人认为系统是否易用	易用认知（TAM）	使用者对技术是否方便使用的认知
	复杂性（MPCU）	使用者对技术难以使用的认知
	易用（IDT）	使用者在使用创新技术时，感觉难以使用的程度
社会影响（SI）：个人意识到他人认为其是否应该使用新型信息技术的程度	主观规范（TRA）	周围有影响人的态度是否支持技术的使用
	社会因素（MPCU）	社会群体的主观信念对使用者的影响程度
	形象（IDT）	技术的使用可以提高使用者的地位和威望
促成因素（FC）：个人相信现有组织与技术结构能够支持 IT 使用的程度	行为控制认知（TRA）	使用者受外部资源和个人能力限制的程度
	促成条件（MPCU）	促进使用者使用信息技术的要素
	兼容性（IDT）	信息技术与使用者需求、价值观等一致性的程度

在 UTAUT 中，绩效期望维度是指用户对使用信息技术在多大程度上可以提高自己工作绩效的预期设想，绩效期望是影响行为意图的最强因素，类似于 TAM 中的有用认知。

努力期望维度是指用户使用信息技术所要付出的努力强度，类似于 TAM 中的易用认知。努力期望对行为意图的影响具有阶段性，在初始采纳阶段，显著性比较好，而随着用户经验的丰富，这种显著性逐渐降低。

社会影响维度是指用户认为那些他们所在乎的人（如周围的朋友、同事等）在多大程度上会赞同或支持他们使用该信息技术，主要包括主观规范、社会因素和公众形象三方面。Venkatesh 认为社会影响对行为意向的作用会受到年龄、性别、经验、自愿性等控制变量的影响。

促成因素维度是指用户所感受到组织在相关技术、设备方面对信息技术使用的支持程度。

该模型提出性别、年龄、经验和使用的自愿性这四个重要的控制变量对行为意向与实际使用行为具有约束作用。而期望效用、期望努力、社会影响和便利条件这四类因素是重要的直接决定用户接受和使用行为的影响因素。

Davis 在 1993 年和 1996 年提出的 TAM 与原始 TAM 相差甚微，可以认为二者与原始 TAM 在理论上没有更明显的改进（Schepers and Wetzel, 2006）；而 UTAUT 模型借鉴了 TRA、IDT、SCT 及 MPCU 等理论的优势，比原始 TAM 更为完善。但目前关于 UTAUT 模型的实证研究还比较少，该模型的应用价值尚未充分体现，因而还需要更多的深入研究。

3.3.5 技术接受整合模型（TAM3）

从 TAM 到 TAM2，再到 UTAUT，个体层次的信息技术接受和使用研究理论越来越成熟，预测能力也不断提高，但由于 TAM 的简洁性及其广泛适应性，最受关注的还是 TAM。在备受关注的同时，TAM 也得到不少学者的批评，最明显的就是 TAM 对从业者缺乏可操作的实践指导性（Lee et al.，2003）。Venkatesh 和 Bala（2008）提出了技术接受整合模型——TAM3，包含了上述几个模型的所有变量，并基于这些变量提出了一系列干预方式。TAM3 如图 3-10 所示。

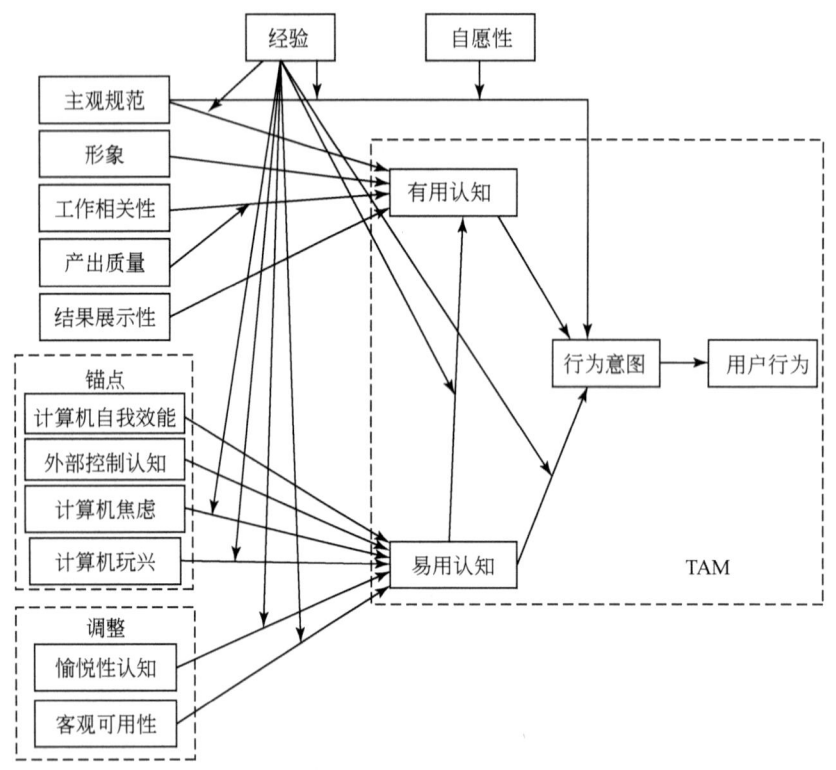

图 3-10　TAM3 理论模型

TAM3 最主要的优势是其全面性和潜在的实践指导性。TAM3 提出，在 IT 采纳环境中，经验是一个重要的调节变量，因为用户对 IT 的反应会随时间而变化，而不断变化的感知在决定用户持续使用 IT 中发挥重要作用（Bhattacherjee，2001）。系统的初始采纳非常重要，但系统最终成功还是以长期使用为标志。因此，在 IT 采纳和使用环境中，经验的作用非常重要。

在 TAM3 中，相比前面的模型，出现了以下三个新的关系。

（1）经验调节 PEOU 与 PU 之间的关系。当获得了系统的实践经验后，用户对系统是否易用有了更多的认识，所以在系统使用的后期，PEOU 并不是 BI 的重要决定因素。但 PEOU 有助于用户形成有用感知，因此，随着经验的增加，PEOU 对 PU 的影响力更强。

(2) 经验调节计算机焦虑与 PEOU 之间的关系。随着经验的增加,计算机焦虑对 PEOU 的影响消失,因为用户对使用系统所需的努力有了准确的认知,具体系统的信念将替代一般计算机信念成为 PEOU 更为重要的决定因素。

(3) 经验调节 PEOU 与 BI 之间的关系。PEOU 是系统使用最初的障碍,一旦用户熟悉了系统并获得了实践经验,PEOU 对 BI 的影响将不再重要,因为用户已经获得了如何使用系统的程序性知识。

Venkatesh 和 Bala (2008) 强调,PU 的决定因素对 PEOU 没有显著影响,反之亦然,即 TAM3 中不存在任何交叉影响。PU 与其决定因素之间的关系可以概括为两个理论过程:社会影响过程和认知工具过程。PEOU 与个体的自我效能信念和程序性知识紧密相关,在系统实施之前,用户首先形成对具体系统的易用认知,当获得一定的实践经验之后,其易用认知又有所调整。即使对用户非常重要的人认为使用系统非常容易,用户也不可能忽视个人的计算机信念和实践经验,而根据其他人的信念形成自己的易用认知 (Davis and Venkatesh, 2004)。因此,没有理论或实证证明 PEOU 的形成过程和调整过程受到社会或认知过程的影响,即 PU 的决定因素不会影响 PEOU。

PEOU 的决定因素主要是个体差异变量和计算机使用的一般信念,包括三个类型:控制信念、内部动机、情感,而 PU 作为外部动机,是对使用系统的认知。控制认知、愉悦认知、玩兴认知与系统相关,焦虑是对使用系统的能力的认知,而这些并不能促进工具有用性的认知。比如,控制系统并不能保证系统有助于提高工作绩效。同样,高水平的计算机愉悦并不意味着系统能提高用户的工作效率。因此,PEOU 的决定因素不会影响 PU。

实证结果显示,TAM3 对使用行为的解释力为 35%。

基于 PEOU 和 PU 的决定因素,Venkatesh 和 Bala (2008) 讨论了系统实施过程中的干预,通过干预使潜在用户对系统特征形成正确的认知,从而促进系统的采纳和使用。根据 IT 实施阶段模型分为:实施前干预和实施后干预。实施前干预包括设计特征、用户参与、管理支持、激励机制;实施后干预包括培训、组织支持、同事支持。

TAM3 以指导实践为出发点,从个体差异、系统特征、社会影响、促进因素四个方面全面地考虑了影响系统使用意图的因素。TAM3 作为更新的一个模型,目前尚没有基于 TAM3 的实证研究,因而还需要更多的独立研究以证实该模型的理论与实际应用价值。

3.4 技术接受模型的相关理论

3.4.1 社会认知理论

社会认知是当前国内外社会心理学研究中一个非常重要且相当活跃的研究领域,社会认知是关于人和人的行为的知识和认知,它主要探讨了人们关于群体及其成员的知识是如何在记忆中表征,以及该知识是如何在后续的判断过程中使用的等问题。随着学界研究热情的高涨,社会认知理论产生了许多丰富的研究成果。

社会图式指社会认知构成的一幅社会图式,它是社会认知研究的重要内容。社会图式有以下四种类型 (陈俊, 2007)。

（1）自我图式。在自我认知过程中形成的有关自己个性、外表及行为的信息。自我图式就是对自我的认知概括，来自于过去的经验、组织，并指导个体对社会经验中与自我有关的信息进行加工。

（2）他人图式。他人图式包括有关他人行为特征和人格类型的信息。在对他人进行认知过程中，印象的形成通过对他人的言谈举止、仪表神态及行为习惯等方面的知觉而实现。

（3）角色图式（又称群体图式）。角色图式是对社会上的一类人或一群人的预期个性和行为的信息。在认知他人、形成有关他人印象的过程中，由于各种因素，很容易发生这样或那样的认知偏差，如果这种偏差发生在对一类人或一群人的认知中，就会产生不正确的社会刻板印象，对群体产生一种偏见或歧视。

（4）事件图式。事件图式包括人们在某种情境下所发生事件的有序组织的信息。

社会认知理论模型（social cognitive theory, SCT）如图 3-11 所示。

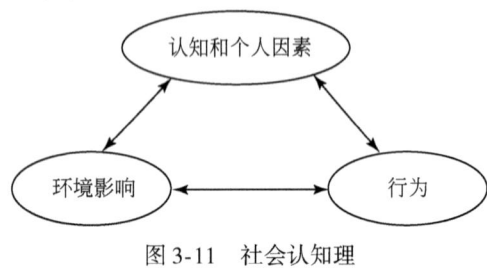

图 3-11 社会认知理

该模型假设环境因素、认知和个人因素、行为三者相互影响、相互作用，表现为：①个人选择生活的环境而同时又受周围环境影响；②给定情境下的个体行为受环境或情境特征影响，而反过来个体行为又对情境或环境产生影响；③个体行为还受认知和个人因素影响，反过来也影响着认知和个人因素。

3.4.2 自我效能理论

自我效能（self-efficacy）源于社会认知理论，是社会心理学中的一个重要概念。它指个体对自身能否完成某项行为的信念认知，不仅包含个人所具有的能力，也包含个人对利用其拥有的技能能够做什么的一种主观认识。

很多学者将自我效能理论应用在信息技术使用行为研究领域，探索适用于个人感知（使用）电脑能力的模型，其中较著名的是对感知的计算机自我效能（computer self-efficacy，CSE）理论。计算机自我效能主要考察用户对其使用某种软件完成某项工作的能力的信念，是个人对于其利用计算机完成某一任务的能力的预期（Compeau and Higgins, 1995）。在研究信息技术采纳的文献中，CSE 常被当成技术接受模型中易用性的"原因"来研究，如 Agarwal 等就把相关的先前经验加入 CSE 模型中来解释易用性，并将其用于对信息技术应用的研究。

3.4.3 创新扩散理论

Rogers 于 1983 年在社会学领域中提出创新扩散理论。目前，创新扩散理论已经被广泛用于研究从农业工具到组织创新等不同领域。随着技术变革速度的加快，新的信息技术通常被其目标用户当做对旧有技术的一种创新。因此，部分研究者从创新扩散的角度研究用户对新技术的采纳和使用问题，创新扩散理论得到广泛的关注。

第3章 技术接受模型及其研究进展

创新是指被采用的个人或团体视为新颖的构想、操作或产品；扩散是指一种社会变化，被定义为社会系统的结构和功能发生变化的过程；创新扩散是指一项创新通过一段时间，经由特定的渠道，在某一社会团体或成员中传播的过程。创新扩散理论用以描述技术创新在一个社会系统中扩散的基本规律和过程。其有四个要素：创新、传播渠道、时间和社会系统，如表3-8所示。

表3-8 创新扩散的要素

要素名称	要素定义	要素含义
创新	创新是一种被个人或其他采纳个体感知为新鲜的思想、实践或对象	各种信息技术
传播渠道	信息在个体之间传播的方式	组织和组织中的个体
时间	扩散所需时间	①从组织第一次获取某信息技术的相关知识一直到最后采纳并使用该技术所需要的时间；②信息技术被采纳的相对早/晚
社会系统	一群相互关联的个体，这群个体为了某一共同目标结合在一起，可能由个人、正式群体、团体或分支系统构成。	在组织的层面上，如果应用的主体是组织，那么社会系统就是组织的外部环境；在个人的层面上，应用主体是终端用户，那么主要的社会系统就是组织内部的社会环境

该理论主要包含"个人创新采纳模型"和"组织创新过程模型"。在"个人创新采纳模型"（图3-12）中，Rogers 将采纳过程分为知识、说服、决策、使用和确认五个阶段，并提出影响该过程的因素包括创新技术特性、采用者特性和传播渠道等。

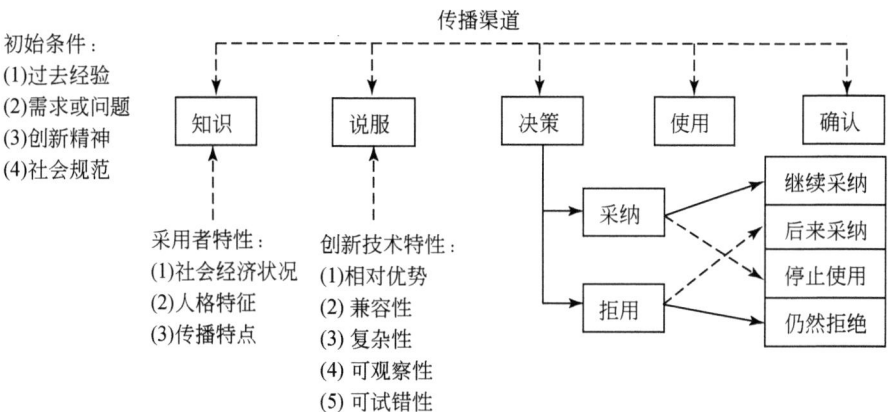

图3-12 Rogers 的个人创新采纳模型

在"组织创新过程模型"中（图3-13），Rogers 把组织创新过程划分为问题设定、问题匹配、组织或流程再造、阐明问题和日常化五个阶段，并强调每个阶段中都有不同的创新活动。

Rogers 提出有五大因素影响创新的扩散速度，另外，风险认知也是影响创新扩散的一个重要因素（Webster, 1969）。具体影响因素如下。

（1）相对优势（relative advantage）。用户感觉到采用创新所带来的优势程度。它一般表现为经济效益的增加、社会地位的提高、个人满意度的提升等具体方面。当用户觉得相

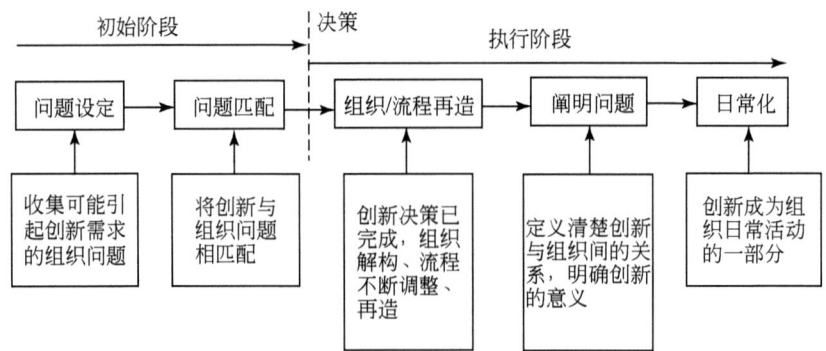

图 3-13 Rogers 的组织创新过程模型

对优势越大，采用创新的速度越快。

（2）兼容性（compatibility）。兼容性是指使用者现存的价值观、以往的经验和需求一致性的程度。如果创新要求改变现有的价值观和标准，那么用户对创新会倾向于持抵制的态度，创新速度越慢。

（3）复杂性（complexity）。复杂性是个体感知理解和使用创新相对困难的程度。研究表明，如果创新越容易，人们越倾向采用，这是因为复杂的创新需要个体拥有更多的技巧和努力，违背了最省力法则。

（4）可观察性（observability）。可观察性是指使用创新后产生的结果可被观察和传播的强度，即创新能通过口头、图像或视听方式传播的程度。创新的可观察性越强，越能刺激周围人群讨论创新，产生用户需要的评价信息，有助于创新的采用和扩散。

（5）试验性（trialability）。试验性是指可以在使用前小范围内实施和试验创新的程度。通过小范围、小批量的使用，会减少个体采用创新的不确定性感觉。

（6）风险（risk）风险是指个体使用创新后会导致后果的程度。Webster 认为采用创新是一种投资风险，即是个体对使用创新成功机会和是否值得投资之间的衡量。

Moore 和 Benbasat（1991）基于 Rogers 提出的影响创新扩散的因素发展出八个方面的感知创新特征：自愿性（voluntariness）、形象（image）、相对优势（relative advantage）、兼容性（compatibility）、易用性（ease of use）、可试用性（trialability）、效果明显性（result demonstrability）和可见性（visibility）。

比较 TAM 和 IDT 模型可以看出，它们的理论核心是一致的。一方面，在 TAM 中，有用认知和易用认知是影响个体使用信息技术的主要变量，而 IDT 表明相对优势、兼容性和复杂性与创新的接受程度显著相关（Tornatzky and Klein，1982）。IDT 模型反映了创新益处的相对优势与 TAM 中的有用认知类似；而 IDT 模型表明一项创新难以使用和理解程度的复杂性与 TAM 中的易用认知类似（Moore and Benbasat，1991）。另一方面，TAM 和 IDT 理论是互补的，IDT 理论包括了接受创新的态度，但是没有提及态度是如何进一步演化为真正的决策行为的，而 TAM 理论提供了信念、态度、意向和行为之间的关联，却没有考虑社会环境对技术接受行为的影响。

3.5 技术接受模型的实证整合分析

1976年Glass在研究心理疗法时系统使用整合分析（meta-analysis）方法来处理研究者研究结论不一致的问题。Glass将其定义为"以综合已有的发现为目的，对单个研究结果的集合进行统计学分析的方法"。目前，学术界普遍认为整合分析是一种综合分析方法，其基本思想是对具有共同研究目的且相互独立的多个研究结果汇总之后进行定量分析，剖析研究间的差异，从而可以从更高层面评价研究结果，进而得到更为精确、可靠的结论。整合分析方法问世以后，很快受到心理学、教育学、社会学、决策科学及医学等学科的普遍欢迎（柳江和彭少麟，2004）。

实践证明，整合分析方法主要有以下几方面的作用：①增加统计的信度与效度。由于单项研究的样本比较小，有时候难以达到统计学上所要求的样本量，因而汇集不同研究的数据，可以显著增大样本量，使得结果在统计学层面上更有意义，从而提高针对某一主题的论证强度及分析评估力度。②消解各研究结果间的差异。同一主题的不同研究结论之间存在不一致的现象，甚或存在分歧和争议，利用整合分析方法可以得到某一主题的全面认识，给出更科学的结论。③寻求新的假说。整合分析方法可以回答单项研究中没有涉及或不能回答的问题，尤其是用于对随机对照试验所得的结果进行综合评价，可以提出一些尚未研究的新问题。

针对TAM理论应用于不同问题、背景或结合不同理论、方法进行实证研究时所获得的结论不一致现象较为明显的情况，在现有的众多独立实证研究的基础上，许多学者分别从不同的角度采用整合分析方法对技术接受模型的应用进行了系统的研讨。

3.5.1 Ma的整合分析

首先，Ma选取了26篇实证研究论文（孙建军等，2007b），计算了PEOU→PU、PU→AT及PEOU→AT三个关系的平均效应（mean effect），结果显示前两者的值比较大，而后者则是中等；其次，Ma发现当置信度$\alpha=0.01$时，三者都呈正相关；最后，关系PEOU→PU通过了失效安全检验（fail safe test）、关系PU→AT的检验结果没有显著性，关系PEOU→TA没有通过检验。从这三个角度，Ma证实了Davis的主要结论，即在三个主要的构念所形成的关系中，PEOU→PU与PU→AT显示出强相关关系，而PEOU→AT之间的关系则比较弱，也就是说，关系PEOU→AT没有得到证实。Ma认为应该针对该关系作更深入的研究，具体的思路如下：该关系是否可以通过第三方变量，如性别、文化、经验、自我效能、技术的复杂性或者有关技术的知识状态等进行调节。

3.5.2 William的整合分析

William和He（2006）针对88项TAM的实证研究，通过整合分析后发现以下几点。

（1）包括PU、BI等在内的TAM构念非常可靠，可以应用于多种不同的语境中。

（2）尽管TAM中各种关系多呈正相关，但是也存在着不稳定性，这表明了调节变量（moderator variable）的存在，并且这些调节变量能够解释这些效应。William的研究显示用户类型及研究所采用的技术是重要的调节变量。另外，多项研究显示，用户的经验水平是非常重要的调节变量，但是 William 的研究没有进行深入分析，主要原因在于在独立的实证研究中，没有报告用户的经验水平，从而没有办法对经验进行整合分析。

（3）关系 PU→BI 非常显著，而 PEOU 对 BI 的影响则主要通过 PU 中介。在样本中，关系 PEOU→BI 的显著性只出现在因特网应用中。

（4）用户类型的调节变量分析显示：学生完全可以代替职业用户，但是不能代替普通用户。该结论显示，出于研究方便的考虑，多数研究以学生作为研究对象是有效的，尽管很少有研究对这种做法的有效性进行论证。不过，Schepers 的研究不支持该结论，Schepers 的结果显示，采用学生作为研究对象严重地影响研究结果。在所有被研究的关系中，除了 SN→AT、SN→BI 及 PEOU→U 之外，学生组均显示出了调节效应。也就是说，学生组的这些关系的强度要显著于非学生组。对这种现象的合理解释是，与非学生组相比，学生组具有更强的同构性，通常更容易受到权威的影响。从而在技术实施早期可以获得相对较高的采纳率，进而也就可以获得与社会和技术相关等构念的较高的效应值。

3.5.3 Schepers 的整合分析

Schepers 和 Wetzels（2006）的整合分析选取了 51 篇相关的实证研究，研究结论证实了 Davis（1989）的观点，相关分析与结构方程模型的分析都证实关系 PU→AT、PEOU→AT、PU→BI 及 PEOU→BI 是正性的。有证据显示，在采纳一项新技术时，个体对 PU 的依赖要远超过其他构念。相关系数与路径系数的分析都表明 PU 要显著高于 PEOU，该结论表明，用户在积累了新系统的经验之后，PEOU 将逐渐淡化，其重要性将显著让位于其他构念。

Schepers 的整合分析还论证了 Ma 与 William 没有涉及的，而在 TAM2 中增加的主观规范。结果显示，关系 SN→BI 与 SN→PU 获得了理想的大效应值，并且这两个关系也通过了失效安全检验。在结构方程模型分析中，这两个关系的系数分别是 0.16 和 0.31，这两个效应值比较小的原因可能是这种关系主要成立于非自愿的利用环境中。而 Schepers 研究的数据中存在多项研究是自愿的情况，这种情况下，内化与认同效应的作用将增强。关系 SN→PEOU、SN→AT 及 SN→U 虽然没有通过失效安全检验，但有趣的是，关系 SN→AT 的结构方程模型分析结果为 0.08，从而认同效应得以体现。

Schepers 发现研究所采用的技术对结论存在着比较大的调节效应，研究显示微机组的相关关系要弱于非微机组，该发现与 William（2006）及 Gefen（2003）的结论吻合。如果技术是相似的，那么习惯可以解释对 BI 影响的 40%，从而其他构念的作用会削弱，此时，重复以前的行为就会形成当前的行为，而无须理性的思考与判断。

Schepers 还对不同文化背景的影响进行了分析，在研究的 15 对关系中，7 对受到了文化背景的影响。在西方国家，关系 SN→BI 呈显著正相关；在非西方国家，一个人期望得到他人的建议多数是因为面子或者从众效应，更大的权力距离可以对个体产生更大的影响。研究发现，PU 在西方文化中更重要一些，而 PEOU 的作用则在非西方文化中更显著一些。

在 TAM 的整合分析中，中国台湾学者洪新原等（2005）的研究结果显示，Davis（1989）的 TAM 的 10 组关系中有超过 50% 的研究发现显著的正相关，但是其后扩充的 TAM，在解释能力上并没有明显的提高。

TAM 研究所依据的信息技术从单个软件包、WWW 到目前非常流行的实时通信软件等，不一而足，综合前面的研究，可以得到以下结论。

（1）PU 对行为意图的影响在不同的研究之间徘徊在 0.4~0.6，是模型中最重要的构念。

（2）易用认知对态度或行为意图的影响在不同的研究之间徘徊在 0.1~0.2，是模型中重要的构念。

（3）态度对行为意图的影响甚微，甚至在某些研究中有不显著的情况出现，有些研究则直接忽略该构念对行为意图的影响。

（4）主观规范对 PU 及 BI 存在显著的影响。

其他构念的影响或者远不如上述四者，或者有些比较适合于在特殊的信息系统及特定的范围使用，不易推广。

综合上述研究，TAM 对信息技术接受的意义可归结为以下几个方面。

（1）PU 对信息技术的采纳最为重要，由此提醒信息技术的开发者或者实现者需要将主要的精力集中在系统功能的完善方面。

（2）PEOU→PU 的关系不能忽略，因此，系统开发者在研制、测试及采纳一个新系统的时候，需要将 PEOU 牢记心中，因为 PEOU 会在很大程度上影响用户对 PU 的评判。

（3）对管理者而言，注意力不能仅仅集中于在个体层面上探讨如何提高系统的采纳率。由于主观规范的重要性，部门或者整个公司应该作为一个整体对系统采纳有一个正性的态度。需要在组织层面上积极营造有利于新技术接受的氛围，如采用大规模的培训项目及不间断的帮助平台等。例如，在消费市场等场合考虑技术接受问题时，SN 构念可以通过口口相传的方式形成，因而管理者应该意识到一句正性或者负性的呢喃都可能导致一个产品营销的成功或者失败。

（4）已经识别出来的调节变量也存在非常重要的启示。比如，由于学生具有很强的调节效应，那么管理者在面对一帮年轻的群体实施新技术的时候，应该有不同的策略。因为年轻人更容易接受新事物，与学生以外的群体或者年长者等相比，他们更容易受到技术特征及同事意见的影响。管理者还应该意识到，在计算机应用已非常普及的今天，在形成态度、意图及行为的过程中，技术的可用性及社会特征已经不似先前那么重要。

（5）技术接受会受到文化的影响。在西方文化中，PU 在决定 BI 与系统使用方面存在着更大的作用，而在非西方文化中，PEOU 则可能影响更大。在介绍新技术的沟通交流方面，诸如培训手册、宣传活动及面对面交流等这些传递信息的方式需要依据技术接受所在的文化环境而有所变通。

3.5.4 Yousafzai 的整合分析

Yousafzai 等（2007）等通过对 154 篇 TAM 相关文献的系统梳理，研究了 10 组变量之间的相互关系，并提炼了所有的外部变量表。其部分研究结果如表 3-9 和表 3-10 所示。

表 3-9 TAM 文献综述与研究关系

研究者	样本量/篇	研究类型	国家和地区	研究主体	系统类型	BI→U	AT→U	PU→U	PEU→U	AT→BI	PU→BI	PEU→BI	PU→AT	PEU→AT	PEU→PU
Davis 等 (1989)	107	实验室研究	美国	MBA学生	Word字处理软件	×	×	×	×	√	√	√	√	NS	√
Davis 等 (1989)	107	实验室研究	美国	MBA学生	Word字处理软件	√	×	×	×	NS	√	NS	√	√	√
Davis (1989)	109	现场研究	美国	知识工作者	电子邮件	×	×	√	√	×	×	×	×	×	√
Davis (1989)	75	现场研究	美国	知识工作者	XEDIT文本编辑	×	×	√	√	×	×	×	×	×	×
Davis (1989)	40	实验室研究	美国	MBA学生	表格处理	×	×	√	NS	×	×	×	×	×	NS
Davis (1989)	40	实验室研究	美国	MBA学生	Pendraw	×	×	√	√	√	√	×	√	√	√
Mathieson (1991)	149	实验室研究	美国	本科生	Spread表单	×	×	×	×	×	×	×	×	√	√
	116	现场研究	美国	知识工作者	电子邮件	×	×	√	√	×	×	×	×	×	√
	68	现场研究	美国	知识工作者	语音邮件	×	×	√	√	×	×	×	×	×	√
Adams 等 (1992)	64	实验室研究	美国	MBA学生	字处理软件	×	×	NS	NS	×	×	×	×	×	√
Adams 等 (1992)	67	实验室研究	美国	MBA学生	Lotus 123	×	×	√	NS	×	×	×	×	×	√
Adams 等 (1992)	54	实验室研究	美国	MBA学生	哈佛图表	×	×	NS	√	×	√	NS	×	×	NS
Davis 等 (1992)	200	现场研究	美国	MBA学生	字处理软件	√	×	√	×	×	×	×	×	×	√

第 3 章 | 技术接受模型及其研究进展

续表

研究者	样本量/篇	研究类型	国家和地区	研究主体	系统类型	BI→U	AT→U	PU→U	PEU→U	AT→BI	PU→BI	PEU→BI	PU→AT	PEU→AT	PEU→PU
Davis 等 (1992)	80	实验室研究	美国	MBA学生	图形软件	×	×	×	×	×	√	√	×	×	√
Davis (1993)	185	现场研究	美国	知识工作者	Email 与文本编辑	×	√	√	×	×	×	×	√	√	√
Hendrickson 等 (1993)	123	现场研究	美国	本科生	数据库	×	×	×	×	×	×	×	×	×	√
Igbaria (1993)	519	现场研究	美国	知识工作者	微型计算机技术	√	√	×	×	√	√	×	√	×	×
Segars 和 Grover (1993)	191	NA	美国	知识工作者	Email	×	×	√	NS	×	×	×	×	×	√
Igbaria (1994)	471	现场研究	美国	知识工作者	微型计算机技术	×	√	√	×	×	×	×	×	×	×
Lu 和 Gustafson (1994)	35	实验室研究	美国	系统用户	交互供应链系统	×	×	NS	√	×	×	×	×	×	√
Lu 和 Gustafson (1994)	34	实验室研究	中国	知识工作者	技术设备	×	×	√	√	√	×	×	×	×	√
Phillips 等 (1994)	303	现场研究	美国	知识工作者	Email 与传真	×	×	×	×	×	×	×	√	√	NS
Straub 等 (1994)	920	现场研究	日本	知识工作者	语音邮件	×	×	√	√	×	×	×	×	×	√
Subramanian (1994)	179	现场研究	美国	知识工作者	语音邮箱	×	×	√	NS	×	×	×	×	×	NS
Szajna (1994)	231	实验室研究	美国	MBA学生	书目数据库	×	×	×	×	×	×	×	×	×	√

续表

研究者	样本量/篇	研究类型	国家和地区	研究主体	系统类型	BI→U	AT→U	PU→U	PEU→U	AT→BI	PU→BI	PEU→BI	PU→AT	PEU→AT	PEU→PU
Chin 和 Gopal (1995)	64	现场研究	加拿大	本科生	群组支持系统	×	×	×	×	×	√	√	×	×	√
Igbaria 和 Iivari (1995)	450	现场研究	芬兰	知识工作者	个人电脑	×	×	√	NS	×	×	×	×	×	√
Igbaria 等 (1995a)	214	现场研究	美国	MBA 学生	微型计算机	×	×	√	NS	×	×	×	×	×	√
Igbaria 等 (1995b)	450	现场研究	芬兰	知识工作者	微型计算机	×	×	√	NS	×	×	×	×	×	√
Keil 等 (1995)	306	现场研究	美国	知识工作者	专家支持系统	×	×	√	NS	×	×	×	×	×	√
Straub 等 (1995)	458	现场研究	美国	知识工作者	语音电话	×	×	√	NS	NS	√	√	√	√	√
Taylor 和 Todd (1995)	786	实验室研究	加拿大	本科生和MBA学生	企业资源中心	√	NS	√	√	√	×	×	√	√	√
Agarwal 等 (1996)	230	现场研究	美国	知识工作者	操作系统	×	×	×	×	×	×	×	×	×	√
Chau (1996a)	192	现场研究	中国香港	政府公务员	字处理软件	×	×	×	×	×	√	NS	×	×	√
Chau (1996b)	176	现场研究	中国香港	政府公务员	表格软件	×	×	√	×	×	×	NS	×	×	√
Davis 和 Venkatesh (1996)	97	现场研究	中国香港	系统开发员	CASE工具	×	×	×	√	×	√	×	×	×	√
Hendrickson 和 Collins (1996)	708	实验室研究	美国	MBA 学生	字处理软件	×	×	×	×	×	×	×	×	×	√
	75	现场研究	美国	本科生	Lotus 和字处理软件	×	×	√	√	×	×	×	×	×	√

— 72 —

|第3章| 技术接受模型及其研究进展

续表

研究者	样本量/篇	研究类型	国家和地区	研究主体	系统类型	BI→U	AT→U	PU→U	PEU→U	AT→BI	PU→BI	PEU→BI	PU→AT	PEU→AT	PEU→PU
Igbaria 等 (1996)	471	现场研究	美国	知识工作者	微型计算机	×	×	√	×	×	×	×	×	×	×
Montazemi 等 (1996)	125	实验室研究	加拿大	知识工作者	软件包	×	×	√	√	×	×	×	×	×	√
Szajna (1996)	61	实验室研究	美国	研究生	Email	NS	×	×	×	×	√	NS	×	×	√
Szajna (1996)	61	实验室研究	美国	研究生	Email	√	×	×	×	×	×	NS	×	×	×
Szajna (1996)	61	实验室研究	美国	研究生	Email	√	×	×	×	×	NS	NS	×	×	×
Szajna (1996)	61	实验室研究	美国	研究生	Email	√	×	√	×	×	×	×	×	×	×
Venkatesh 和 Davis (1996)	108	实验室研究	美国	本科生和MBA学生	软件包	×	×	×	×	×	√	√	×	×	√
Agarwal 和 Prasad (1997)	73	现场研究	美国	MBA学生	万维网	√	×	√	√	×	√	√	×	×	√
Gefen 和 Straub (1997)	392	现场研究	日本、瑞士和美国	知识工作者	Email	×	×	√	NS	×	×	×	×	×	×
Chorab (1997)	47	现场研究	美国	银行管理者	银行信息系统	×	×	√	√	×	×	×	×	×	√
Igbaria 等 1997	358	现场研究	新西兰	知识工作者	个人电脑	×	×	√	√	×	NS	√	×	×	√
Jackson 等 (1997)	111	现场研究	美国	知识工作者	信息系统	√	×	×	×	NS	√	×	NS	√	NS
Morris 和 Dillon (1997)	76	现场研究	美国	本科生	Netscape 浏览器	×	×	×	√	√	√	×	√	√	NS

— 73 —

续表

研究者	样本量/篇	研究类型	国家和地区	研究主体	系统类型	BI→U	AT→U	PEU→U	PU→U	AT→BI	PU→BI	PEU→BI	PU→AT	PEU→AT	PEU→PU
Straub 等 (1997)	142	现场研究	日本	知识工作者	Email	×	×	NS	NS	×	×	×	×	×	×
	152	现场研究	瑞士	知识工作者	Email	×	×	NS	√	×	×	×	×	×	×
	99	现场研究	美国	知识工作者	Email	×	×	NS	√	×	×	×	×	×	×
Wiedenbeck 和 Davis (1997)	173	实验室研究	美国	本科生	字处理软件	×	×	×	×	×	√	√	×	×	√
Agarwal 和 Prasad (1998)	76	现场研究	美国	知识工作者	软件包	×	×	×	×	×	√	NS	×	×	√
Agarwal 和 Prasad (1998)	175	现场研究	美国	MBA 学生	万维网	×	√	×	×	×	×	×	×	√	√
Bajaj 和 Nidumolu (1998)	25	实验室研究	美国	本科生	软件包	×	×	Neg	Neg	×	×	×	Neg	×	NS
Doll 等 (1998)	902	实验室研究	美国	本科生	表格软件数据库	×	×	×	×	×	×	×	×	×	√
Dias (1998)	79	现场研究	巴西	管理者	微型计算机	×	×	×	×	√	√	×	×	×	√
Dillon 等 (1998)	78	现场研究	美国	审计专业学生	传真机	×	×	×	×	×	×	×	√	√	√
Gefen 和 Keil (1998)	196	现场研究	美国	知识工作者	专家系统	×	×	Neg	√	×	×	×	×	×	√
Green (1998)	31	现场研究	美国	计算机程序员	软件包	×	×	√	√	×	×	×	×	×	√

|第3章| 技术接受模型及其研究进展

续表

研究者	样本量/篇	研究类型	国家和地区	研究主体	系统类型	BI→U	AT→U	PU→U	PEU→U	AT→BI	PU→BI	PEU→BI	PU→AT	PEU→AT	PEU→PU
Loh 和 Ong (1998)	84	网络调查	新加坡	本科生	在线交易系统	×	NS	√	NS	×	×	×	√	√	√
Lu 和 Yeh (1998)	90	现场研究	中国台湾	知识工作者	业务处理软件	×	×	×	×	√	√	×	√	√	√
Rose 和 Straub (1998)	274	现场研究	埃及、约旦、沙特阿拉伯、苏丹、黎巴嫩	知识工作者	个人电脑	×	×	√	√	×	×	×	×	×	√
Al-Gahtani 和 King (1998)	329	现场研究	英国	本科生	表格软件	×	√	NS	NS	×	×	×	√	√	×
Agarwal 和 Prasad (1999)	230	现场研究	美国	IT投资者	个人电脑	×	×	×	×	√	√	×	√	√	√
Brosnan (1999)	147	实验室研究	英国	本科生	字处理软件	√	×	√	×	×	√	×	×	×	Neg
Dishaw 和 Strong (1999)	60	现场研究	美国	项目分析师	软件维护工具	√	×	√	×	√	√	×	√	NS	√
Hu 等 (1999)	408	现场研究	中国香港	物理学家	电信技术	×	×	×	×	√	√	×	√	NS	NS
Karahanna 和 Straub (1999)	100	现场研究	美国	知识工作者	E-mail	×	×	√	NS	×	×	×	×	×	√
Karahanna 等 (1999)	268	现场研究	美国	知识工作者	操作系统	×	×	×	×	√	√	NS	×	×	×
Lucas 和 Spliter (1999)	131	现场研究	美国	中介、销售助理	工作站	×	×	NS	NS	×	NS	NS	×	×	√

— 75 —

续表

研究者	样本量/篇	研究类型	国家和地区	研究主体	系统类型	BI→U	AT→U	PU→U	PEU→U	AT→BI	PU→BI	PEU→BI	PU→AT	PEU→AT	PEU→PU
Phelps 和 Mok (1999)	54	现场研究	新加坡	知识工作者	Intranet	×	×	×	×	×	√	√	×	×	√
Schalk (1999)	19	现场研究	荷兰	学生	智能卡	×	×	×	×	√	√	√	√	√	NS
Teo 等 (1999)	1370	网络调查	新加坡	Internet 用户	Internet	×	×	√	√	×	√	×	×	×	√
Venkatesh (1999)	215	实验室研究	美国	商务专家	虚拟空间	×	×	×	×	×	√	√	×	×	√
Agarwal 和 Prasad (2000)	71	现场研究	美国	程序员	C语言	×	×	×	×	√	NS	√	√	NS	√
Agarwal 和 Karahanna (2000)	288	现场研究	美国	本科生	WWW	×	×	×	×	×	√	√	×	×	NS
Anandarajan 等 (2000)	80	现场研究	美国	MBA学生	Internet	×	×	√	√	×	×	×	×	×	√
Anandarajan 等 (2000)	88	现场研究	尼日利亚	银行雇员	个人电脑	×	×	√	√	×	×	×	×	×	√
Gefen (2000)	135	现场研究	美国	知识工作者	MRP-II	×	×	√	NS	×	×	NS	×	×	√
Gefen 和 Straub (2000)	217	实验室研究	美国	MBA学生	在线书店	×	×	×	×	×	√	×	×	×	√
Jiang 等 (2000)	335	现场研究	法国、中国香港和美国	本科生	Internet	×	×	√	×	×	×	×	×	×	×
Karahanna 和 Limayem (2000)	211	现场研究	美国	知识工作者	Email	×	×	NS	√	×	×	×	×	×	√
Karahanna 和 Limayem (2000)	173	现场研究	美国	知识工作者	语音邮件	×	×	√	√	×	×	×	×	×	√

第3章 技术接受模型及其研究进展

续表

研究者	样本量/篇	研究类型	国家和地区	研究主体	系统类型	BI→U	AT→U	PU→U	PEU→U	AT→BI	PU→BI	PEU→BI	PU→AT	PEU→AT	PEU→PU
Kucuk 和 Arslan(2000)	148	现场研究	土耳其、英国、丹麦	Internet 用户	网络营销工具	×	×	×	×	√	√	√	√	√	√
Lederer 等 (2000)	163	网络调查	美国	知识工作者	万维网	×	×	√	√	×	×	×	×	×	√
Lin 和 Lu (2000)	139	实验室研究	中国台湾	本科生	万维网	×	×	×	×	√	√	√	√	√	√
Lou 等 (2000)	385	现场研究	美国	商务专业学生	Lotus 组件	×	×	×	×	×	√	√	×	×	√
Lucas 和 Spiller (2000)	41	现场研究	美国	知识工作者	博客工作站	Neg	×	√	×	×	√	NS	√	×	√
Roberts 和 Henderson (2000)	108	现场研究	澳大利亚	知识工作者	信息技术	×	√	√	√	×	×	×	×	×	×
Ridings 和 Gefen (2000)	148	现场研究	美国	知识工作者	软件包	×	×	×	×	×	√	NS	×	×	√
Venkatesh (2000)	282	现场研究	美国	知识工作者	软件包	√	×	×	×	×	√	√	×	×	√
Venkatesh 和 Davis (2000)	156	现场研究	美国	知识工作者	软件包	×	×	×	×	×	√	√	×	×	√
Venkatesh 和 Morris (2000)	342	现场研究	美国	知识工作者	软件包	×	×	×	×	×	√	√	×	×	√
Wober 和 Gretzel (2000)	77	现场研究	奥地利	旅游管理者	决策支持系统	×	×	√	√	×	×	×	×	×	√

续表

研究者	样本量/篇	研究类型	国家和地区	研究主体	系统类型	BI→U	AT→U	PU→U	PEU→U	AT→BI	PU→BI	PEU→BI	PU→AT	PEU→AT	PEU→PU
Al-Gahtani (2001)	324	现场研究	英国	本科生	表格软件	×	√	√	×	×	×	×	√	√	√
Bhattacherjee (2001)	172	网络调查	美国	网络用户	在线博客服务	×	×	×	×	×	√	×	×	×	×
Chau (2001)	360	现场研究	中国香港	本科生	Office办公软件	×	×	×	×	√	√	×	×	×	√
Chau 和 Hu (2001)	421	现场研究	中国香港	知识工作者	电信技术	×	×	×	×	√	√	×	√	NS	NS
Childers 等 (2001)	540	现场研究	美国	学生/客户	万维网	×	×	×	×	×	×	×	√	√	×
Handy 等 (2001)	102	现场研究	新西兰	医生和中年妇女	健康数据库	√	√	√	√	×	×	×	√	√	×
Horton 等 (2001)	386	现场研究	英国	银行雇员	Intranet	NS	×	√	√	√	√	√	×	×	√
Horton 等 (2001)	65	现场研究	英国	能源公司雇员	Intranet	×	×	NS	×	√	√	√	√	√	√
Lu 等 (2001)	108	实验室研究	中国台湾	本科生	决策支持系统	√	×	×	×	√	√	×	√	√	√
Mathieson 等 (2001)	401	现场研究	美国	研究生	BBS	√	×	×	×	×	√	√	√	√	√
Moon 和 Kim (2001)	152	现场研究	韩国	本科生	万维网	×	×	×	×	√	×	×	√	√	NS
Pijpers 等 (2001)	87	现场研究	荷兰	高级经理	软件包	×	×	×	×	×	√	√	√	√	√
Plouffe 等 (2001)	172	现场研究	加拿大	商人	智能卡	×	×	×	×	×	√	√	×	×	√

第3章 技术接受模型及其研究进展

续表

研究者	样本量/篇	研究类型	国家和地区	研究主体	系统类型	BI→U	AT→U	PU→U	PEU→U	AT→BI	PU→BI	PEU→BI	PU→AT	PEU→AT	PEU→PU
Riemenschneider 和 Hardgrave (2003)	85	现场研究	美国	应用开发商	CASE工具	×	×	NS	√	×	×	×	×	×	√
Townsend 等 (2001)	64	实验室研究	美国	本科生	桌面视频	×	Neg	×	×	×	×	×	√	√	√
Aladwani (2002)	387	实验室研究	科威特	商务专业学生	在线书店	×	×	×	×	×	√	√	×	×	√
Anandarajan 等 (2002)	143	现场研究	尼日利亚	知识工作者	微型计算机	×	×	NS	√	√	√	√	√	×	√
Benamati 和 Rajkumar (2002)	10	访谈	美国	外包管理者	外包	×	×	×	×	×	√	×	×	√	√
Brown 等 (2002)	107	现场研究	美国	银行雇员	银行信息系统	×	×	×	×	×	√	×	√	×	√
Brown 等 (2002)	107	现场研究	美国	银行雇员	银行信息系统	×	×	×	×	NS	NS	×	√	NS	NS
Chau 和 Hu (2002a)	408	现场研究	中国香港	物理学家	电信技术	×	×	×	×	√	√	×	√	NS	NS
Chau 和 Hu (2002b)	408	现场研究	中国香港	物理学家	电信技术	×	×	×	×	√	√	×	√	NS	√
Chen 等 (2002)	253	网络调查	美国	网站用户	虚拟存储	√	×	×	×	√	NS	×	√	√	×
Dabholkar 和 Bagozzi (2002)	392	实验室研究	美国	本科生	自助服务技术	×	×	×	×	√	×	×	√	√	√
Dasgupta 等 (2002)	60	实验室研究	美国	本科生	群组支持系统	×	×	Neg	Neg	×	×	×	×	×	×
Devraj 等 (2002)	134	网络调查	美国	商务专业学生	在线书店	×	×	×	×	√	×	×	√	√	√

— 79 —

续表

研究者	样本量/篇	研究类型	国家和地区	研究主体	系统类型	BI→U	AT→U	PU→U	PEU→U	AT→BI	PU→BI	PEU→BI	PU→AT	PEU→AT	PEU→PU
Gentry 和 Calantone (2002)	200	现场研究	美国	本科生	虚拟存储	×	×	×	×	√	√	×	√	Neg	NS
Hong 等 (2002)	585	现场研究	中国香港	学生	数字图书馆	×	×	×	×	×	√	√	×	×	√
Koufaris (2002)	280	网络调查	美国	网络用户	在线书店	×	×	×	×	×	√	NS	×	×	√
Liaw (2002)	260	现场研究	美国	本科生	万维网	×	×	×	×	×	√	×	×	×	×
Lowry (2002)	185	现场研究	英国	专业工程师	建筑管理系统	×	×	NS	NS	×	NS	√	×	×	√
Riemenschneider 等 (2002)	128	现场研究	美国	应用开发人员	应用开发方法	×	×	×	×	×	√	√	×	×	√
Schaik 等 (2002)	49	实验室研究	英国	医生	诊所支持系统	×	×	×	×	×	√	NS	×	×	√
Seyal 等 (2002)	166	现场研究	缅甸	学者	Internet	×	×	√	√	×	√	√	×	×	×
Stafford 和 Stern (2003)	329	现场研究	美国	学生	在线拍卖网站	×	×	×	×	√	√	√	×	√	√
Suh 和 Han (2002)	845	网络调查	韩国	电子银行用户	网络银行	√	√	×	×	√	√	×	√	×	√
Thong 等 (2002)	397	现场研究	中国香港	学生	数字图书馆	×	×	×	×	×	√	√	√	×	√
Von Dolen 和 de Ruyter (2002)	198	实验室研究	荷兰	商务专业学生	模拟表单	√	×	×	×	×	×	×	×	√	√
Venkatesh 等 (2002)	215	实验室研究	美国	知识工作者	软件包	×	×	×	×	√	√	NS	×	×	√
Choi 等 (2003)	2291	网络调查	韩国	网站用户	交互电视	×	×	×	×	√	√	√	√	√	√

第3章 技术接受模型及其研究进展

续表

研究者	样本量/篇	研究类型	国家和地区	研究主体	系统类型	BI→U	AT→U	PU→U	PEU→U	AT→BI	PU→BI	PEU→BI	PU→AT	PEU→AT	PEU→PU
Featherman 和 Pavlou (2003)	395	实验室研究	美国	商务专业学生	电子账单服务	×	×	×	×	×	√	Neg	×	×	Neg
Gefen 等 (2003)	179	网络调查	美国	商务专业学生	在线网络商店	×	×	×	×	×	√	√	×	×	√
Gefen 等 (2003a)	213	现场研究	美国	商务专业学生	网站	×	×	×	×	×	√	√	×	×	√
Gefen 等 (2003b)	317	实验室研究	美国	商务专业学生	在线书店	×	×	×	×	×	√	×	×	×	NS
Hackbarth 等 (2003)	116	现场研究	美国	研究生	Excel 表格	×	×	×	×	×	×	×	×	×	×
Hardgrave 和 Johnson (2003)	150	现场研究	美国	软件开发人员	面向对象的软件开发	×	×	×	×	×	√	×	×	×	×
Hardgrave 等 (2003)	128	现场研究	美国	软件开发人员	软件开发方法	×	×	×	×	×	√	×	×	×	×
Heijden (2003)	825	网络调查	荷兰	网站用户	网站门户	√	×	×	NS	√	×	×	√	√	√
Henderson 和 Divett (2003)	247	网络调查	澳大利亚	在线消费者	网络商店	×	×	√	×	×	×	×	×	×	√
Hu 等 (2003)	138	实验室研究	中国香港	公立学校教师	PPT	×	×	×	×	√	√	NS	√	√	√
Lee 和 Lee (2003)	130	网络调查	韩国	网站用户	在线商店	×	×	×	×	×	√	NS	×	×	×
Lee 等 (2003)	31	现场研究	—	学生	BBS	×	√	√	×	×	×	×	√	×	√
Liaw 和 Huang (2003)	114	现场研究	中国台湾	医学学生	万维网	×	×	×	×	√	√	×	×	×	√
Lim (2003)	—	现场研究	新加坡	知识工作者	谈判支持系统	×	×	×	×	×	√	×	√	√	√

— 81 —

续表

研究者	样本量/篇	研究类型	国家和地区	研究主体	系统类型	BI→U	AT→U	PU→U	PEU→U	AT→BI	PU→BI	PEU→BI	PU→AT	PEU→AT	PEU→PU
Lu 等 (2003)	—	现场研究	美国	MBA学生	无线网	×	×	×	×	√	√	×	√	√	√
O'Cass 和 Fenech(2003)	392	网络调查	澳大利亚	网站用户	万维网	×	×	×	×	√	×	×	√	√	×
Olson 和 Boyer(2003)	416	现场研究	美国	在线客户	在线零售	×	√	√	√	×	×	×	√	√	√
Pavlou (2003)	102	实验室研究	美国	本科生	在线零售	×	×	×	×	×	√	NS	×	×	√
O'Cass 和 (2003)	155	网络调查	美国	在线用户	在线零售	√	×	√	√	×	√	√	×	×	√
Reimenschneider 等 (2003)	156	现场研究	美国	知识工作者	IT采纳	×	×	×	×	√	NS	×	√	√	NS
Selim (2003)	403	现场研究	美国	本科生	课程相关网站	√	×	√	√	×	×	×	×	×	√
Suh 和 Han (2003)	502	网络调查	韩国	电子银行用户	网上银行	×	×	×	×	√	×	×	×	×	×
Sussman 和 Siegal (2003)	63	实验室研究	美国	顾问	企业相关建议	×	×	√	×	×	×	×	×	×	×
Teo 等 (2003)	69	实验室研究	—	本科生	虚拟社区	×	×	×	×	√	√	√	√	√	√
Venkatesh 等 (2003)	348	现场研究	美国	知识工作者	工作技术	√	×	×	×	×	√	√	×	√	√
Yi 和 Hwang (2003)	109	网络调查	美国	本科生	BBS	√	×	×	×	√	√	√	×	×	NS
Shih (2004)	212	现场研究	中国台湾	知识工作者	万维网	×	×	×	×	√	NS	NS	√	√	√

注：U - usage；BI - behavioural intentions；PU - perceived usefulness；AT - attitude；PEU - perceived ease of use；√表示 relationship validated；NS 表示 relationship non-significant or rejected；Neg 表示 reverse findings；×表示 relationship not tested；NA - not available；表中中国数据不含中国香港和中国台湾方面的数据，下同

表 3-10 TAM 模型涉及的各种变量

类型	变量
组织变量	竞争型环境；终端用户支持；群体创新规范；实施差距；外部计算机支持；内部计算机培训；工作保障性；管理支持；组织政策；组织结构；组织支持；组织利用；意见领袖的影响；意见领袖的使用；培训；交通支持
系统变量	可获取性；获取成本；兼容性；确认机制；便利性；图像/界面；信息质量；媒体风格；导航；对象有用性；输出质量；感知吸引力；感知复杂性；感知重要性；感知软件正确性；感知风险；工作相关性；可靠性和准确性；反应时间；结果展示性能；屏幕设计；社会性展示；系统治疗；术语采用；试用性；可视化；网络安全
用户变量	年龄；意识；认知吸收；计算机焦虑；计算机态度；计算机素养；教育水平；经验；性别；内在动机；参与性；性格；感知开发者责任；感知娱乐性；感知可娱乐性；感知资源；个人创新；技术角色；自我效能；购物倾向；技能和知识；信任；工作职位；志愿者
其他变量	变更的争论；文化认同；外部计算机支持；外部计算机培训；设备条件；主观规范；社会影响；社会压力；任务技术匹配；任务特征；投资者的合作

3.5.5 TAM 与 TRA、TPB 整合统计分析

1. TAM、TRA、TPB 的比较

TAM 和 TPB 都由 TRA 发展而来。TRA 与 TAM 都认为态度是由人的内在信念决定的，两者之间存在以下差异：TRA 的主要信念是概括性、一般性的，在结合具体的研究背景时要重新探讨合适的信念变量；而 TAM 则专门建立了适用于信息技术接受行为的信念变量，但没有考虑主观规范对行为意向的影响（Davis et al.，1989）。由于 TAM 简洁，发展了专门的量表，应用极其简便，且解释力较高，所以被广泛地应用于各种信息技术接受行为的研究中。但也有学者认为，技术接受模型为了维持高度的简洁性，势必牺牲一些解释力，如社会变量。

TPB 主要弥补了 TRA 的局限性，加入了行为控制认知的变量，从而可以应用于不完全受意志控制的情境。TPB 以其广泛的适用性，成为各种行为研究的理论基础。这两个理论的主要差异性体现在行为控制认知因素的引入，在 TRA 中，行为的预测只依赖态度和主观规范，这决定了它只适用于用户对行为的控制没有任何障碍的情形。TAM、TRA 和 TPB 的比较如表 3-11 所示。

表 3-11 TAM、TRA 和 TPB 的比较

项目	TAM	TRA	TPB
适用情形	使用信息技术的行为	可以由用户意志决定是否要使用	不完全受意志控制的情形

续表

项目	TAM	TRA	TPB
影响用户行为意向的因素	①有用认知； ②态度	①态度； ②主观规范	①态度； ②主观规范； ③感知行为控制
理论的一般性	TAM 对于信息技术的使用具有重要的影响力，所以当 TAM 在研究信息技术接受行为时，并不需要再另外考虑其他，除非要强化 TAM 对技术接受的解释	和 TAM 比较起来，TRA 难以应用在不同的行为研究中，因为在研究不同的行为时，必须要针对不同的研究对象，对控制变量加以考虑	TPB 的层面较多，可提供较多的信息，如内外在的因素等
解释力	根据 Davis（1989）、Mathieson（1991）等的研究成果在解释信息技术使用时，TAM 的预测能力比 TRA 强； 根据 Ajzen 和 Madden（1985）的研究，TPB 的解释力要强于 TRA		
简洁性	Mathieson（1991）认为在理论的简洁性上 TAM 比 TRA 佳。但是 Taylor 和 Todd（1995）也提出 TAM 为了维持一个高度的简洁性，势必要牺牲对于行为的解释力（如省略社会变量），TPB 需视情况而有不同的设计内容		
共同点	都主张个人接受或拒绝信息技术的使用都是建立在个人对信息技术的信念和规范上		

TAM 和 TPB 都能很好地预测信息技术的接受行为。总体来说，两者主要有以下差异：①模型本身的不同。TAM 没有明确考虑任何社会变量的影响，Davis 基于社会标准是独立于行为结果之外的考虑，认为 TAM 已经在某种程度上反映了社会因素的影响。所以只考虑了信息技术的一般特征，具有较高的简洁性，容易操作，在实证研究的应用上具有一定的优势，而 TPB 则考虑得更为全面。②应用范围不同。TAM 普遍适用于不同的信息系统和信息技术的采纳和使用；而 TPB 针对不同的研究对象考虑更多的信念，应用范围更为广泛。③行为控制认知的考虑。在 TAM 中只有易用认知属于行为控制方面的变量。虽然易用认知与技能的内在因素有关，但是其他的控制因素也同样重要，如时间、机会等，TAM 没有明确考虑这些外部的控制因素，而 TPB 整体考虑了内部与外部的控制因素，在这一方面较 TAM 有突出的优势。

2. TAM 与 TRA 的整合研究统计

本研究在 ScienceDirect 数据库中以题名、文摘及关键词为信息源，以 Technology acceptance model 和 Theory of reasoned action 为检索词，进行与运算后得到文献列表，然后通过阅读文摘及全文的方式得到了 TRA 与 TAM 整合研究的相关文献，如表 3-12 所示。

表 3-12　TAM 与 TRA 的整合研究

研究/解释力/环境/实验对象	理论基础	构念	结果
Hammer 和 AI-Qahtani (2009) / 发展中国家的电子政务 e-Gov 居民	TRA, TAM	使用意愿（总体意愿、计算机技能、因特网知识、可用意识、安全感）、计算机和因特网技能、访问电子政务、安全感与隐私信任	①年龄与使用意愿负相关；②教育程度对使用意愿影响不明显；③因特网技能与使用意愿正相关；④安全感与使用意愿正相关
Hsu 和 Lin (2008) / 83%/ 博客/ 博客参与者	TRA, TAM, 知识共享	技术接受动因（有用认知、易用认知、娱乐认知）、知识共享动因（利他、互利预期、声望、信任、联系预期）、社会影响动因（社会规范、社会认同）、使用态度、行为意图	研究使用 SEM 的 CFA 方法，所基于的环境是博客，结果显示：①技术接受动因中的娱乐认知显著影响用户态度；②技术接受动因中的易用认知与用户态度正相关；③知识共享动因中的利他与声望与用户态度正相关；④社会影响动因中的社会认同与用户使用意图正相关；⑤用户态度显著影响使用意图；⑥其他特征影响甚微
Hsu (2007) / 63%/ 在线游戏/ 游戏参加者	TAM, TRA	内聚力认知、社会规范、易用认知、快乐认知、用户偏好、用户忠诚度	研究所基于的环境是在线游戏，不涉及工作任务，有用认知被快乐认知所取代，结果显示：①内聚力认知、易用认知与快乐认知显著影响用户偏好，三者在影响程度上表现为渐次降低；②用户偏好、社会规范及快乐认知与用户忠诚度呈正相关关系；③研究结论提示在 TAM 研究中也应该考虑内在动机的影响
Kim (2007) / 26%/ Internet/ 公司员工	TAM, TRA, 自我效能理论	经验、自我效能、任务的模糊性、任务的依赖性、组织支持、有用认知、易用认知、主观规范、实际使用	①五个外部变量中，与实际使用呈正相关的有经验、任务模糊性及组织支持；与易用认知呈正相关的有经验、自我效能及组织支持；与主观规范呈正相关的有自我效能、任务的依赖性及组织支持；能直接影响使用的只有经验。②结论还证实：易用认知能够直接影响有用认知，有用认知、易用认知及主观规范对实际使用的影响是正性的
Shih (2004) / 不同类型的产品与服务徘徊在 20.5%～42.2%/ 在线消费/ 中小公司员工	TAM, TRA	Web 安全、访问开销、用户满意度、信息/系统/服务质量、易用认知、有用认知、态度、用户接受	态度直接影响用户对各种类型在线消费产品的接受；在线消费的易用认知、网络安全、访问开销、用户满意及信息质量认知等对在线订单、售后服务、物品接收及支付等的用户接受部分支持；用户满意、信息质量、系统质量及服务质量对有形产品、数字产品及在线服务等的用户接受部分支持
Vijayasarathy (2004) / 80.2%/ 在线消费/ 在线消费者	TAM, TRA 自我效能理论	有用认知、易用认知、兼容性、隐私、安全性、规范信念、自我效能、态度与行为意图	在线消费情境中，除了安全性之外，兼容性、易用认知、有用认知及隐私等四个信念对态度有明显的影响，四个信念的影响程度渐次降低；态度、规范信念、自我效能与行为意图之间呈正相关关系；有用认知与行为意图之间的相关假设没有得到证实

续表

研究/解释力/环境/实验对象	理论基础	构念	结果
Liker（1997）/ 对态度的解释力为36%/ 专家系统/ 会计与审计事务所员工	TAM, TRA	外部变量维度：易用认知、用户特征、用户介入；信念维度：有用认知、对经验影响的认知、对职业发展影响的认知、对工作安全性影响的认知、主观规范、同事压力认知及管理支持认知；态度维度：使用系统的态度；行为维度：意图及实际使用	①主观规范、对经验影响的认知对意图有直接的影响，有别于Davis的结论，态度对意图的直接影响没有明显体现；②易用认知、有用认知及对经验影响的认知与态度存在明显的正相关，而对职业发展影响的认知、对工作安全性影响的认知与态度之间的关系微弱；③易用认知、对经验影响的认知对工作安全性影响的认知之间呈正相关；④易用认知、对经验影响的认知与对职业发展影响的认知之间呈正相关；⑤易用认知、对经验影响的认知与有用认知呈强相关；⑥用户特征中只有年龄与对经验影响的认知之间呈正相关关系，其他特征影响甚微

3. TAM 与 TPB 的整合研究统计

本研究在 Science Direct 数据库中以题名、文摘及关键词为信息源，以 Technology acceptance model 和 Theory of planned behavior 为检索词，进行与运算之后，得到文献列表，通过阅读文摘及全文的方式获得 TRA 与 TPB 整合研究的相关文献，如表 3-13 所示。

表 3-13　TAM 与 TPB 的整合研究

研究/解释力/环境/实验对象	理论基础	构念	结果
Lin 等（2010）/ 网络用户	TAM, TPB	用户动机、易用认知、有用认知、营销组合、态度、风险认知、行为意图、主观规范、现实行为	①用户动机、营销组合、易用认知与有用认知正相关；②营销组合、有用认知与态度正相关，态度、主观规范又与行为意图正相关；③风险认知与态度、有用认知和行为意图负相关；④行为意图与实际行为正相关
Lee（2010）/ 80%/ 在线学习用户	ECM, TPB, TAM	确证（confirmation）、有用认知、易用认知、娱乐认知、专注、满意、态度、主观规范、行为控制认知、持续意图	①满意对用户持续意图的影响最显著；②有用认知、态度、主观规范、专注、行为控制认知与持续意图存在正相关关系；③确证、有用认知与满意明显正相关；④有用认知、易用认知、娱乐认知与态度正相关；⑤有用认知受确证、易用认知影响
Gumussoy 和 Calisir（2009）/ 76%/ 相关企业员工	TAM, TPB, IDT	兼容性、有用认知、易用认知、主观规范、行为控制认知、行为意图、实际使用	①兼容性与有用认知明显正相关（0.853），兼容性与易用认知正相关；②易用认知对行为意图影响甚微，与有用认知负相关；③行为控制认知与易用认知明显正相关，并直接影响行为意图和实际使用；④有用认知、主观规范直接影响行为意图，同时行为意图与实际使用正相关

续表

研究/解释力/环境/实验对象	理论基础	构念	结果
Lee（2009）/ 80%/ 在线银行用户	TAM, TPB	有用认知、易用认知、绩效风险、社会风险、时间风险、财务风险、安全风险、态度、行为控制认知、主观规范、利益认知、行为意图	①有用认知、易用认知与态度正相关，同时易用认知显著影响有用认知；②绩效风险、社会风险、时间风险、财务风险、安全风险与态度负相关，同时绩效风险与有用认知负相关；③有用认知、利益认知、态度、主观规范和行为控制认知与行为意图正相关；④财务风险、安全风险与行为意图负相关
Lu 等（2009）/ 0.58（高中学生）、0.52（大学生和工作人员）、0.61（池数据）/ 中国用户	TAM, TPB, Flow	有用认知、易用认知、娱乐认知、专注、使用态度、主观规范、行为控制认知、行为意图	①易用认知显著影响有用认知；②娱乐认知显著影响使用态度，有用认知与使用态度正相关；③有用认知、专注、主观规范和行为控制认知与行为意图正相关
Lee（2009）/ 81%/ 网络用户	TAM, TPB	有用认知、易用认知、信任、态度、行为控制认知、主观规范、利益认知、风险认知、行为意图	①有用认知、易用认知、信任、利益认知与态度正相关；②风险认知与态度、行为意图负相关；③易用认知显著影响有用认知与信任；④态度、行为控制认知、利益认知与行为意图存在直接的正相关关系；⑤主观规范对行为意图的影响甚微
Kwahk（2008）/ 73%/ ERP 项目/ 实施了 ERP 项目的企业员工	TAM, TPB	个人技能认知、组织承诺、变革意愿（readiness）、计算机自我效能、有用认知、易用认知、使用意图	①个人技能认知和组织承诺与变革意愿正相关；②变革意愿显著影响有用认知与易用认知；③计算机自我效能直接影响有用认知与易用认知；④有用认知与易用认知能够解释73%的行为意图
Lu（2007）/ 70.41%/ 在线航运企业员工	TAM, TPB	安全保护、有用认知、易用认知、使用意图	①易用认知对行为意图存在直接的影响，而有用认知及安全保护与使用意图的关系没有得到证实；②安全保护对易用认知的影响显著，从而提示安全保护可间接地通过易用认知实现对使用意图的影响；③易用认知与有用认知存在正相关关系
Liao（2006）/ 70%/ 在线服务/ 在线学习的学生	TAM, TPB, EDM	有用认知、易用认知、失验、行为控制认知、用户满意、主观规范、行为意图	①易用认知及主观规范对有用认知存在直接影响；②失验及行为控制认知与易用认知之间呈正相关关系；③有用认知、失验及易用认知直接影响了用户满意；④主观规范、用户满意、有用认知及行为控制认知作为自变量能够解释70%的行为意图

续表

研究/解释力/环境/实验对象	理论基础	构念	结果
Yi（2006）/ 57%/ PDA/ 医生	TAM, TPB, IDT	行为控制认知、易用认知、有用认知、个人创新、结果展示性、印象、主观规范、行为意图	①个人创新与行为控制认知之间呈正相关关系；②个人创新、行为控制认知及结果展示性共同作用于易用认知；③个人创新对结果展示性的影响显著；④个人创新与主观规范之间呈正相关关系；⑤主观规范、印象、结果展示性及易用认知共同作用于有用认知；⑥行为控制认知、有用认知及主观规范能够解释57%的行为意图
Hung（2006）/ 72%/ 电子政务/ 纳税人	TAM, TPB	有用认知、易用认知、风险认知、信任、个人创新、兼容性、自我效能、便利状态、态度、主观规范、行为控制认知、行为意图	①有用认知、易用认知、风险认知、信任及兼容性共同决定了态度；②外部影响、人际影响与主观规范之间呈正相关关系；③自我效能、便利状态对行为控制认知存在显著的影响；④态度、主观规范及行为控制认知能够共同解释72%的行为意图
Luarn（2005）/ 82%/ 移动银行/ 使用者	TAM, TPB	有用认知、易用认知、信用认知、自我效能、经济开销、行为意图	①有用认知、易用认知、信用认知、自我效能、经济开销的共同作用能够解释82%的行为意图；②自我效能与易用认知之间呈正相关关系；③易用认知对有用认知及信用认知有直接的影响；④自我效能通过直接及间接作用能够解释54%的行为意图，换言之，自我效能是影响行为意图最重要的构念
Wu（2005）/ 69%/ 在线税务/ 纳税人	TAM, TPB	有用认知、易用认知、信任、态度、行为控制认知、主观规范、行为意图	①态度、行为控制认知、有用认知、主观规范联合作用于行为意图，能够解释69%的行为意图，其中前两者是主要的，后两者作用甚微；②信任对有用认知、态度、行为控制认知及主观规范存在显著的影响；③易用认知与有用认知、态度及信任之间呈正相关关系；④有用认知对态度的影响甚为显著
Chau（2002）/ 43%/ 远程医疗技术/ 医务人员	TAM, TPB	有用认知、易用认知、态度、行为控制认知、主观规范、行为意图	①有用认知对行为意图及态度存在显著的影响；②易用认知对有用认知及态度的影响极其有限；③主观规范对行为意图的影响可以忽略；④行为控制认知对行为意图的影响显著

4. TAM 与 TRA、TPB 的整合研究整体统计分析

在 TAM、TRA 及 TPB 的整合研究中，我们可以归纳出以下关系：PEOU→PU、PU→AT、PEOU→AT、PU→BI、PEOU→BI、AT→BI、AT→U、BI→U、PEOU→U、PU→U、PBC→BI、PBC→U、SN→BI 及 SN→U。由表3-14和表3-15可以发现这些研究证实了三个模型的主要关系。

第3章 技术接受模型及其研究进展

表 3-14 关系的实证研究

研究	PEOU →PU	PU →AT	PEOU →AT	PU →BI	PEOU →BI	AT →BI	AT →U	BI →U	PEOU →U	PU →U	PBC →BI	PBC →U	SN →BI	SN →U
Lin (2010)	+	+	~	+	~	+	~	+	~	~	~	~	+	~
Lee (2010)	+	+	+	+	~	~	~	~	~	+	~	+	~
Gumussoy (2009)	-	~	~	+	甚微	~	~	+	~	~	+	+	+	~
Lee (2009)	+	+	+	+	~	+	~	~	~	+	~	甚微	~
Lu 等 (2009)	+	+	~	+	~	~	~	+	~	~	+	~	+	~
Hsu 和 Lin (2008)	~	甚微	+	~	~	+	~	~	~	~	~	~	甚微	~
Kwahk (2008)	~	~	~	+	+	~	~	~	~	~	~	~	~	~
Hsu (2007)	+	~	~	+	+	~	~	+	+	+	~	~	~	+
Kim (2007)	+	~	~	~	~	~	~	~	+	+	~	~	~	+
Shih (2004)	+	+	+	~	~	~	+	~	甚微	甚微	~	~	~	~
Vijayasarathy (2004)	~	+	+	甚微	~	+	~	~	~	~	~	~	+	~
Liker (1997)	+	+	+	~	~	甚微	~	~	~	~	~	~	+	~
Lu (2007)	+	~	~	甚微	+	~	~	~	~	~	~	~	~	~
Liao (2006)	+	~	~	+	~	~	~	~	~	+	~	+	~
Yi (2006)	+	~	~	+	~	~	~	~	~	~	+	~	+	~
Hung (2006)	~	+	+	~	~	+	~	~	~	~	+	~	+	~
Luarn (2005)	+	~	~	+	+	~	~	~	~	~	~	~	~	~
Wu (2005)	+	+	+	+	~	+	~	~	~	~	+	~	+	~
Chau (2002)	+	+	+	+	~	+	~	~	~	+	~	甚微	~

+ 影响是正性的；- 影响是负性的；~ 没有测试

表 3-15　相关研究中的关系统计

研究	PEOU→PU	PU→AT	PEOU→AT	PU→BI	PEOU→BI	AT→BI	AT→U	BI→U	PEOU→U	PU→U	PBC→BI	PBC→U	SN→BI	SN→U
正性	14	10	9	12	4	9	1	4	2	2	9	1	10	2
负性	1	0	0	0	0	0	0	0	0	0	0	0	0	0
不显著	0	1	0	2	1	1	0	0	1	1	0	0	3	0
没有测试	4	8	10	5	14	9	18	15	16	16	10	18	6	17

TAM 与 TPB 及 TRA 的整合已经形成了一定的文献量，这些文献为本书的分析提供了坚实的基础，比较表 3-13 和表 3-14 可以发现以下几点（孙建军等，2007）：

（1）TPB 与 TAM 模型整合的解释能力要高于 TRA 与 TAM 模型的整合。从表 3-14 可以发现，解释力最少的研究也在43%，其他则基本上在70%以上，而表 3-13 中一半的研究所展现出来的解释能力基本上在50%以下，有些甚至还不如单独使用 TAM 乐观。这种结果的出现可以从以下视角去考察：TAM 在对 TRA 进行演化时，舍弃了 TRA 中的主观规范，而 TAM 与 TRA 的整合，则主要是把 TRA 中原本就存在的主观规范再纳入整合模型中，不过整合之后模型的解释能力并没有达到人们的预期，那么是否意味着 Davis（1989）的舍弃是可行的呢？还是因为模型中其他构念的影响所导致的呢？这需要大量的实证研究进行验证。不过，表 3-13 及表 3-14 的数据提示在以后基于 TAM 的研究中，应该更多地去关注与 TPB 的整合。

（2）学生作为实验对象的情况已经得到全面的改观。Legris 等（2003）的整合分析表明：以学生为实验对象具有比较容易取得学生的合作、样本容易获取、可以在很大程度上节省开销等优势。不过，Legris 认为以学生为实验对象并不等同于真实的情境，Schepers（2007）的研究也表明以学生作为研究对象对结论有较大影响。表 3-13 及表 3-14 的研究中，除了 Liao（2006）和 Lu 等（2009）之外，其他研究都直接采用真实的用户展开，增加了结论的可信度。

（3）在 TAM、TRA 及 TPB 模型中，可以归纳出以下关系：PEOU→PU、PU→AT、PEOU→AT、PU→BI、PEOU→BI、AT→BI、AT→U、BI→U、PEOU→U、PU→U、PBC→BI、PBC→U、SN→BI 及 SN→U。根据表 3-13 和表 3-14，可以总结出表 3-15 和表 3-16。通过表 3-15 和表 3-16 的分析，可以发现这些研究证实了三个模型中的主要关系。比如，针对 TAM 模型：信念（PU 与 PEOU）是态度的自变量；行为意图的决定变量是 PU 及态度；诸如系统特征等外部变量通过 PU 与 PEOU 的中介作用实现对行为意图的影响。针对 TPB 模型：态度、主观规范及行为控制认知是行为意图的自变量；行为控制认知及行为意图共同作用于使用。在 TRA 中，主观规范与态度决定了行为意图，行为意图是实际使用的自变量。不过，也有研究不完全支持这些结论，比如，多数基于 TAM 的研究都认为有用认知对行为意图存在直接的影响，不过 Vijayasarathy（2004）和 Lu（2007）的研究不支持该结论，这两项研究的实验对象都是在线消费及在线航运的实际使用者，对相关技术的有用性已经了解，因而有用认知不再成为决定用户采纳的主要构念是可以理解的，不过两项研究都牵涉到资金的流动，因而安全性已经成为主要考虑的问题。

(4) 基于相同的技术环境，模型的解释能力差异明显，比如 Shih（2004）与 Vijayasarathy（2004）的研究都是基于在线消费，前者的解释力仅为 20.5%~42.2%，而后者高达 80.2%。分析发现，Shih（2004）的研究中实验对象为很少或者几乎没有使用经验的人员，而后者是实际使用在线消费的人群，从而提示对实际系统的使用经验，以及提高模型的解释能力是非常有帮助的。一个可以理解的原因是当一个实验对象对相关系统/技术缺乏了解时，其在回答问卷时所依赖的信息更多的是直觉。

(5) 自我效能理论与 TAM 进行整合是有意义的。虽然本研究不以自我效能为主要研究主题，但是模型中纳入自我效能的研究都显示出自我效能的积极作用，比如在 Luarn（2005）的研究中，自我效能通过直接及间接的作用可以解释行为意图的 54%，从而提示自我效能不可忽略的作用，已经有更多的文献将自我效能纳入整合模型中（Hasan and Bassam，2006；McFarland and Hamilton，2006）。不过，各个研究中有所不同的是，有的研究将自我效能作为外部变量，而有的研究则使自我效能处于与有用认知及易用认知等同的地位。另外，在模型中纳入 IDT、Flow、ECM 的研究也为模型整合研究提供了更广阔的思路。

(6) 在 Davis 及其合作者提出的 TAM 改进模型 TAM2 及 UTAUT 中被舍弃的态度，在本研究中仍然有一半的研究从不同的角度对其展开研究。并且，研究结果中除了 Liker（1997）的研究显示态度对行为意图的影响甚微之外，大都显示相关关系是正性的，从而提示将态度从 TAM 中舍弃是值得商榷的。

(7) 由于在 TAM 中，行为意图能够决定用户的使用行为已经得到多数研究的认同，从而针对使用的研究甚少，比如 19 项研究中，仅有一项验证了 AT→U，多数研究主要探讨相关构念对行为意图的影响，不过在 2008 年以后，验证 BI→U 的研究有所增加，表明对实际应用的研究越来越重视。

(8) TAM 研究的着眼点是技术的有用及易用，而有用往往与某种特定的任务相关，因而如果将 TAM 应用于非任务型的信息技术接受研究时，相关构念，尤其是有用认知往往需要做一些变化，如在 Hsu（2007）的研究中，研究的技术是在线游戏，此时有用认知被快乐认知所取代。

第4章 任务技术适配模型及其研究进展

4.1 任务技术适配模型研究概况

以 SSCI 和 LISA 数据库作为统计来源,以主题=(Task Fit Technology)and 出版年=(2000-2009)为检索项进行检索,通过阅读文摘,剔除相关性不大的文献,得到相关文献 128 篇,采用文献计量学方法,对这 128 篇文献进行多方面、多角度的归类、整理、统计与分析。

相关文献年份数量分布如表 4-1 所示。从表 4-1 可以得出以下结论:①TTF 仍然是一个热门的研究课题。②有关 TTF 的研究文献量从 2007 年开始迅速增长。2007~2009 年发表的文献数量占文献总量的 62.5%,说明近年来 TTF 的研究已成为信息资源管理、信息系统相关领域研究的热点问题。

表 4-1 相关文献年份数量分布

年份	论文频率	百分比	有效百分比	累积百分比
2009	28	21.9	21.9	21.9
2008	29	22.7	22.7	44.5
2007	23	18.0	18.0	62.5
2006	9	7.0	7.0	69.5
2005	5	3.9	3.9	73.4
2004	16	12.5	12.5	85.9
2003	5	3.9	3.9	89.8
2002	3	2.3	2.3	92.2
2001	4	3.1	3.1	95.3
2000	6	4.7	4.7	100.0
合计	128	100.0	100.0	

作者地区分布如表 4-2 所示。从表 4-2 可以得出以下结论:①作者所属的国家地区分布广泛。128 篇论文分布在 22 个国家和地区。作者分布的广泛从一定程度上说明任务技术适配模型已经被世界众多国家的研究者所了解和接受,具有较大的影响力。②作者的区域分布存在不均衡现象,如北美、欧洲、亚洲地区所占比例较高,而南美洲、非洲地区所占比例相对很小,表明不同地区的研究者对于任务技术适配模型研究的关注程度存在差异。③作者数量排在第一位的是美国,占到有关任务技术适配模型研究论文作者总数的 39.7%。美国作为世界科学技术最发达的国家,在很多研究领域都处于世界主导或领先地

第4章 任务技术适配模型及其研究进展

位,任务技术适配模型的研究也不例外。④中国、中国香港、中国台湾的作者占论文作者总数的 23.4%,排在第二位,说明我国在任务技术适配模型的研究方面已具备一定的实力。

表 4-2 作者地区分布

国家(地区)	论文频率	百分比	有效百分比	累积百分比
美国	51	39.8	39.8	39.8
中国	19	14.8	14.8	54.7
中国台湾	9	7.0	7.0	61.7
加拿大	7	5.5	5.5	67.2
英国	7	5.5	5.5	72.7
澳大利亚	6	4.7	4.7	77.3
荷兰	5	3.9	3.9	81.3
韩国	3	2.3	2.3	83.6
马来西亚	3	2.3	2.3	85.9
新加坡	4	3.1	3.1	89.1
意大利	2	1.6	1.6	90.6
中国香港	2	1.6	1.6	92.2
其他10国	10	7.8	7.8	100.0
合计	128	100.0	100.0	

注:其他10国是指牙买加、希腊、西班牙、土耳其、瑞士、挪威、南非、德国、丹麦、巴基斯坦,每个国家一篇

研究方法分布如表 4-3 所示。从表 4-3 可以看出以下几点:①TTF 研究的论文大部分都采用实证研究方法,占总数的 32%;其次是构建概念型,占 21.9%。②同时,调查研究、案例研究、试验研究应用较多,而说明型的研究论文很少,只有 4 篇。③总体来说,国际上对 TTF 的研究方法多样,而且都比较规范。

表 4-3 研究方法分布

研究方法	论文频率	百分比	有效百分比	累积百分比
实证研究	41	32.0	32.0	32.0
构建概念型	28	21.9	21.9	53.9
概念应用	24	18.8	18.8	72.7
调查研究	11	8.6	8.6	81.3
案例研究	7	5.5	5.5	86.7
实验研究	5	3.9	3.9	90.6
说明型	4	3.1	3.1	93.8
模型优化	4	3.1	3.1	96.9
开发新工具	1	0.8	0.8	97.7
其他方法	3	2.3	2.3	100.0
合计	128	100.0	100.0	

应用领域分布如表4-4所示。

表4-4 应用领域分布

应用领域	论文频率	百分比	有效百分比	累积百分比
信息系统、网站等	29	23.2	23.2	23.2
电子商务	20	16.0	16.0	39.2
企业	15	12.0	12.0	51.2
医疗	11	8.8	8.8	60.0
移动技术	11	8.8	8.8	68.8
教育、网络学习	11	8.8	8.8	77.6
信息交流	7	5.6	5.6	83.2
网络信息资源利用	5	4.0	4.0	87.2
软件开发、利用	4	3.2	3.2	90.4
航空	2	1.6	1.6	92.0
其他领域	10	8.0	8.0	100.0
合计	125	100.0	100.0	

注：①信息系统包括知识管理系统、群体支持系统、决策支持系统、计划支持系统、ERP等；②网络信息资源利用中有一篇文献涉及网络学术信息资源利用；③电子商务包括移动商务、网络购物、网络拍卖、网络销售等；④信息交流包括计算机通信、博客及其他计算机与人之间的交流；⑤其他领域是指应急管理、语音识别、会计、旅游、住房建设、工具箱利用等10个领域

在国内TTF的研究追踪中，以CNKI数据库作为统计来源，以①题名包含"TTF"或者"Task Fit Technology"；②题名包含"任务技术适配模型"或"任务技术匹配模型"；③关键词包含"TTF"或者"Task Fit Technology"；④关键词包含"任务技术适配模型"或"任务技术匹配模型"等为检索项进行检索，共获得相关文献23篇（表4-5）。而且从表4-5中，可以看出以下几点。①国内研究TTF模型的相关研究论文总共23篇，研究尚处于起步阶段。②第一篇涉及TTF模型研究的论文出现在2003年（概念引入），而真正的相关研究是从2006开始（实证研究）的。③早期的研究方法主要为说明型，从2007年起开始侧重于采用实证研究与构建概念对TTF在网络信息资源利用、网上购物、电信、教育等行业的适用性进行研究。

表4-5 国内TTF模型研究论文

题目	作者	文献年份	应用领域	研究方法
基于TAM和TTF模型的教师信息技术接受模型研究	任秀华	2009	教育	构建概念型（TAM和TTF）
整合TTF与UTAUT视角的移动银行用户采纳行为研究	周涛等	2009	银行	实证研究
网络信息资源利用效率评价模型、方法及实证研究	熊晓元和孙艳玲	2009	农业	实证研究
移动营销：基于短信息服务的消费者接受实证研究	何德华和鲁耀武	2009	电信	实证研究

第 4 章 | 任务技术适配模型及其研究进展

续表

题目	作者	文献年份	应用领域	研究方法
基于 TAM/TTF 整合的网络信息资源利用效率模型与指标框架研究	李明等	2009	网络信息资源评价	构建概念型（TAM 和 TTF）
影响信息技术接受的关键因素研究——以教育信息技术为例	彭连刚	2009	教育	实证研究
基于 TTF 的企业移动支付采纳行为研究	曹媛媛	2008	商务（移动支付）	案例研究
移动商务技术接受问题的研究述评	何德华和鲁耀斌	2008	商务	说明型
计算机自我效能、任务-技术适配对网络学术信息资源利用的影响	李宝强和孙建军	2008	网络信息资源利用	构建概念型 TTF
企业信息化过程中的员工行为	袁同山等	2008	商务	构建概念型（TRA、TAM、TTF）
基于 TAM 扩展模型的用户网络学术信息资源利用初探	李宝强等	2008	网络信息资源利用	构建概念型（TAM 和 TTF）
网络信息资源利用效率的模型研究——基于 TAM/TTF 模型	雷银枝等	2008	网络信息资源评价	构建概念型（TAM 和 TTF）
Mobile Technologies Adoption: An Exploratory Case Study	褚燕和黄丽华	2008	电信	构建概念型 TTF
基于 IDT/TTF 整合模型的企业移动服务采纳实证研究	邓朝华等	2008	电信	构建概念型（IDT 和 TTF）
TTF 模型的研究进展综述	曾雪鹏	2008		说明型
基于 TTF 模型的网络信息资源利用效率研究	董珏	2008	网络信息资源利用	说明型
基于 TAM 与 TTF 整合模型分析网络信息资源利用	叶晓飞	2008	网络信息资源利用	构建概念型（TAM 和 TTF）
消费者网上购物行为的实证研究	董铁牛等	2007	网上购物	构建概念型（TAM 和 TTF 和 PR）
基于 TTF 的不同类型的组织移动商务采纳案例研究	鲁耀斌等	2007	商务	案例研究
搜索引擎用户使用意向之探讨	潘杰峰	2006	网络信息资源利用	说明型
基于 TAM/TTF 整合模型的企业实施 ERP 研究	高平等	2006	商务	说明型
论信息系统效用及其影响因素	谢新洲和申宁	2003	网络信息资源评价	说明型

4.2 任务技术适配模型的理论来源

一般认为,任务技术适配模型的理论来源有信息系统成功模型、技术效果链模型等理论模型。

4.2.1 信息系统成功模型

美国学者 DeLone 和 McLean（1992）分析了 180 篇有关信息系统成功度量的论文,在此基础上提出了信息系统成功模型,如图 4-1 所示。

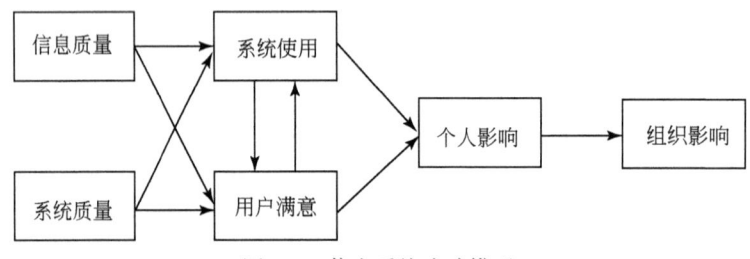

图 4-1 信息系统成功模型

信息系统成功模型的六种维度内容如下：①系统质量（system quality）,包括信息系统本身的稳定性、响应时间、易用性等指标。②信息质量（information quality）,包括系统所产生的信息的有效性、及时性、准确性等指标。③系统使用（system use）,包括系统使用的时间、频率及使用信息的数量等指标。④用户满意度（user satisfaction）,包括管理者满意度或总体满意度指标。⑤个人影响（individual impact）,包括对于员工个人或管理者在工作中效率的促进等指标。⑥组织影响（organizational impact）,包括财务方面指标的改善或者是成本、资金周转时间、库存量等的降低；生产效率、服务效率、产品质量等指标的改善；战略竞争优势的保持和加强。虽然组织影响是信息系统成功的最终目标,但由于很难判定哪些是信息系统的贡献,所以学术界一直避免直接测度组织影响。

这六种维度的相互关系如下：①系统使用和用户满意共同影响个人,并间接对组织产生影响；②系统使用和用户满意之间的交互影响,这种影响可能是正面的,也可能是负面的；③系统使用和用户满意均受系统质量和信息质量的共同影响。

DeLone 和 McLean（2003）在提出 D&M 模型的 11 年后,又进一步提出了更新的信息系统成功模型,如图 4-2 所示。

DeLone 和 McLean 认为,组织中的信息技术部门扮演了信息提供者和服务提供者的角色,因此,服务质量也应该是信息系统成功的维度之一,所以在模型中加入了新的变量：服务质量（service quality）。此外,新模型中引入的变量——净收益（net benefits）是对个人影响和组织影响两个维度的归纳,而且还包括了更多层次的社会影响、行业影响等。DeLone 和 McLean 提出的信息系统成功模型成为很多学者深入研究的对象,著名的 TPC 模型就是依据这一模型由 Goodhue 和 Thompson 提出的。

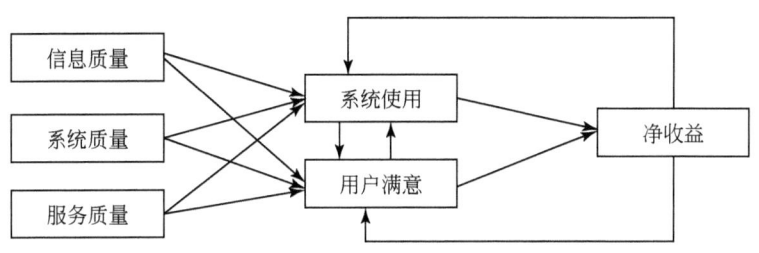

图 4-2 更新的信息系统成功模型

4.2.2 技术效果链模型

1995 年，Goodhue 和 Thompson 提出了技术效果链模型（technology-to-performance chain，TPC）（曾雪娟，2008），其变量和分析框架如图 4-3 所示（徐博艺等，2005）。模型指出，信息技术的采用及与用户任务的匹配对个体的行为会产生促进作用。

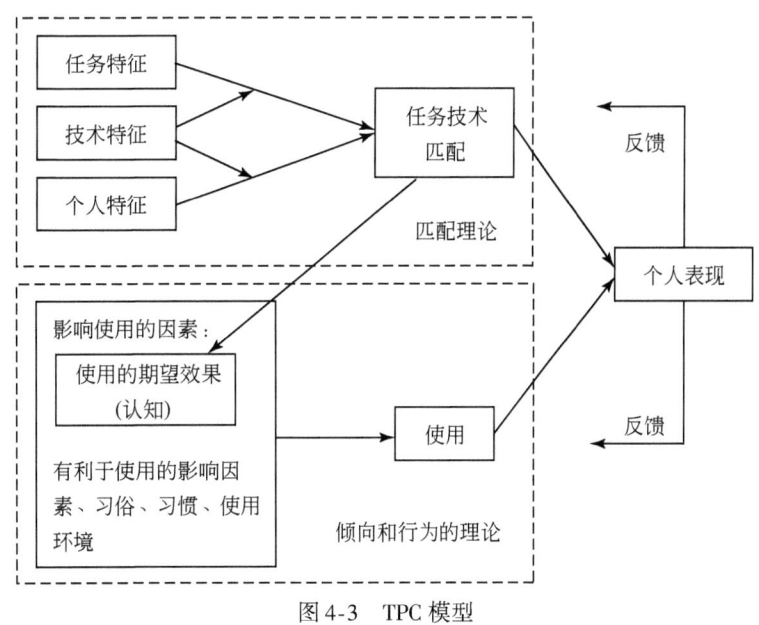

图 4-3 TPC 模型

4.3 任务技术适配模型的提出

Goodhue 和 Thompson（1995）较早地研究了信息系统和使用者个人行为之间的关系，认为任务特征与技术特征的一致性是影响信息系统与绩效之间的关系的源头，从而提出了任务技术适配的初始模型，该模型如图 4-4 所示。

研究结果显示，信息系统的使用及其利用效果在很大程度上取决于任务–技术适配，这也成为 TTF 模型的核心思想。TTF 的原始模型认为"任务特征"和"技术特征"共同

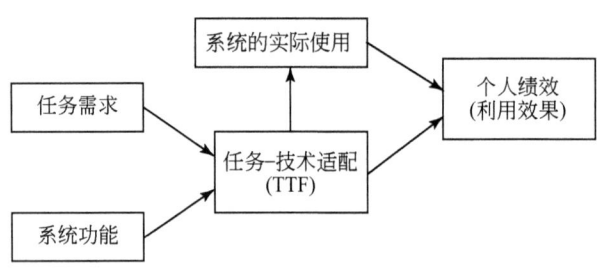

图 4-4　任务技术适配模型原型

影响"任务技术匹配",进而影响使用绩效。随后的研究发现,"个体特征"也影响任务技术的匹配性,进而影响使用绩效,因而最终形成的 TTF 模型,见图 4-5。

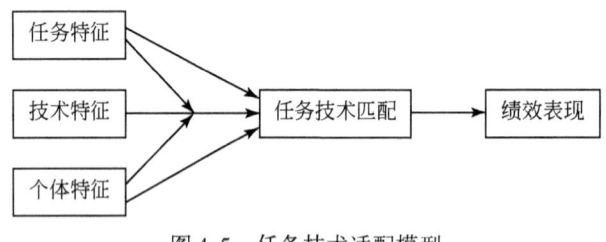

图 4-5　任务技术适配模型

4.4　任务技术适配模型的扩展和整合

随着 TTF 模型的应用,其存在的不足也逐渐显现出来,因此,对 TTF 模型的扩展和整合逐步开展起来。

4.4.1　通用性扩展

1. Mathieson 和 Keil 的假设

Davis 等的研究中已经说明了对信息系统的使用意愿会受到易用认知的影响,但有哪些因素影响了易用认知,是需要深入研究的一个问题。Kieran 和 Mark(1998)认为,技术适配应该和易用认知联系起来,而应不仅仅考虑用户界面,并提出了三条假设:①信息技术和任务之间的适配影响易用认知;②易用认知不受任务单独的影响;③易用认知不受信息技术单独的影响。

2. Dishaw 和 Strong 的整合模型

1) TAM/TTF 整合模型

TAM 模型主要考虑用户的主观信念和态度,而 TTF 侧重于技术本身与任务需求的匹配,两者的整合可以弥补其缺陷。Dishaw 和 Strong(1999)于 1999 年对两个模型进行整合，构建的整合模型如图 4-6 所示。随后他们又用实证证明 TAM/TTF 整合模型在解释和预测信息技术用户接受行为方面比单独使用这两个模型要更加合理和有效。

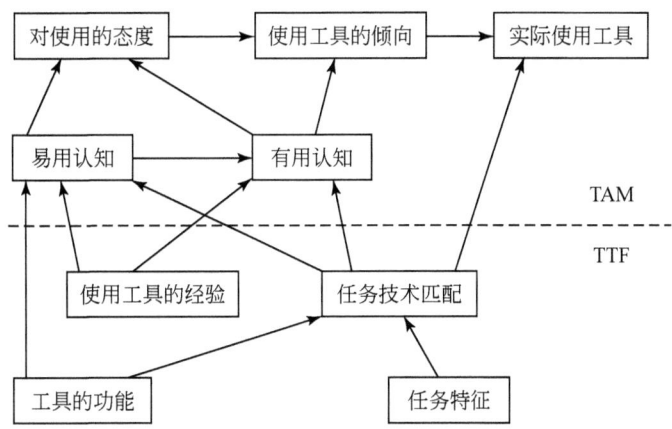

图 4-6　Dishaw 和 Strong 提出的 TAM/TTF 整合模型

2）CSE/TTF 的整合模型

Dishaw 和 Strong（2002）又继续对 TTF 模型进行扩展，于 2003 年将计算机自我效能（CSE，computer self-efficacy）与 TTF 模型结合在一起，提出了一个新模型，如图 4-7 所示，图中的虚线箭头表示模型扩展后建立的新连接关系。

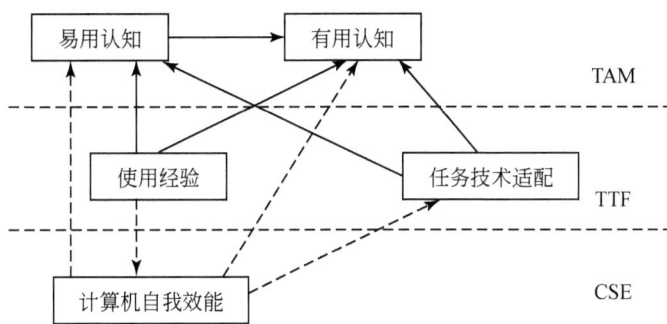

图 4-7　结合 CSE 的 TTF 扩展模型

3. Kwahk 的整合模型

Kwahk（2003）认为，TAM 缺少对任务和组织的关注，而只关心用户的态度倾向，因此他提出了 TAM 和 TTF 整合后的新模型，如图 4-8 所示。

这个整合模型和 TTF 模型的不同之处是其纳入了组织技术适配，即除了考虑任务和技术的匹配之外，还考虑了组织中的各种条件是否与技术适配。

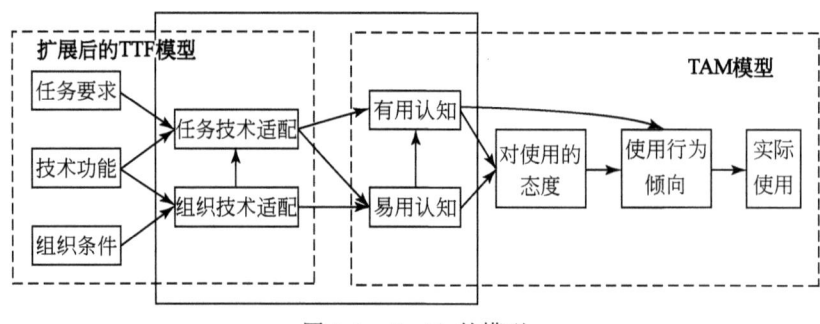

图 4-8　Kwahk 的模型

4.4.2　专用性扩展

1. Sun 和 Zhang 的模型

Markus 和 Robey（1988）提出的"因素结构"方法，从方法层面探讨用户信息需求。Sun 和 Zhang（2004）借鉴 Markus 和 Robey 的研究框架，将 CSE、TAM 和 TTF 重新整合，提出了一个新的模型，如图 4-9 所示。

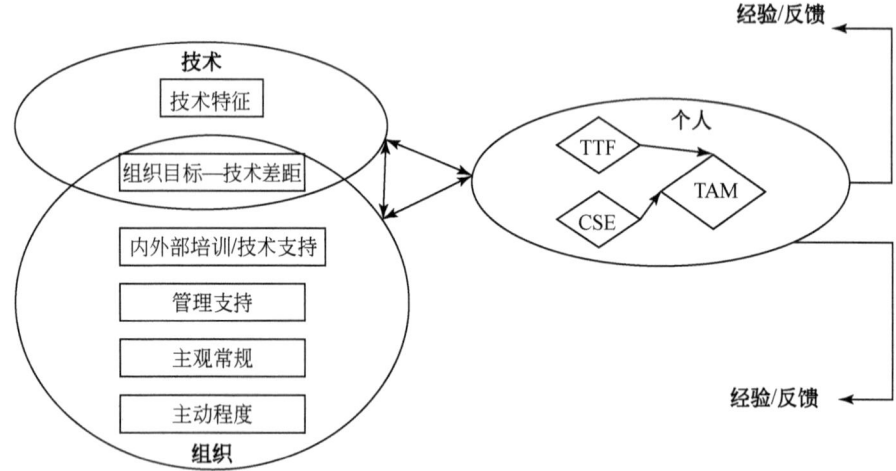

图 4-9　Sun 和 Zhang 的模型

2. Ambra 和 Wilson 的模型

Ambra 和 Wilson（2004）考虑到不确定性的存在，提出技术绩效模型，即 TTP 模型，如图 4-10 所示。TTP 模型适应于各种自愿使用的技术，使用者不是被动，而是自发的使用。

|第 4 章| 任务技术适配模型及其研究进展

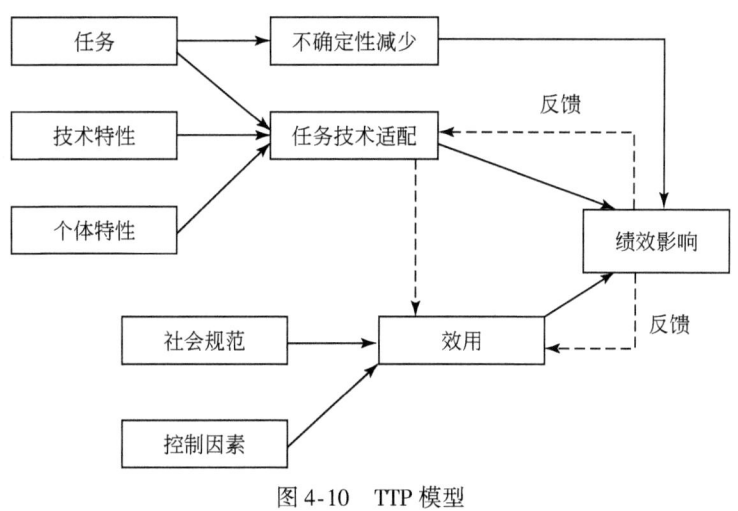

图 4-10　TTP 模型

第 5 章 技术接受模型与任务技术适配模型整合研究

正如 Dishaw 和 Strong（1999）所言，TAM 和 TTF 模型研究了用户选择信息技术时的两个不同视角：TAM 考虑的是用户的态度和行为，认为用户的信念和态度更能影响信息系统的使用；TTF 则认为用户对信息系统的使用更多的是参考信息技术对工作绩效的改进，因而考虑的最主要的变量是信息技术使用的受益。正源于此，技术接受模型与任务技术适配模型在实证研究中也被整合使用。

5.1 技术接受模型与任务技术适配模型整合研究概况

以 SSCI 和 LISA 数据库作为统计来源，以主题 =（Technology Accept Model and Technology Task Fit）or 关键词 =（Technology Accept Model and Technology Task Fit），日期范围为 2000~2009 年进行检索，再通过阅读文摘，剔除相关性不大的文献，得到 51 篇相关文献。

从研究时间的分布来看，同时研究 TAM 与 TTF 的论文在 2007 年和 2008 年出现了高峰，2007~2009 年发表的文献数量占文献总量的 68.6%。尤其是 2007 年，相对 2006 年有了较大增长（表 5-1）。

表 5-1 相关文献年份数量分布

年份	论文频率	百分比	有效百分比	积累百分比
2009	6	11.8	11.8	11.8
2008	12	23.5	23.5	35.3
2007	17	33.3	33.3	68.6
2006	3	5.9	5.9	74.5
2005	2	3.9	3.9	78.4
2004	6	11.8	11.8	90.2
2003	2	3.9	3.9	94.1
2002	1	2.0	2.0	96.1
2001	1	2.0	2.0	98.0
2000	1	2.0	2.0	100.0
合计	51	100.0	100.0	

从研究作者的国别分布看，51 篇论文分布在 13 个国家和地区，作者数量排在第一位

的是中国内地、中国香港,占到研究论文作者总数的 31.4%;其次是美国,占 25.5%,说明我国对 TAM 与 TTF 模型的整体研究已具备一定的实力。其中,构建模型并进行规范化实证分析的论文有 6 篇,如表 5-2 所示。

表 5-2 作者地区分布

国家和地区	论文频率	百分比	有效百分比	积累百分比
中国内地、中国香港	16	31.4	31.4	31.4
美国	13	25.5	25.5	56.9
韩国	4	7.8	7.8	64.7
中国台湾	3	5.9	5.9	70.6
加拿大	3	5.9	5.9	76.5
澳大利亚	3	5.9	5.9	82.4
荷兰	2	3.9	3.9	86.3
马来西亚	2	3.9	3.9	90.2
印度	1	2.0	2.0	92.2
意大利	1	2.0	2.0	94.1
新加坡	1	2.0	2.0	96.1
挪威	1	2.0	2.0	98.0
比利时	1	2.0	2.0	100.0
合计	51	100.0	100.0	

从研究方法看,实证研究和模型研究占 90% 左右,如表 5-3 所示。

表 5-3 研究方法分布

研究方法	论文频率	百分比	有效百分比	积累百分比
模型构建、优化	25	49.0	49.0	49.0
实证研究、分析	20	39.2	39.2	88.2
问卷调查	3	5.9	5.9	94.1
假设验证	2	3.9	3.9	98.0
数学方法	1	2.0	2.0	100.0
总计	51	100.0	100.0	

从应用领域来看,TAM 与 TTF 整合研究绝大多数都涉及具体的应用领域,且应用领域广泛,51 篇论文涉及电子商务、信息系统、移动商务、用户服务等 10 多个应用领域;其中 51 篇文献中有 14.3% 的研究应用于电子商务领域(包括网上销售、在线购物、在线拍卖等),如表 5-4 所示。

表 5-4 应用领域分布

应用领域	论文频率	百分比	有效百分比	积累百分比
信息系统	14	28.6	28.6	28.6
电子商务	7	14.3	14.3	42.9
移动商务	6	12.2	12.2	55.1
用户服务	4	8.2	8.2	63.3
教育信息化	3	6.1	6.1	69.4
信息资源利用	2	4.1	4.1	73.5
网络信息	2	4.1	4.1	77.6
企业管理	2	4.1	4.1	81.6
知识管理	2	4.1	4.1	85.7
信息交流	2	4.1	4.1	89.8
旅游信息化	1	2.0	2.0	91.8
图书馆网站	1	2.0	2.0	93.9
数据服务	1	2.0	2.0	95.9
WEB 信息服务	1	2.0	2.0	98.0
信息技术	1	2.0	2.0	100.0
合计	49	100.0	100.0	

在国内研究中，以 CNKI 数据库作为统计来源，以①题名包含"TAM TTF"或者"Technology Accept Model Task Technology Fit"；②题名包含"技术接受模型 任务技术适配"；③关键词包含"TAM TTF"或者"Technology Accept Model Task Technology Fit"；④关键词包含"技术接受模型 任务技术适配"等为检索项进行检索，获得相关文献，再通过阅读文摘及全文的方式，剔除相关性不大的文献，获得国内研究技术接受模型的相关文献共 11 篇，如表 5-5 所示。

表 5-5 TAM/TTF 整合研究

题名	文献年份	应用领域	研究方法
基于 TAM 扩展模型的用户网络学术信息资源利用初探	2008	信息资源利用	构建模型
移动服务用户采纳模型及其实证研究	2008	移动商务	实证研究
网络信息资源利用效率的模型研究——基于 TAM/TTF 模型	2008	信息资源利用	构建模型
基于 TAM/TTF 整合模型的企业实施 ERP 研究	2004	企业 ERP	构建模型
基于 TAM 和 TTF 模型的教师信息技术接受模型研究	2009	教育信息技术	构建模型
基于 TAM/TTF 整合的网络信息资源利用效率模型与指标框架研究	2009	信息资源利用	构建模型
搜索引擎用户使用意向之探讨	2006	网络信息	逻辑论述
基于 TTF 的不同类型的组织移动商务采纳案例研究	2007	移动商务	案例研究
消费者网上购物行为的实证研究	2007	电子商务	构建模型
基于 TAM 与 TTF 整合模型分析网络信息资源利用	2008	信息资源利用	构建模型、假设验证
论信息系统效用及其影响因素	2003	信息系统	构建模型

5.2 技术接受模型与任务技术适配模型的适应性

5.2.1 技术接受模型的适应性

1. TAM 与 TRA、TPB 相比更有代表性、可操作性和应用价值

1) TAM 与 TRA 的比较

TAM 的两个变量（易用认知和有用认知）比 TRA 的两个相应变量（对行为结果的信念和评估）更具体化、更易理解和测量。另外，TAM 去掉了 TRA 中的主观性规范变量。一些研究者认为，主观规范可能会由于内化和认同过程而通过态度来间接地影响使用意向，也可能会通过遵从（compliance）而直接影响使用意向（Warshaw，1980），然而，这两种影响在实际研究与测量中又都很难区分和辨别；鉴于主观性规范在理论和心理测量上的不确定性状况，TAM 舍弃了这一变量。

2) TAM 与 TPB 的比较

TAM 舍弃了 TPB 的主观规范、态度和其独有的行为控制认知变量，增加了易用认知和有用认知两个变量。其中，行为控制认知对使用意图是否具有显著的影响，要视用户在执行特定行为时是否具有对自己行为的完全控制能力而定（Dishaw and Strong，1999）。在用户能完全控制其信息系统使用行为的情况下，舍弃行为控制认知可以使模型变得简洁，却不会损害模型的解释能力。

从以上分析可以看出，TAM 是在 TRA 的基础上针对信息系统用户接受的特定研究情境而构建的一个具体化的解释模型，其具体而精炼的形式，使其与 TRA、TPB 等其他用户接受理论相比，显得更有代表性、可操作性和应用价值。简言之，相对 TRA 及 TPB，TAM 的这些改动使模型更加简化、容易理解；国外许多信息系统用户使用行为的实证研究结果也表明，与 TRA 或 TPA 相比，TAM 精炼的形式并没有妨碍其对用户使用行为的解释能力。

另外，TAM 中的信息系统并不专指类似 ERP 这类特定的信息系统，而是广义上进行信息处理或传输的系统。所以，TAM 可以用来解释广义信息系统的使用行为，具有较广的适用性。

2. TAM 的适用性已得到众多实证的支持

TAM 早期常用于解释软件开发工具、办公自动化软件、商务应用软件及管理信息系统等信息技术与系统在工作场所的使用（Legris et al.，2003）。近年来，学界将 TAM 或其扩展模型应用在某些 web 信息系统中。例如，Moon 和 Kim（2001）研究了普通门户网站使用中 TAM 的适用性，得出有用认知、易用认知及趣味认知影响用户对门户网站的使用的结论；Lederer 等（2000）研究了 TAM 在用户使用网络新闻组行为中的适用性，发现信息质量、网站设计的易理解性与易发现性等外部变量通过有用认知和易用认知影响用户对网络新闻的使用；Selim（2003）研究了 TAM 在大学生使用课程网站状况行为中的适用性，发现有用认知和易用认知是影响学生使用课程网站的关键因素。

这些实证研究的对象不同，因而从不同的侧面反映了 TAM 在 web 信息系统使用上的解释和预测能力。总体而言，TAM 从行为科学角度解释信息技术的采用已经获得了广泛的成功，这一理论能够普遍应用于信息科技领域，解释和预测各种信息系统的使用。网络信息资源系统也是信息系统之一，用户的网络信息资源系统的使用行为与使用状况理应能够借鉴 TAM 来进行解释和预测，并进而为网络信息资源的利用效率研究提供坚实的理论保障。

5.2.2 任务技术适配模型的适应性

与 TTF 模型相比，TAM 更多地关注用户信念和态度，对用户任务的关注比较少，而 TTF 模型既考虑了技术功能，又考虑了任务需求，以及两者的适配对用户使用的影响。Goodhue 等指出技术特性与任务特性之间是否有良好的适配是决定工作绩效良好与否的一个主要变量，基于该思想提出的 TTF 模型描述了任务特性与技术特性和效率之间的关系，用于解释信息技术对工作任务的支持能力。网络信息用户是指使用网络信息资源管理系统的人群，如果将 TTF 模型中的技术具体化为网络信息资源管理系统特性，则 TTF 模型对网络信息资源的利用效率研究可以提供积极的支持。

5.3 技术接受模型与任务技术适配模型整合的必要性

在信息系统的使用中，用户、任务和技术三者之间是交互影响的。而如前面的论述，TAM 与 TTF 两个模型分别从用户、任务和技术的不同角度来解释和预测信息技术的使用行为。整合这两个模型形成一个描述网络信息资源利用效率影响因素及影响方式的完整模型会更符合研究的实际情况。

5.3.1 技术接受模型的不足

如前所述，TAM 认为有用认知和易用认知是使用信息技术的主要变量，结构严谨、高度有效和可靠、应用简单、较具普遍性，因而能有效预测用户对信息技术的接受和使用，并得到众多实证研究的支持，成为用户接受信息系统的最有影响的研究模型之一。但是，TAM 也存在着以下不足（孙建军等，2007）：

（1）TAM 中的主要变量是有用认知和易用认知，关注的是个人的心理行为。而信息技术是协助用户完成特定任务的，因而需要考虑技术本身对用户任务的支持。

（2）TAM 在理解技术使用时，没有考虑到用户的个体差异和对任务的认知差异。而有用认知和易用认知虽然隐含了一些任务的特征，但只是将用户的认知特征简单化。

（3）TAM 对外部变量的解释比较模糊，尽管 Davis 也指出外部变量包括系统特性、训练、系统设计阶段的使用者介入、系统设置过程的性质等，不过还是较为笼统，因为有些外部变量影响有用认知的评估，有些则影响易用认知的评估，因此无法从 TAM 中找出稳固的外部变量。

（4）TAM 只能够解释用户行为意图的 40%~60%，还有接近一半的相关影响因素不能从该模型中找到阐释。

（5）原始的 TAM 为解释或预测信息技术使用提供了一个普适框架，但是由于信息技术的类型非常广泛，研究者在具体应用中，也都根据实际情境对 TAM 进行了不同程度的扩展，原始的 TAM 已经很少被单独使用。

（6）许多学者都提出 TAM 舍弃主观规范是一个缺陷，因为在组织及社会情境中，用户很容易受到周围关键人群的影响，主观规范是一个不可忽视的变量。

5.3.2 任务技术适配模型的不足

任务特性被 TTF 模型明确地包含其中，正如一些学者所指出的那样，TTF 通过关注任务、任务-技术适配对信息系统使用的影响而补充或扩展了 TAM（Klopping and Mckinney，2004）。

但 TTF 模型也并非尽善尽美，在该模型中，任务-技术适配和用户信息系统使用行为之间缺少一个相互联系，因而无法反映出任务-技术适配作用于个人行为的内在机制。要克服这一不足，就必须找出任务-技术适配影响用户信息系统使用的方式。显然，TAM 的适用性恰恰就考虑了用户的有用认知、易用认知和使用意图对使用行为的影响。

5.4 技术接受模型与任务技术适配模型整合的可行性

学者对 TAM 的扩展主要包括以下四种基本的方向（孙建军等，2007）：①引进对外部变量的研究，比如在 TAM 中增加用户使用经验、个人计算机自我效能、信任等外部变量。②与其他理论和模型的整合，主要有 TTF、IDT、TPB、用户满意及自我效能等。③增加部分中介变量，如性别、文化及技术特征等。④增加对后继使用效率的测评，如态度、有用认知及实际使用等。

在 Science Direct 数据库中采用题名、文摘及关键词为检索项，以 Technology Acceptance Model 和 Technology Task Fit 为检索词，进行与运算，得到文献列表后，通过阅读文摘及全文的方式获得 TAM 与 TTF 整合研究的相关文献，如表 5-6 所示。

表 5-6 TAM 与 TTF 的整合研究

研究/解释力/环境/实验对象	理论基础	构念	结果
Dishaw 和 Strong（1999）/36%/程序员	TAM，TTF	使用态度、行为意图、有用认知、易用认知、实际行为	①易用认知显著影响有用认知；②有用认知与使用态度、行为意图和实际行为直接正相关，其中，有用认知显著影响使用态度（0.93）；③使用态度与行为意图明显正相关（0.72）；④行为意图与实际行为直接正相关

续表

研究/解释力/环境/实验对象	理论基础	构念	结果
Wu 等（2005）/32%/开发人员	计算机自我效能 TAM, TTF, TRA	个体因素（计算机自我效能、计算机娱乐）、内部因素（主观规范、管理支持、内部计算支持与培训）、外部因素（外部计算支持与培训、网络外部性）、系统因素（TTF）、易用认知、有用认知、实际使用	①计算机自我效能、主观规范、内部计算支持与培训、网络外部性、TTF 与易用认知直接正相关；②主观规范与有用认知直接正相关；③有用认知、易用认知、计算机娱乐显著影响实际使用
Pagani（2006）/80.7%/美国和欧洲五个国家的公司	TAM, TTF	数据关联性、技术适用性、客户满意度、传输速率、收益评估、企业生产力、企业效能、采纳决策	①数据关联性、技术适用性、客户满意度、传输速率、企业生产力、企业效能与收益评估直接正相关，其中，客户满意度对收益评估的影响不明显；②收益评估与采纳决策明显正相关；③传输速率直接影响数据关联性；④企业效能对客户满意度、企业生产力、收益评估影响不显著
Chang（2008）/在线拍卖消费者	TAM, TTF	时态持续、适应性、目标导向、学习能力、在线拍卖的任务特性、代理商技术特性、TTF、娱乐认知、易用认知、有用认知、风险认知、行为意图	①TTF 与娱乐认知、易用认知、有用认知正相关，TTF 与风险认知负相关；②时态持续、适应性、目标导向、学习能力直接影响 TTF；③易用认知与娱乐认知、有用认知正相关；④有用认知与风险认知负相关；⑤娱乐认知、易用认知、有用认知显著影响行为意图

TAM 与 TRA、TPB 整合开展的实证研究前面已详述，结果表明，TAM 与 TRA、TPB 的整合效果都较好，尤其是 TAM 与 TPB 的整合模型解释力更强，但相关的研究非常多。而 TAM 与 TTF 模型整合的实证研究如表 5-6 所示数量还较少，但都有比较好的解释力，如 Pagani（2006）的实证研究中的整合模型解释力较高，说明 TAM 与 TTF 模型整合还需要在更多的领域进行实证分析，探索更合理的整合模型，从而扩大其通用性。在实证方面，Klopping 和 Mckinney（2004）证实了整合模型可以有效地解释电子商务网站的应用；Dishaw 等将整合模型、TAM、TTF 三者进行了比较，认为整合能更好地解释信息系统在工作中的应用。

综上所述，有关 TAM 与 TTF 的研究很多，并得到了国内外很多学者的认同，两个模型的侧重点不同，且研究的视角具有互补作用，整合二者则能充分取长补短，能够更好地解释和预测信息系统利用效率。因此，我们可以将 TAM 与 TTF 模型进行整合，构建出更有效的网络信息资源利用效率的研究模型。

第6章 网络信息资源利用效率模型与研究假设

6.1 网络信息资源利用理论模型构建

6.1.1 网络信息资源用户接受与利用基础模型

以 TAM 与 TTF 两个较成熟的模型为理论基础,通过分析、选择、剔除和引申,将其整合为一个能够更好地解释网络信息资源利用效率影响因素的基础理论模型。

TAM 是一个解释和预测各种信息系统使用的通用模型,它并非只适用于某一种具体的研究对象和研究情境,因而有必要根据具体研究情境作相应改动。研究首先构建网络信息资源利用的基础模型,如图 6-1 所示。

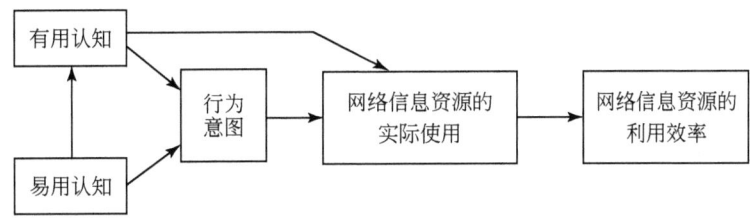

图 6-1 网络信息资源利用基础模型

对 TAM 的主要修改如下。

(1) 剔除了使用态度变量。Davis 等实证研究认为,有用认知和易用认知可以直接作用于使用意图,而态度作为中介变量的作用并不显著(Davis et al.,1989)。因而,随后的许多研究者都舍弃了态度这一概念(Davis and Venkatesh,1996;Lederer et al.,2000;Pavlou,2003;Teo et al.,1999;Venkatesh and Morris,2000;Venkatesh and Davis,2000;Gefen and Straub,2000;Venkatesh et al.,2003;Wu et al.,2005)。我们采纳了这一意见。

(2) 认为有用认知与网络信息资源的实际使用之间存在一条直接路径。Klopping 和 Earl(2004)在研究电子商务时曾在模型中增加过类似的路径,并验证了这条路径。和使用电子商务网站类似,这种影响关系也存在于用户利用各种网络信息资源的场合。

(3) 认为用户的网络信息系统的实际使用直接影响其网络信息资源利用效率,从而基础模型的结果变量(outcome variable)包括用户网络信息资源利用效率及其信息系统的实际使用。

(4) 此外,该基础模型暂未包含原 TAM 的外部变量。这是因为用户使用信息系统的情境不同，对其易用认知和有用认知产生影响的外部因素（变量）也不同；对其中可能的外部因素，需要结合信息系统的使用情境才能给出定义。

6.1.2 基于 TTF/TAM 整合的网络信息资源利用效率模型

自 20 世纪 70 年代 Fishbein 等提出理性行为理论以来，许多学者对用户使用不同类型信息系统的行为进行了大量研究，其中提出了许多外部变量及中介变量，这些变量大致可以分为以下几类。

（1）表征用户个体特征或个人能力的变量，如计算机自我效能（computer self-efficacy）(Strong et al., 2006)、计算机知识与网络知识（D'Ambra and Ronald, 2001)、计算机素养（computer literacy）、行为控制认知（perceived behavioral control）(Ajzen and Madden, 1986)、工具或系统经验（tool experience）(Dishaw and Strong, 1999; Thompson and Higgins, 1994; Sawyer and Guinan, 1998)。

（2）表征社会性影响的变量，如社会性规范（social norms）与关键人群的影响（critical mass）(Hsu and Lu, 2004)、主观性规范（subjective norm）(Davis et al., 1989)、意像（image）(Venkatesh and Davis, 2000)。

（3）表征用户心理认知的变量，如信任、风险认知（perceived risk）与网站经营者的声誉（reputation）(Pavlou, 2003)、沉浸（flow）(Hsu and Lu, 2004)、趣味性（playfulness）或乐趣（enjoyment）(Moon and Kim, 2001; Wu et al., 2007)。

（4）表征信息系统功能及系统功能与用户任务匹配关系的变量，如任务特性、技术特性及任务-技术适配（Goodhue and Thompson, 1995)、系统可视化与个性化设计（Lee et al., 2003)、信息丰富度与网站设计的可用性（Chen and Tan, 2004)、系统所含信息的质量、系统（网站）设计的易理解与易发现（Lederer et al., 2000)、兼容性（compatibility）(Chen et al., 2002; Wu and Wang, 2005)、产出质量（output quality）与结果显见性（result demonstrability）(Venkatesh and Davis, 2000)、工作相关性（job relevance）(Venkatesh and Davis, 2000)。

（5）表征系统使用环境或使用条件的变量，如促动条件（facilitating conditions）(Thompson et al., 1991)、网络通信状况。

（6）表征信息系统（资源）使用成本（Wu and Wang, 2005）的变量。

上述 6 类变量基本涵盖了影响用户信息系统使用的各种因素，再结合用户网络信息系统使用的情境特点，可以对外部变量进行具体界定。综上所述，本书构建了一个网络信息资源用户利用理论模型，如图 6-2 所示。该模型的基本特点如下。

（1）该模型整合了 TAM 和 TTF 模型的思想。它基于 TAM 和 TTF 模型中的主要变量，同时还增加了对信息资源发布者的信任、主观规范和行为控制认知三个可能影响网络信息资源用户接受与利用的外部变量。

（2）该模型着眼于网络信息资源在个人层次的应用，它从用户特征、技术特征和任务特征三个维度出发，一方面，能够关注任务特征，进而弥补 TAM 缺少外部变量的不足，另一方面，在任务-技术适配与易用认知、有用认知之间架起了桥梁，使得各因素之间的

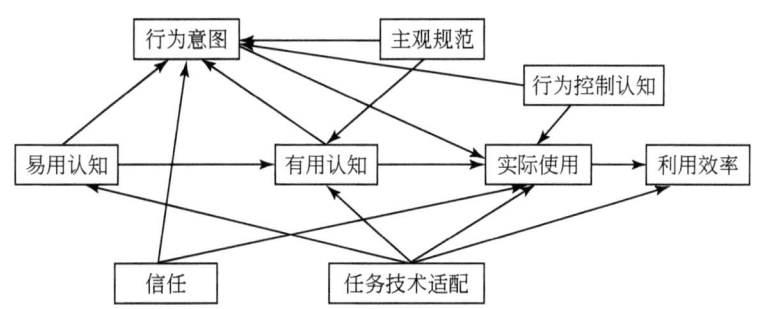

图6-2　基于 TAM 与 TTF 整合的网络信息资源利用效率模型

效应关系更为合理。

（3）考虑到用户在网络资源利用中的差异，模型中的网络信息资源利用效率，指的是个体用户资源利用的状况，表现为用户个人能力和绩效提升及内心的满意。

6.2　研究假设

6.2.1　有用认知对行为意图和实际使用的影响

根据 Davis 等的观点，用户的有用认知会直接对其行为意图产生影响，也即为了获取所需的网络信息资源，即使用户在情感上并不接受或喜爱某个信息系统，但如果能有助于其找到所需的信息资源，用户也会选择使用该信息资源系统。此外，许多学者还证实网络信息系统的实际使用受有用认知的直接影响。据此，我们提出和验证下述研究假设。

假设 H1：有用认知对行为意图具有正向直接影响关系，也就是说，用户越认为某一系统有助于自己获取所需信息资源，对该系统的使用意愿也就越强烈。

假设 H2：有用认知对系统的实际使用具有正向直接影响关系，也就是说，用户越认为某一系统有助于自己获取所需信息资源，对该系统的实际使用也就越频繁。

6.2.2　易用认知对有用认知和行为意图的影响

Davis 将易用认知定义为"用户认为使用某一网络信息系统的难易程度"，将有用认知定义为"用户认为某一网络信息系统是否有助于其获取网络信息资源及可以在多大程度上帮助用户"。

在基于 TAM 的研究中，有用认知、易用认知同行为意图之间的关系几乎是稳定而一致的。Davis 提出的易用认知属于用户的努力期望，如果用户花费较少的时间和精力能获取更多的信息资源，那么用户对该系统的有用认知就会增加，反之亦然。而且用户一般会畏惧或抵触使用技术能力要求高的网络信息系统，会有意无意地选用一些相对简单易用的信息系统，因而用户使用网站的行为意图会受到网站易用性的影响。

据此，我们提出和验证下述研究假设。

假设 H3：易用认知对有用认知具有正向直接影响关系，也就是说，用户越认为某一信息系统简单易用，就越认为该系统有助于自己获取需要的网络信息资源。

假设 H4：易用认知对行为意图具有正向直接影响关系，也就是说，用户越认为某一信息系统简单易用，就越愿意使用该信息系统。

6.2.3　行为意图对系统实际使用的影响

行为意图指的是个人采取或从事某一特定行为的主观愿望。行为意图是预测个人行为的最佳变量，个人对某一行为的意图或愿望越强烈，就越有可能采取该行为。基于此，本书把行为意图作为直接影响用户网络信息系统实际使用的因素，二者存在正向相关关系，据此，我们提出和验证下述研究假设。

假设 H5：行为意图对系统实际使用具有正向直接影响关系，也就是说，用户对某一系统的使用意向越强烈，使用该系统的行为就越有可能发生。

6.2.4　TTF 对易用认知、有用认知、实际使用及利用效率的影响

虽然学术界对 TTF 还没有统一定义（Dishaw and Strong，1998），但研究者大都认同其表示信息技术与特定任务的适配程度。因此，把 TTF 定义为网络信息系统与用户网络信息资源任务需求之间的匹配程度。

根据 Dishaw 和 Strong 的观点，TTF 会直接影响用户的易用认知和有用认知。具体地说，在信息查找过程中，任何网络信息系统都不可能将所有的信息资源收录其中，如果正好未收录用户要搜寻的主题的信息资源，对该用户来说，这个信息系统的有用性就是很低的，反之亦然。另外，技术要求过于复杂的系统功能往往会阻碍用户对该系统的使用，有些技术并不有助于用户查找信息，只会增加用户的困惑和畏难情绪，用户会认为这样的系统易用性很低。因而，TTF 对有用认知和易用认知都有影响。

TTF 也会影响用户对信息系统的实际使用。Dishaw 和 Strong（1998；2003）在研究中验证了 TTF 对公司员工使用某些软件维护辅助工具产生影响。因此，我们假设 TTF 除了通过有用认知和易用认知对网络信息系统实际使用产生间接影响外，还与后者有直接正向相关性。

TTF 进一步影响用户网络信息资源利用效率，Goodhue 和 Thompson（1995）的研究支持了这一观点。据此，我们提出和验证下述研究假设。

假设 H6：TTF 对有用认知具有正向直接影响关系，也就是说，系统功能和用户任务需求越适配，用户越认为使用该系统能有助于获得自己需要的信息资源。

假设 H7：TTF 对易用认知具有正向直接影响关系，也就是说，系统功能和用户任务需求越适配，用户越认为使用该系统很简单。

假设 H8：TTF 对系统实际使用具有正向直接影响关系，也就是说，系统功能和用户任务需求越适配，用户对该系统的实际使用也就会越多。

假设 H9：TTF 对网络信息资源利用效率具有正向直接影响关系，也就是说，系统功

能和用户任务需求越适配，用户对该系统中的信息资源的利用程度也就越高。

6.2.5　用户信任对行为意图和实际使用的影响

信任是研究电子商务网站使用时经常提及的变量。McKnight 和 Chervany（2001）认为，"信任是个体对信任目标在多大程度上表现出善意、能力、诚实和可预测行为的信心，是一个多维度的概念，包含两个相互关联的维度：信任信念（trusting beliefs）和信任意图（trusting intentions）"。Corritore 等（2003）结合在线环境的特点将在线信任界定为个体消费者与特定交易网站或提供信息的网站之间的一种关系，并给出了其定义："在线信任是指在有风险的在线环境中信任主体对自己期望的一种态度，这种期望是对信任客体在在线风险环境中不暴露主体弱点的期望"。Komiak 和 Benbasat（2004）同时考虑了交易环境和交易关系，提出了传统商务环境、以 web 为中介的电子商务环境和以代理为中介的电子商务环境中消费者信任的定义，指出消费者信任为消费者对不同客体的认知信任和情感信任。

用户信任会直接影响用户的行为意图和实际使用。这一点也得到学者们各自的实证研究支持（Chen and Tan，2004；Jarvenpaa et al.，1999；Teo and Liu，2007）。基于上述研究，我们提出和验证下述研究假设。

假设 H10：用户信任对行为意图具有直接影响关系，也就是说，用户对网络信息资源越信任，越愿意使用该网络信息资源。

假设 H11：用户信任对实际使用具有直接影响关系，也就是说，用户对网络信息资源发布者越信任，用户越会有使用该网络信息资源的行为。

6.2.6　主观规范对有用认知和行为意图的影响

主观规范是指个人执行某种行为时，其关键人群是否同意他的行为，亦即个体从事某一行为所预期的压力，这一因素源于人类的从众心理。从众心理是人类心理行为的一个基本特征，用户在选择使用网络信息系统时也不例外，会受到周围一些关键人群的影响。Ajzen 认为，"有时候行为受到的社会环境压力的影响会大过个人自身的态度。这是因为关键人群对某一信息系统使用的态度，往往会被其他用户作为反映该系统有用性的一个外在信号"。另外，从众心理也会使用户对信息系统的行为意图受关键人群的影响。据此，我们提出和验证下述研究假设。

假设 H12：主观规范对有用认知具有正向直接影响关系，也就是说，关键人群对某一信息系统的评价越高、使用越多，用户越会增加该系统对自己获取网络信息资源的有用认知。

假设 H13：主观规范对行为意图具有正向直接影响关系，也就是说，关键人群对某一信息系统的评价越高、使用越多，用户越愿意使用该系统。

6.2.7　行为控制认知对行为意图和实际使用的影响

Ajzen（1985）在其计划行为理论模型中指出，"用户行为控制认知越高，则其行为意图越高"。此外，当用户想实施某项行为时，如果由于资源、机会等其他条件的限制而无法执行，那么用户就不会实施该行为。因此，行为控制认知还能直接影响用户的实际行为。

据此，我们提出和验证下述研究假设。

假设 H14：行为控制认知对行为意图具有正向直接影响关系，也就是说，用户对自身行为控制能力越强，用户越愿意使用该系统。

假设 H15：行为控制认知对实际使用具有正向直接影响关系，也就是说，用户对自身行为控制能力越强，用户实际使用该系统的行为越有可能发生。

6.2.8　实际使用对网络信息资源利用效率的影响

信息系统只有被众多的用户接受并使用，才能实现其信息资源的价值，而用户从系统中所获得的信息越多，网络信息资源的利用效率就越高。鉴于此，我们把系统的实际使用作为网络信息资源利用效率的直接影响因素。

据此，我们提出和验证下述研究假设。

假设 H16：系统实际使用对网络信息资源的利用效率具有正向直接影响，也就是说，用户对某一系统使用得越多，对该系统所包含的信息资源的利用程度也就越高。

6.3　结构变量的测量指标体系

为了进一步验证本书所提出的理论模型，需要对模型中各结构变量进行操作化定义，但针对不同的网络信息资源的应用领域，结构变量的具体测量指标是有区别的。本节主要考虑各应用领域中结构变量定义的共性，通过对结构变量进行解释说明，从而提出了结构变量的测量指标体系，为后面章节的实证分析提出体系框架。

6.3.1　变量的定义

1）易用认知和有用认知

本研究将有用认知定义为用户认为使用网络信息系统对其信息获取和利用是否有所帮助及帮助的程度如何。例如，通过该网络信息系统能否满足用户的信息需求，使用该网络信息系统的资源能否有助于更快地完成任务、提高工作效率，诸如此类的表述都反映了对一个网络信息系统的有用认知的认识。

易用认知是指用户在使用网络信息系统的过程中，能够付出较少的精力，或者说网络信息系统的使用很简单。如果信息系统的技术比较复杂，用户会有抵触心理，而且会倾向于选择更简单易用的信息系统，这符合用户信息行为中的齐夫最小努力原则。所以系统的设计是否与用户任务相适应，以及界面操作是否友好都会影响易用认知（Mathieson and Keil，1998）。

2）任务技术适配（TTF）

本研究中，TTF可以定义为网络信息系统支持用户完成任务需求的适配程度。当所使用的网络信息系统能够很好地满足用户的任务时，用户会乐意使用系统，从而提高系统的使用绩效。

3）主观规范（SN）

主观规范反映人们行为所受到的社会影响，即对他而言比较重要的大部分人是否希望他实施所讨论的行为，这是一种对社会规范的主观感知。定义中的重要人群在本书中被称为关键人群，是指那些会对用户的知觉、态度、判断、系统使用意向及使用行为产生影响的人群，像用户的朋友、亲戚、同事、领导及其他人员等。

4）行为控制认知（PBC）

行为控制认知是指个体感知到完成某一行为的容易或困难程度，它反映个人某一行为过去的经验和将来的阻碍。当个人认为自己拥有的资源与机会越多，预期的阻碍就越小，对行为的控制就越强。在网络信息资源利用中，资源的限制和个人能力的局限会影响用户对资源的实际利用和利用效率。但在不同的应用领域，资源的限制条件会有所不同，根据不同的应用，实证分析会在调查问卷中进行不同的设计。

5）信任（TR）

信任是电子商务环境中经常被纳入的变量，但面对众多的网络信息资源利用，用户面临的是一种虚拟的信息环境，存在着对网络信息资源的信任问题。

正直（诚实）、仁爱（善意）和能力是信任常用的三个维度，又称做信任的三个特征，可以用来衡量信任的总体水平。正直就是指信任方按照社会可接受的标准或按照信任方认可的原则（如不说谎话和提供合理核实的信息）行为的期望；仁爱是指被信任方对信任方友好的程度，而不是从自私自利的角度出发，它暗示了被信任方对信任方有一种特殊的情感；能力是指一个团体所拥有的技术、能力和特征使得它可以在某一特殊领域具有影响力。在本书的实证分析中，将结合具体的信息资源类型对信任变量进行设计。

6）网络信息资源的行为意图（BI）

行为意图是理性行为理论、计划行为理论及TAM等模型中的重要变量，表示用户愿意采用某一行为的主观意愿，可以较准确地预测个人行为。当用户的行为意向比较强的时候，它的实际行为的可能性就越高，所以行为意图对用户的实际行为具有显著的影响。因此，在本研究中，我们将影响网络信息资源实际使用的前置变量设置为行为意图。

7）网络信息系统实际使用（U）

网络信息系统实际使用是指用户在实际中进行网络信息利用的情况，如个人用户使用网络信息系统的次数、时间、信息资源实际访问量等。

通常认为用户网络信息系统实际使用和网络信息资源利用效率之间具有直接的正相关关系。这是因为：其一，系统被用户使用是信息资源的使用价值得以实现的前提；其二，某一系统的使用情况越佳，在一定程度上也意味着用户从中获取的信息资源越多。

8）网络信息资源利用效率（UR）

本书最终考察的是用户个人层次的网络信息资源利用效率，衡量网络信息资源的利用效率可从用户信息需求满足程度、个人绩效提升程度、自我效能感提升程度、自我满意度（成就感、价值感等）等角度加以测定。

由于研究的复杂性和自身能力的局限，我们不可能完全列举出所有影响网络信息资源利用效率的因素，本研究中所使用的主要变量均来源于 TAM、TTF 及其他相关模型，由于特定领域对于变量的具体测量指标有所差异，故需进一步细化。

6.3.2 变量的指标体系

为了便于研究中变量的测量，根据前面的定义及国内外研究成果，我们为每个变量设置了具体的测量指标，如表 6-1 所示。

表 6-1 网络信息资源利用效率模型的指标体系框架

变量	理论来源	变量定义	测度指标
有用认知	TAM	用户对于网络信息系统是否能够协助其完成信息任务的认知	通过网络信息系统将能获取满足信息利用需求的信息
			通过网络信息系统将能够协助我快速完成任务
			使用网络信息系统能够提高我对信息资源的利用
			在网络信息系统使用中将会发现系统功能足以满足信息利用需求
			使用该网络信息系统，能够提高我的工作效率
			总体来说，该网络信息系统对我来说很有用
易用认知	TAM	用户对于网络信息系统使用起来是否简单、易学的主观认知	该网络信息系统的操作很方便
			该网络信息系统的界面简洁、清晰
			与该网络信息系统交互将不需要太多的努力
			该网络信息系统的所有功能执行起来很容易
			使用该网络信息系统获取需要的信息很容易
			总体来说，使用该网络信息系统很容易

续表

变量	理论来源	变量定义	测度指标
行为意图	TRA	用户对使用网络信息系统获取信息资源的倾向、意愿强度	我会考虑使用该网络信息系统
			我打算利用该网络信息系统
			打算在未来频繁（经常）使用该网络信息系统
			在将来，可能会使用该网络信息系统
			我会向亲戚、朋友、同学、同事推荐使用网络信息系统
主观规范	TRA	对用户而言比较重要的大部分人是否希望他实施所讨论的行为	我周围的朋友、亲戚和同事认为使用该网络信息系统是个好主意
			我周围的朋友、亲戚和同事认为使用该网络信息系统有价值
			我周围的朋友、亲戚和同事经常使用该网络信息系统
			由于大众媒体的宣传，我会使用该网络信息系统
行为控制认知	TPB	用户个体感知到完成某一行为的容易或困难程度	即使没有任何人的帮助，我也有能力使用该网络信息系统
			我拥有使用该网络信息系统的客观条件（时间、资金等）
			我拥有使用该网络信息系统的技术条件（资源、设备等）
任务技术适配	TTF	网络信息系统能够协助用户完成信息任务的适配程度	该网络信息系统所提供的网络信息资源的准确性
			该网络信息系统所提供的网络信息资源的及时性
			该网络信息系统所提供的网络信息资源的可靠性
			该网络信息系统所提供的网络信息资源的完整性
			具备友好的用户界面，方便用户操作
			整体设计美观，具有较好的视觉效果，能够吸引客户
			该网络信息系统提供相应的辅助功能
			该网络信息系统的安全可靠性
			该网络信息系统具有系统帮助功能
			该网络信息系统具有快速响应功能
			该网络信息系统提供个性化服务功能
			该网络信息系统提供交互协作功能
信任		用户对网络信息资源提供者正直、仁爱和能力的相信程度	资源提供者有信誉，值得信赖
			资源提供者遵守交易和服务承诺
			资源提供者会考虑信息用户的利益
			资源提供者有能力提供优质的信息服务
			整体而言，我信任该资源提供者
实际使用	TAM, TTF	用户对于网络信息系统的使用行为	频繁使用网络信息系统
			总是使用网络信息系统解决信息需求问题
			经常使用网络信息系统
			对网络信息系统资源的实际访问量
			网络信息系统使用时间的长短

续表

变量	理论来源	变量定义	测度指标
利用效率	TTF	用户使用网络信息系统后所取得的效果	使用网络信息系统能够满足用户的任务需求
			使用网络信息系统能够提高用户的个人绩效
			自我效能感（用户自我感觉信息获取与利用的能力）的提升程度
			自我满意度（成就感、价值感等）
			信息利用实际产生效能与用户希望效能的差距
			他人或组织对用户网络信息利用效率的评价

6.4 数据分析方法

为了进一步对所提出的理论模型进行实证研究，本书拟采用以下几类数据分析方法。

6.4.1 描述性统计分析

本研究应用 SPSS 软件的描述性统计分析功能，使分析者掌握数据的基本统计特征，把握数据的总体分布形态，从而利用获得的结论进一步指导数据建模。具体来说，主要是通过百分比、平均数、标准差等统计数据来了解被调查样本的结构和分布，包括基本的人口统计特征分布、网络使用情况分布，清晰展示问卷被访者的大体结构。

6.4.2 信度与效度分析

1. 信度检验

信度（reliability）是指如果测量被重复进行，一个量表产生一致性结果的可能性，也就是说测量工具稳定地测量到它要测量事项的程度。常用 Cronbach's α 系数衡量信度的内部一致性。Cronbach's α 的值一般介于 0 和 1 之间，系数越大，表明内部一致性程度越高。

2. 效度检验

效度（validity）是指测量工具体现所测度对象性质的正确性程度，或称有效性程度，可分为内容效度和结构效度。

1）内容效度（content validity）

内容效度也叫做表面效度或逻辑效度，指的是检验指标与测量目标之间的适合性。

2）结构效度（construct validity）

结构效度主要用来反映量表是否可以真正度量出所要度量的变量，问卷的结构效度可以通过因子分析来检验,因子分析通常有探索性和验证性两种方式。

探索性因子分析主要是对指标数据进行提取、旋转,目的是对因子降维。在进行因子分析前,先进行 Bartlett 球体检验(Bartlett's sphericity test)及 KMO 样本测度(Kaiser-Meyer-Olkin),以检验各问项之间是否具有相关性。只有当这个相关性较高时,才适合作因子分析。KMO 测度要求如下:当 KMO 达到 0.9 以上时,非常适合作因子分析;为 0.8~0.9 时,很适合作因子分析;为 0.7~0.8 时,适合作因子分析,为 0.6~0.7 时,不太适合作因子分析;为 0.5~0.6 时,只能勉强作因子分析;当 KMO 小于 0.5 时,不适合作因子分析。Bartlett 球体检验从整个相关系数矩阵来考虑问题,其原假设为相关系数矩阵是单位矩阵。当 Bartlett 统计值的显著性概率小于等于 α 时,拒绝零假设,可以作因子分析。

验证性因子分析方法可用于评估调查问卷的收敛效度与区分效度。验证性因子分析可以通过组合信度,也称建构信度来检验潜在变量的信度,通过式(6-1)来计算。结构变量收敛效度通过每个变量的 AVE 值来反映,AVE 取值越高,则说明这个潜在变量的大部分特征越能被其观测变量捕捉到,即各观测变量对该潜在变量的平均解释能力越强,可以通过式(6-2)进行估计。

$$CR = \frac{(\sum_{n=1}^{k} \lambda)^2}{(\sum_{n=1}^{k} \lambda)^2 + \sum_{n=1}^{k} \varepsilon} \tag{6-1}$$

$$AVE = \frac{\sum_{n=1}^{k} \lambda^2}{\sum_{n=1}^{k} \lambda^2 + \sum_{n=1}^{k} \varepsilon^2} \tag{6-2}$$

式中,λ 为观测变量的因子负荷;ε 为测量误差。AVE 值大于 0.5,说明结构变量具有较好的收敛效度,表示 50% 以上的观测变量的方差被说明。分别利用此三项标准评估本研究中问卷的收敛效度。

6.4.3 单因素方差分析

单因素方差分析用来研究一个控制变量对观测变量是否产生显著影响。通过推断控制变量各水平下各观测变量总体的均值是否存在显著差异,分析控制变量是否给观测变量带来了显著影响(薛薇,2004)。

本研究主要分析不同人口统计特征(包括性别、年龄、教育程度、个人消费水平)的用户在网络信息资源利用感知变量上的差异,以及不同网络使用经验(包括互联网使用年限、平均每周上网次数、平均每次上网时间和网站使用频率)的用户在网络信息资源利用感知变量上的差异。

6.4.4 结构方程模型分析

结构方程模型（structural equation modeling, SEM）源于20世纪20年代Sewll Wright提出的路径分析概念，是基于变量的协方差矩阵来分析变量之间关系的一种统计方法，也被称为协方差结构分析（侯杰泰等，2004）。结构方程模型整合了路径分析、验证性因子分析与一般统计检验方法，可分析变量之间的相互因果关系，包括了因子分析与路径分析的优点。同时，它又弥补了因子分析的缺点，考虑到了误差因素，不需要受路径分析的假设条件限制。

结构方程模型由测量模型和结构模型组成，可由三个矩阵方程式表示，具体表达式如下。

1. 结构模型（structural equation model）

$$\eta = B\eta + \Gamma\xi + \zeta$$

结构模型部分，规定了研究模型中假设的外生潜变量和内生潜变量之间的因果关系。B为内生潜变量对内生潜变量的系数矩阵；Γ为外生潜变量对内生潜变量的系数矩阵。

2. 测量模型（measurement model）

$$x = \Lambda_x\xi + \delta$$
$$y = \Lambda_y\eta + \varepsilon$$

测量模型部分，分别规定了外生潜变量ξ和观测变量x之间的关系，以及内生潜变量η和观测变量y之间的关系。δ和ε分别为观测变量x和y的测量误差。

结构方程模型共有八个基本的参数矩阵，需要在线性结构关系模型中估计：Λ_x，Λ_y，B，Γ，Φ，Ψ，Θ_ε，Θ_δ。其中，Λ_x，Λ_y是因子负荷矩阵；B和Γ是路径系数的估计值；Φ为潜在变量ξ的协方差矩阵；Ψ为残差项ζ的协方差矩阵；Θ_ε和Θ_δ分别是ε和δ的协方差矩阵。Φ给出了潜在变量之间的相关系数估计值；Ψ、Θ_ε和Θ_δ给出了模型的统计检验依据。模型的设定实际上就是设定上述八个矩阵中所包含的一整套模型参数。这些模型参数既可以设定为固定参数，也可以设定为自由参数。

3. 结构方程模型分析步骤

结构方程模型分析过程，即上述方程组的拟合过程通常包括以下五个主要步骤。

1）结构方程模型的数学表示

结构方程模型的数学表示就是根据理论模型，构建出明确的观测变量和潜在变量，以及潜在变量之间的关系，初步拟定方程组，并设置好方程组中的系数。

具体来说，在基于TAM与TTF整合的网络信息资源利用效率模型中，我们选取了9个潜在变量，其中包括4个外生潜在变量：任务技术适配ξ_1、信任ξ_2、主观规范ξ_3、行为控制认知ξ_4；5个内生潜在变量：有用认知η_1、易用认知η_2、行为意图η_3、实际使用η_4

和利用效率 η_5。

根据参数的设定,可得到理论模型的结构方程模型中结构模型的数学表达式:

$$\eta = B\eta + \Gamma\xi + \zeta$$

$$\begin{bmatrix} \eta_1 \\ \eta_2 \\ \eta_3 \\ \eta_4 \\ \eta_5 \end{bmatrix} = \begin{bmatrix} 0 & \beta_{12} & 0 & 0 & 0 \\ 0 & 0 & 0 & 0 & 0 \\ \beta_{31} & \beta_{32} & 0 & 0 & 0 \\ \beta_{41} & 0 & \beta_{43} & 0 & 0 \\ 0 & 0 & 0 & \beta_{54} & 0 \end{bmatrix} \begin{bmatrix} \eta_1 \\ \eta_2 \\ \eta_3 \\ \eta_4 \\ \eta_5 \end{bmatrix} + \begin{bmatrix} \gamma_{11} & 0 & \gamma_{13} & 0 \\ \gamma_{21} & 0 & 0 & 0 \\ 0 & \gamma_{32} & \gamma_{33} & \gamma_{34} \\ \gamma_{41} & \gamma_{42} & 0 & \gamma_{44} \\ \gamma_{51} & 0 & 0 & 0 \end{bmatrix} \begin{bmatrix} \xi_1 \\ \xi_2 \\ \xi_3 \\ \xi_4 \end{bmatrix} + \begin{bmatrix} \zeta_1 \\ \zeta_2 \\ \zeta_3 \\ \zeta_4 \\ \zeta_5 \end{bmatrix}$$

由于在实证分析中,潜在变量的测量指标不尽相同,所以测量模型不具有一致性,对于测量模型的具体数学表示将在实证分析章节进行描述。

2)结构方程模型的识别

利用识别法则判断模型是否可以识别,如果模型不能识别,就无法得到参数的唯一估计值。对于结构方程模型,并没有一套简单的充要条件来作为参数识别手段。结构方程模型的识别法主要是 t-法则和两步法则。

3)结构方程模型的估计

结构方程模型的估计经常使用两种方法:偏最小二乘法(partial least square,PLS)法和线性结构关系法(linear structural relationships,LISREL)。

本研究的各种研究假设将通过 Lisrel 来完成,利用模型中的 β 和 γ 系数显著性来验证本研究的模型及其假设。

4)结构方程模型的评价

评价模型需要对其参数进行检验,还需要检验测量方程和结构方程。模型的总体拟合程度要通过一系列的拟合指标来检验,如绝对拟合指数、相对拟合指数和简约拟合指数。

5)结构方程模型的修正

模型的修正是指对初始理论模型中存在的缺陷和不足进行改进,以获取更合理的模型。通常,我们可以通过考察模型的残差矩阵和模型修正指数(MIs)来获取相关信息。

第 7 章 网络公共信息资源利用实证研究

7.1 网络公共信息资源利用研究概述

7.1.1 网络公共信息资源概念和特征

公共信息资源主要是相对私人信息资源而言的一种资源类型，尚无公认的定义，我们只能从一些公开发表的文章中看到相关表述。早在 1656 年，英国皇家图书馆馆长杜里就深刻指出：图书馆的任务就是"管理学术的公共库存，增加这些库存并采用对所有人最有用的方式使这些库存成为有用的东西"，其中，所谓的"学术的公共库存"，即"公共信息资源"。美国《田纳西州公共信息法案》中明确指出，"公共信息是在法律或法令及与官方事务相联系下所收集、组织和保管的信息，包括：①政府部门产生的信息；②为政府部门所生产及拥有的信息或有权获取的信息"（NCLIS，2010）。联合国教科文组织起草的《发展和促进公共领域信息的政策指导草案》中把公共领域的信息定义为，"不受知识产权和其他法定制度限制使用，以及公众能够有效利用，无须授权，也不受制约的各种数据来源、类型及信息"（Uhlir，2010）。国内学者夏义堃指出，公共信息反映的对象是社会公共事务，与每一社会成员都有着直接或间接的联系，它涉及面广，既包括政府部门发布的信息，也包括社会公益性组织等第三部门提供的信息，企业有时也提供一些公共信息或准公共信息。

从这些表述可知，对公共信息资源的认识存在两种观点（孙建军，2012）：一种观点是习惯上将公共信息资源等同于政府信息资源；另一种观点是认为公共信息资源具有广泛的社会性，是一个以政府信息资源为主体的概念范畴。随着人们社会关系的多样化和复杂化，单一的政府信息资源并不能完全覆盖公共利益的各个方面，仅从政府视角下理解公共信息未免过于狭隘，从逻辑上讲，凡是与公共利益密切相关，与公共政策制定、相应的制度安排及一切相关的政策执行和事物的信息均可纳入公共信息资源范畴（夏义堃，2005）。因而本研究赞同从广义的角度来理解公共信息资源，并将其界定为产生于公共领域的、公开发布的、与公众自身利益息息相关的一类信息资源。

网络公共信息资源即为网上公开传播的、面向社会公众、与社会公共利益密切相关的信息资源。从概念来看，其基本特征是具有经济学上的公共物品的共有属性，具体为非排他性和非竞争性。非排他性意味着某一公众在利用公共信息时不能排除其他人也利用这一信息，或者排除成本很高。非竞争性则指某人对公共信息的消费不会影响到别人同时利用同一公共信息及其从中获得的效用。还有学者将其归纳为公共消费性（共享性）与外部性。

此外，网络这一特殊的信息产生和传播的媒介，以及公共信息涵盖的领域特点决定了网络公共信息还具有需求上的广泛性、来源的多样性、价值上的公益性、内容上的公开性等特点。广泛性是指人类对公共信息资源的需求是多样化的，包括人类生活的方方面面。多样性是指从信息提供方来看，政府性组织、商业性组织及非营利性组织，甚至个人都是公共信息资源的来源。其中，政府部门及国际性组织是网络公共信息提供的主体，各种非营利性组织，如大学、科研所、信息中心、图书馆等是科技、教育这类公共信息的重要来源。而随着公共信息资源开发利用进程的加快，企业、商业信息企业及出版社、媒体等商业组织也成为公共信息资源提供的一个中坚力量。在网络条件下，各种数字化出版模式也推动了网络公共信息资源的发展；个人网站以博客、个人主页的形式发布公共信息。公益性是指作为一种公益性的资源，网络公共信息资源更强调使用上的公平性和平等性。从原则上说，公共信息资源是属于全社会的，是与公共利益相关的，相比其他商业信息、学术信息，在公共信息资源领域，任何的信息不公平或者信息使用不均更会引起公众的不满情绪。同时，公共信息资源来自于社会公众，最终的用户也是社会公众，在这一过程中要尽量地减少其中的信息损失和信息失准，公开性成为必然要求。

7.1.2 研究背景

随着现代社会文明的进步，公共信息资源的利用成为衡量一个国家可持续发展水平的重要标志。联合国经济社会理事会从 1999 年开始连续两年都把通过信息化改进发展中国家的政府组织、重组公共管理、最终实现信息资源的共享作为工作重点。美国从 19 世纪 40 年代就开始研究公共信息资源管理，将其纳入国家信息基础设施（NII）建设的范畴。

我国的公共信息资源开发利用工作也在逐步开展，国家和各级政府部门制定了一系列涉及公共信息管理的法律法规，如《互联网信息服务管理办法》《互联网登载公告服务管理规定》《政府信息公开条例》《北京市互联网医疗卫生信息服务管理办法（暂行）》等；从 1999 年开始推行的"政府上网"工程和电子政务建设，以及各地兴起的数字化城市计划都为人们享受便利的公共信息服务提供了方便；此外，在国土资源、环境、科技、教育、文化、卫生、新闻出版、劳动和社会保障、城乡建设、交通等公共事业领域建成了一些公共信息网。

然而，我国在公共信息资源管理方面尚存在一些亟待改进的问题。例如，对公共信息资源重要性的认识还没有上升到战略高度、政府信息公开困难重重、公共信息资源市场化开发进度缓慢、公共信息市场尚未形成，以及公共信息资源管理缺少完善的政策法律环境等。这些问题直接影响了公众利用公共信息资源的效率，本章正是在上述背景下通过前文构建的 TAM 与 TTF 整合模型来系统研究公众对网络公共信息资源的利用问题。本章为全书的实证部分，其研究目的一是以公共信息资源利用为研究对象探寻模型中各变量之间的效应关系，验证前文提出的假设；二是根据统计分析的结果寻求提高网络信息资源利用效率的思路。

7.1.3 网络公共信息资源利用研究现状

1. 国外研究现状

在 SSCI 数据库中以"标题 =（internet OR online OR web）AND 标题 =（public

information)"为检索项,以限于"所有年限"为搜索时间段进行检索,得到文献列表并导入 EXCEL 表格。通过阅读文摘的方式剔除不相关的文献,并通过 SPSS18.0 软件统计获得有关"网络公共信息资源"的研究信息,如表 7-1 所示。

表 7-1 国外有关"网络公共信息资源"的论文年度统计数据

年份	论文频率	百分比	有效百分比	累积百分比
1999 前	41	39.8	39.8	39.8
2000	1	1.0	1.0	40.8
2001	3	2.9	2.9	43.7
2002	4	3.9	3.9	47.6
2003	6	5.8	5.8	53.4
2004	9	8.7	8.7	62.1
2005	4	3.9	3.9	66.0
2006	9	8.7	8.7	74.8
2007	10	9.7	9.7	84.5
2008	7	6.8	6.8	91.3
2009	9	8.7	8.7	100.0
合计	103	100.0	100.0	

从表 7-1 可以看出,SSCI 收录的有关网络公共信息资源研究的论文并不多,共有 103 篇,其中获取到的最早的文献出现在 1979 年,1999 年以前(包含 1999 年)研究学术信息资源的文献有 41 篇,占总数的 39.8%,这些早期文献大部分是对公共图书馆网络信息资源的研究。分析获取近期文献中公共网络信息资源的研究内容分布,结果如表 7-2 所示。

表 7-2 国外有关"网络公共信息资源"研究文献的相关主题分析

研究主题	篇数
网络公共信息资源基础理论研究	1
网络公共信息资源的建设组织研究	19
网络公共信息资源用户研究	10
网络公共信息资源利用支撑技术开发研究	21
网络公共信息资源利用的外部环境研究	2

总体来看,国外关于网络公共信息资源的专门性论文很少,绝大多数文章是针对政府、卫生或者企业等具体的行业的研究,但相关具体主题的论文对网络公共信息资源的管理具有一定的借鉴意义。从表 7-2 中可以看出,国外研究中网络公共信息资源支撑技术开发的研究和网络公共信息资源建设组织的研究比重较大,分别占到 20.4% 和 18.4%。也就是说,国外的研究者们更关注技术性问题或者一般性的网络公共信息资源流程管理问题的研究,近年来对网络公共信息资源的用户研究比重也越来越大,占到总体研究的 9.7%,而对诸如政策、基本体制及组织背后深层文化、利益、权力及社会互动机制等外部因素的

影响还不够重视。

2. 国内研究现状

在 CNKI 数据库中以"题名=网络公共信息资源"为检索项,通过阅读文摘或全文的方式,获得 CNKI 数据库中研究网络公共信息资源的相关文献,再利用 SPSS18.0 软件统计获得有关国内研究"网络公共信息资源"的相关信息,如表 7-3 所示。

表 7-3 国内有关"网络公共信息资源"论文年度统计数据

年份	论文频率	百分比	有效百分比	累积百分比
1999 前	10	9.5	9.5	9.5
2000	2	1.9	1.9	11.4
2001	6	5.7	5.7	17.1
2002	5	4.8	4.8	21.9
2003	10	9.5	9.5	31.4
2004	12	11.4	11.4	42.9
2005	10	9.5	9.5	52.4
2006	7	6.7	6.7	59.0
2007	21	20.0	20.0	79.0
2008	10	9.5	9.5	88.6
2009	12	11.4	11.4	100.0
合计	105	100.0	100.0	

从表 7-3 可以看出,国内有关网络公共信息的文献数量并不多,共有 105 篇,2003 年以后研究数量比较稳定,其中,最早的文献是对公共信息资源管理协议的研究。通过对获取文献文摘和全文的阅读,分析网络公共信息资源研究内容的主题分布,如表 7-4 所示。

表 7-4 国内有关"网络公共信息资源"研究文献的相关主题分析

研究主题	篇数
网络公共信息资源基础理论研究	20
网络公共信息资源的建设组织研究	68
网络公共信息资源利用支撑技术开发研究	13
网络公共信息资源利用的外部环境研究	4

国内对网络公共信息资源的研究还处于起步阶段,主要原因如下:一方面,关于网络公共信息资源的论文总体数量不多;另一方面,网络公共信息资源具体建设组织的研究论文数量比重较大,占总体研究论文的 64.8%,而这些论文中又以政府信息资源管理的论著文献较多,从此处可以看出,我国公共信息资源管理的历史轨迹基本上与政府信息资源管理重叠,对网络公共信息资源的理解和实践整体上还处于一个比较狭义的水平。

3. 研究现状的比较

随着信息技术的不断深入，网络公共信息资源成为社会发展和经济增长的动力之一。只有对各种网络公共信息资源进行合理、有效的管理规划，才能使其更好地服务于公众，才能更加有效地推动社会的发展。

通过比较表7-1与表7-3可以看出，国外1999以前（包含1999年）研究学术信息资源的文献有41篇，占总数的39.8%，近10年的研究总数为62篇，占总数的60.2%；而国内1999年以前（包含1999年）研究学术信息资源的文献10篇，占总数的9.5%，近10年的研究总数为95篇，占总数的90.5%。也就是说，国外有关网络学术信息资源的研究较之国内开始较早，且国外1999年以前（包含1999年）的研究文献大部分是针对图书馆网络公共信息资源建设开发的研究，关于此领域的研究在近十年的文献中出现较少，而国内近十年来仍有大量关于网络公共图书馆资源建设开发的研究。由此，从整体上看，国内有关网络公共信息资源的研究稍滞后于国外网络公共信息资源的研究，这与国内对公共信息资源的认识和重视较晚有关。

从已有的文献来看，目前国内学者所进行的理论研究总体上存在着重建设与评价、轻利用，重具体方法与技能、轻根本原因探究的现象。具体来说，就目前国内学者的研究来看，关注各种信息服务机构的网络公共信息资源（系统）开发、建设与评价的研究居多，而关注用户对网络公共信息资源最终利用的研究较少；关注网络公共信息资源管理者建设开发策略、方法等的研究居多，而关注网络公共信息资源用户信息接受能力与利用影响因素的研究几乎没有。

相比之下，国外学者对网络公共信息资源建设利用的研究则较为全面和细致。国外对医疗网络公共信息资源的研究已经比较成熟，涉及医疗公共信息获取、评价等建设开发的各个方面。国外关于网络公共信息资源技术开发的论文占总研究量20.3%，相对来说国内此类研究只占12.3%，即国外更注重实际操作的研究，针对性和实施性较强。此外，国外学者也很重视对网络公共信息资源的用户研究，而国内几乎没有此类研究文献出现，例如，van Deursen 和 van Dijk（2008）提出并界定了公民在使用网络公共服务时需要具备的四种技能，并在荷兰公民中对这四种技能的掌握程度分别进行测试。Miller 和 West（2007）对访问美国政府医疗网站和非政府医疗网站的行为进行调研，比较了政府网站和非政府的用户特征异同。

纵观国内外对网络公共信息资源的利用，总体上政府还是公共信息资源的主要管理者，但是西方国家在网络公共信息资源的多样化管理研究方面已经有了实质性的进展，我国的公共信息资源的提供和管理主体仍然是政府。目前，西方政府开始逐渐强化网络公共信息资源的公共服务职能，在公共信息资源的开发建设等方面早已打破了政府独家垄断的局面。例如，2003年，瑞典政府就将其门户网站www.sverige Direkt.es 外包给政府以外的第三部门组织——瑞典公共事务委员会管理、运营和维护（夏义堃，2004）；保洁公司（Procter & Gamble）创建 Science-in-the-Box（SIB，www.scienceinthebox.com）项目，向消费者、媒体、科学家和专业人士提供家用清洁产品在产品创新、研发、环境安全等方面的信息，并且还对公众提供宝洁图书馆的科学刊物和产品安全数据（Saoutert and Andreasen,

2006)。第三部门在网络公共信息资源管理中发挥的作用越来越明显。而目前,我国网络公共信息资源的研究者们也已经意识到公共信息资源管理者的多样化需求:在概念界定上,大多数学者都把网络公共信息资源的概念内涵从政府网络信息资源扩展到更广泛的社会公共领域。例如,张欣毅(2003)提出广义的信息资源"是在相对时空意义的公共的基本社会性文化利益、文化权利、文化义务认定基础上,旨在提供公共文本利用(认知)的社会信息资源集合及其相关社会机制";从具体网络公共信息资源开发利用的角度,胡宇梁认为网络公共信息资源的提供者目前可以分为政府性组织、商业性组织及非营利性组织,其提供信息的内容、目的、类型和用户群等方面都各有特点。虽然如此,但是在具体实践上,政府仍是我国提供网络公共信息资源和网络公共信息资源建设开发的主体(胡宇梁,2005)。

7.2 网络公共信息资源利用的特征维度

7.2.1 任务特征

同所有的网络用户信息搜索行为一样,用户首先是产生了某种信息需求,然后选择网络信息源,通过与网络的交互过程来获取所需信息,结果可能是查询的信息能满足任务需求,用户满意,信息资源得到利用,信息资源的价值也得以体现;还可能是用户经过多次反复搜索,得到的信息资源不满足需求,或者因为某些障碍,用户无法获得信息资源,用户此次信息查询过程失败,信息资源的利用价值无法体现。在本学科,针对用户这一信息搜索全过程的研究已经见于许多学者的成果中,如 Wilson 模型、Kuhlthau 模型和 Choo 三阶段模型。Wilson 模型重点对从搜索需求到搜索行为发生的整个过程的影响因素进行较全面的分析(Wilson,2000);Kuhlthau 模型重点对信息搜索全过程中的个体认知因素影响进行分析(Kuhlthau,2010);Choo 模型则将信息搜索活动分为三个过程:信息需要、信息搜索和信息利用,并检验了认知、情感和情境因素对这些过程的影响。而当把这一问题放在网络公共信息资源利用这一领域时,我们需要明确有什么特殊因素会影响用户的行为。出于对网络公共信息资源的预期心理期望和解决任务的需要,在利用网络公共信息资源时,用户常常对以下问题较为关心。

首先,公共信息资源是否公开。在大多数用户看来,公共信息资源似乎理应公开。但实际上,人们发现:现在属于网络公共信息范畴的信息,因为安全保密、隐私保护的需要等原因而脱离"公共"这个范畴。这一现象无疑会增加用户对公共信息利用的障碍,如何处理公共信息资源的公开和保密问题尤为重要。

其次,公共信息资源是否要收费。在大多数用户看来,公共信息资源既然与公众切身利益相关,应以免费提供为主。然而,公共信息资源的市场化开发也是越来越多。2001年11月香港《壹周刊》网络版开始尝试性收费,新浪、搜狐等网站都推出了收费的邮件服务,甚至不少网络内容提供商开始对浏览民生新闻收费。这一现象的产生原因主要是一些商业网站看到了商机,依托公共信息资源进行二次开发,提供各种增值服务。由此来看,公共信息资源利用不再意味着免费的使用了,如果开发得当、收费合理,用户就会从这些增值服务中得到新的使用价值。除此以外，国家政府机关发布的各种网络公共信息资源，一般还是免费提供，如《广东省政务公开条例（草案）》中明确规定：政务信息公开不得收费。

最后，公共信息资源共享成本问题。有学者提出公共信息资源具有共享性，而这种共享性又会带来成本的多种多样。网络信息资源利用中时间、空间、频道、带宽等多种成本会随着使用信息的人数的增加而增加，网络逐渐变得拥堵，用户的成本也会越来越大。

7.2.2 技术特征

用户利用网络公共信息资源主要是通过访问各种政府网站、企业网站、非营利组织网站，甚至个人网站获取的，网站的性质使用户能从网站上获得的公共信息内容、网站提供公共信息的目的、公共信息的特点、公共信息的类型和适用人群等方面存在显著差异。

网络公共信息资源的类型多样、内容丰富、分布领域广，用户层次复杂，要实现有效的利用，就必须运用现代的信息技术作为手段和工具构建一个信息平台，加快信息资源采集、加工、传递与服务效率。信息技术的发展在内容、形式和范围上拓展了公共信息服务的时间和空间，减少了信息传递过程中的信息流失和信息失真，改变了传统的公共信息服务模式。具体来讲，在网络公共信息资源利用过程中，对信息技术的要求是：①能够提供丰富的、满足用户需要的主题信息；②这些信息资源能够方便、快捷地为用户所获取；③信息资源的呈现形式易辨识、易理解，且能交互。这几方面要求建立相适应的信息资源系统。

长期以来，政府作为公共利益的维护和执行机构，是全社会公共信息资源最大的拥有者、发布者和使用者，因而各级政府网站和电子政务系统是政府公共信息资源利用的最主要的技术平台。电子政务通过网络技术将管理和服务进行集成，实现政府组织机构和工作流程的重组优化，使之超越时空和部门分隔的制约，向社会提供优质、全方位、规范、透明、符合国际标准的管理和服务。政府网站是电子政务的门户，是政府在互联网世界中直接面向公众、为公众提供服务的窗口。政府网站是电子政务的重要组成部分，政府网站建设水平直接关系到公众公共信息资源利用效率的高低。

"公共部门远离市场机制，使我们很难评估公共行政运作的效率和价值，如果某个政府机构生产的产品不能在开放市场上自由出售，那么，便难以确定其价值。"（戴维·H. 罗森布鲁姆和罗伯特·S. 克拉夫丘克，2002）20 世纪 80 年代后，公共信息资源市场化开发利用渐渐被采纳，并成为促进政府信息公开、提高公共信息服务水平的重要手段。各种企业不仅要在网站上发布其最新动态、产品信息、发展规划、财政状况等信息，树立良好的社会形象并从中获利，而且要承担政府组织的"外包"委托，建设、运行、维护公共信息资源系统，凭借其先进的技术为公众提供各种便利的信息获取渠道。

以非营利组织为主的准公共部门和准公共组织，如高等学校、图书馆、博物馆、科研组织等，能依据雄厚的信息资源及多年来对信息资源管理的经验，为社会提供经过有效组织和精心筛选的优质信息资源，如数字图书馆工程和提供公共信息内容为主体的信息门户网站建设，在促进公共信息开放的社会公平和提高公共信息开放的效率方面发挥着中坚力量。

近年来，随着博客文化的繁荣，公开的个人博客也成了公共信息资源的来源。个人博客内容丰富，既可以讨论圈内的共同话题，进行交流，还可以发布感兴趣的热门信息，以及公布个人简历，吸引用人单位的注意。

7.2.3 用户特征

公众是公共信息资源的最重要的受益者和利用者，是公共信息得以存在并具有实际价值的支柱。公众又是多样化的，个人受教育的程度、年龄的大小、职业的不同、社会地位的高低都会以不同的知识背景、经验背景、价值观、生活观等表现形式来影响其在利用公共信息时的表现，因而使其在利用公共信息资源时表现出以下不同的特征。

用户利用公共信息资源的首要特征是用户对信息源的选择或对信息服务的选择几乎都是建立在是否能够获得这一前提下，最便于获得的信息源（或最便于利用的信息服务）首先被选用，对质量可靠性的要求则是第二位的。这是源于公共信息资源需求的多样化和普遍性，人们几乎每天都需要各种内容的公共信息，小到天气预报、交通路况，大到社会保障、国家安全，如果不以可获得性作为第一要求，那么人们将疲于在各种信息之间进行抉择和判断，无疑更增加了认知负担。

第二个特征是用户在公共信息需求上不仅表现出需求信息数量的激增和获取服务方式的多样化，而且对信息内容的广度、深度也提出了更高要求，信息需求的专业化和综合化趋势增强。

第三个特征是信息消费观念日渐变化，愿意花少量的成本获得更多的增值的公共信息服务。随着公共信息资源市场化开发策略的逐渐推进和深化，越来越多的公共信息以产品或服务的形式出现，当用户感受到花少量的费用获得的经过加工的公共信息资源产品或服务带来的好处时，他们就会改变免费消费公共信息的观点，转而追求在一定利用成本下的更高质量的信息服务。

第四个特征是用户对公共信息资源的利用更追求公平，因而要运用有效的手段进行公共信息资源的合理配置，创造一个公平、公正的信息资源获取环境，促进公共信息资源的开发利用，满足社会公众的信息需求，这是提供公共信息资源服务的一个基本要求。

同时，公众作为公共信息资源服务的受体，他们的信息素质水平高低在一定程度上决定着公共信息管理和服务的水平。Mckenzie（2009）提出了"The Research Cycle"模型，分析了作为使用者的信息用户应具备什么样的信息素质。该模型认为用户信息素质的培训可以分为六个阶段，①质疑（questioning）：引导公众自主思考、发现自己所需信息，而不是一味地等他人提供；②计划（planning）：使公众制定找出获取相关、可靠信息的最优途径和策略，考虑如何选择、存取及检索信息；③收集（gathering）：使公众依靠多种方式收集信息；④分类和筛选（sorting & sifting）：公众对信息进行选择、整序和加工，使复杂的问题简单化，便于有效利用；⑤综合（synthesizing）：公众将获得的信息片断进行排列和重组直至显现某种模式和图景；⑥评价（evaluating）：公众对所获得的信息的质量进行评价，以便实现信息价值。

李静和杨玉麟（2007）依据上述模型，提出我国公众在利用公共信息资源时的主要表现是：①公众对公共信息资源的重要性认识不足，普遍认为政府集中占有公共信息资源，其管理是行政机关的事情,对公共信息资源持冷漠态度,主动利用的自觉性不足,不能认识到何时需要及需要什么样的公共信息。②在信息获取方式上,公众倾向于传统的模式,主要从亲朋好友的交往、工作环境等非文献中获取信息,缺乏有效的社会监督和质量检测。③不同地域利用网络获取公共信息资源也存在差异,7.1%的东部用户和6.3%的中部用户能够利用电子网络获取信息,但西部用户利用网络的比例只有3.6%。④公众与管理者的互动性较差,这造成了管理者单方面发布政策信息和规章制度,用户被动地接受管理,难以反馈和评估信息,管理者既不能了解用户对所提供的信息满意与否,也不能及时了解用户对公共信息的需求程度,影响了公共信息资源利用的质量和效率。

7.3 研究主题中概念的界定

本研究的主题是基于 TAM 与 TTF 整合模型的网络公共信息资源的利用问题,相关概念界定如下。

(1) 网络公共信息资源。在本书中网络公共信息资源指网上公开传播的、面向社会公众的、与社会公共利益密切相关的信息资源。其来源于政府组织网站、营利性组织网站(如公司、信息企业)、非营利组织网站(如图书馆、大学)及个人网站,内容涉及社会生活的各个方面。

(2) 用户。网络公共信息资源的主要用户是公众,来自各行各业,具有不同的教育背景、经验、个性特征。

(3) 任务。任务是指公众出于自身工作、生活、学习、发展的需要,产生了对某种公共信息资源的需求,继而转变为获取公共信息资源的行为,并利用获取的公共信息资源来解决现实问题。

(4) 网络公共信息资源用户接受。网络公共信息资源用户接受是指用户在心理和感情上对某一网络公共信息资源的认同、接纳、信任与肯定,并进而由这种认同与肯定而产生的对该网络公共信息资源的使用意向或使用愿望。

(5) 公共信息资源利用。公共信息资源利用是指围绕着公共信息资源需求的形成、搜寻、评价、选择、获取,直至实现公共信息资源的效用价值这一全过程,是本章研究的核心。

7.4 问卷设计与样本收集

7.4.1 指标选取的依据

选取合适的网站评价指标是对各变量进行操作化定义的必要工作。从文献调研来看,由于政府网站被认为是公共信息资源利用的重要的主体,所以围绕着政府网站评价指标的研究工作形成了许多有代表性的成果。以下选取本研究借鉴的部分成果进行简单介绍。

Hernon(1998)于 1998 年发表的政府网站评价相关论文参考了 Eschenfelder 等学者的政府网站评价标准,然后根据研究对象——新西兰政府网站作了相应的调整。该指标体系是一个层次式体系，最高层采用信息内容标准和易用性标准。其中，信息内容标准包括站点导向性、内容、时效性、文献控制、服务、准确性、隐私性；易用性标准包括链接质量、反馈机制、可接入性、设计、导航性。国内的学者殷感谢和陈国青（2002）也根据具体情况作了相应的删减，构建了政府网站评价指标体系。其指标分为信息内容类和易于使用类，其中信息内容类包括站点定位、流通性、服务、隐私和安全性声名；易于使用类标准包括链接质量、反馈机制、可到达性和适航性。

世界市场研究中心与布朗大学主要针对联系信息、出版物、数据库、门户网站和网上公共服务的数量五个方面对政府网站进行评估。它们具体的指标为："电话联系信息、联系地址、出版物、数据库、联系其他网站的链接、音频剪辑、视频剪辑、外语版面、无广告、不需使用费用、残疾人通道、有保密政策和安全政策、索引、网上公共服务门户网站的链接、办理时允许数字签名、可选择用信用卡付费、电子信箱联系信息、搜索能力、有评论的区域、事件公告、可通过电子信箱提供新信息服务。"（West，2006）

胡广伟等（2004）提出的指标包括网站功能、网站服务和网站使用效果三个方面。网站功能包括链接功能、联系信息、隐私和安全、残疾人辅助功能、数字民主、信息检索、网站导航、信息发布、其他语言版本、计数器；网站服务包括注册服务、网上交易、企业办事、广告服务、网上数据库、音频服务、视频服务、电子刊物、翻译服务、就业服务、电子结算、市民办事、交通服务；网站使用效果包括个性化设计、界面友好度、用户满意度、站点容量、人机交互度、信息时效、信息准确性、链接有效性。

赛迪公司提出我国政府网站进行绩效评估时的指标应包括公共服务、政务公开、客户意识和其他指标。公共服务包括信息类服务、办理类业务；政务公开包括机构设置、领导分工、人事任免、国际交流、政府会议、政策法规、统计数据、政府工作、政府采购、财政投资、民愿处理、决策公开；客户意识包括首页中公共服务内容所占区域、服务分类程度、公众参与程度、网站无碍程度、个性定制服务、特殊服务程度和个人隐私保护；其他指标包括信息检索、网站导航、其他语种、网站域名规范性（工业和信息化部，2010）。

北京时代计世资讯有限公司从内容服务、功能服务、建设质量三个方面对中国电子政务的状况进行评估。"网站内容服务主要评估政府对公众的单方向信息发布，包括政务公开、本地概览、特色内容；功能服务主要度量政府与公众的互动情况，包括网上办公、网上监督、公众反馈、特色功能；建设质量包括设计特征、信息特征、网络特征三个子指标。"（计世资讯，2009）

中国软件评测中心正式发布了《2010年中国政府网站绩效评估指标体系（征求意见稿）》。该指标体系采用了对重点领域服务能力进行评估的思路，设置了教育、社保、就业、医疗、住房、交通、证件办理、企业开办服务、资质认定、政府信息公开等10个领域的评估指标，引导政府网站强化服务百姓民生需求和企业开办、资质维护等办事能力（中国软件评测中心，2010）。

公共信息资源的利用更强调要充分满足公众的信息需求，以及顾客导向、任务导向和结果导向。不仅要求从事公共信息资源服务的组织了解公众信息需求的类型与要求，按需定制，而且在评价标准上更要改变由政府独家评估的做法，便利的操作使用和良好的社会互动，已经成为当前评价公共信息资源网站质量的重要标准。公共信息资源是政府信息资源的上位类概念,在研究公共信息资源利用问题时,可以借鉴政府网站评价的经验,剔除一些专指性特别强的指标。同时本书的研究角度是 TAM 与 TTF 整合模型,在前文中已经构建了一个基于 TAM 与 TTF 整合的网络信息资源利用效率模型。因而,本书在综合考虑上述问题的基础上,对各变量的具体测量指标进行操作化定义。

7.4.2 测量指标操作化定义

操作化是将抽象的变量转化为可观察的具体指标的过程(风笑天,2005),也就是设计调查问卷的过程。在社会调查研究中,操作化有着极为重要的作用,它是进行资源收集、资源分析及理论假设检验工作不可回避的前提。操作化主要包括变量的定义及测量指标的开发两个方面。对变量进行定义就是对主要变量进行某种澄清和界定,以明确其表达的含义。测量指标是表示某一变量含义的一组可观察和辨认的事物,在实际研究工作中,人们正是借助于这些可观察和辨认的具体指标,来实现对抽象变量的定量化测量。

为确保变量测度的信度和效度,笔者在研究中为各变量设计的调查题项尽可能是来自本章 7.4.1 节中已有的研究成果,并根据需要予以适当的修改、调整和补充,使其更具针对性和适用性。在回答调查问卷时,受访者将首先选择或确定一个自己相对最常访问的公共信息资源网站,然后再完成与该数据库相关的一些调查问项。除了特别的说明外,问卷中所有题项的测量均采用 Likert 5 级评价尺度(从 1 到 5 代表同意程度逐渐增强),通过调查对象对相关陈述或说法的同意或不同意程度来测量各个变量。

本研究所探讨的变量包括有用认知、易用认知、任务技术适配、主观规范、行为控制认知、感知信任、网站使用的行为意图、网站实际使用、网络公共信息资源利用效率,下面分别对各个变量的具体操作化过程进行简要说明。

1) 有用认知

人类公共信息资源的利用活动虽然普遍,但并非毫无意义的行为,而是源于对公共信息资源价值的认同。无论是国家的安全稳定还是个人财产生命保障,人们都能在对公共信息资源的利用过程中感受到公共信息服务带来的有用性,并且这种有用性体现在多个方面。在 TAM 中,有用认知是影响用户接受信息技术的主要决定因素,它直接影响态度和行为意图。各个网站可以被看做信息系统,只有用户认为该系统有使用价值时才可能有使用它的意向。对公共信息资源网站的有用认知,即感知使用网站能满足个人知情权、改善生活质量及提高工作表现程度大小的一种预期。

江泽民在党的十五大报告中指出,"实行政务和财务公开,让群众参与讨论和决定基层公共事务和公益事业"(中共中央文献研究室,2000)。胡锦涛同志在党的十七大报告中指出:"推进决策科学化、民主化,完善决策信息和智力支持系统。增强决策透明度和公众参与度,制定与群众利益密切相关的法律法规和公共政策,原则上要公开听取意见。"(中共中央文献研究室,2001) 从国家领导人的报告中可以看出公共信息资源的首要的价值在于能促进政务公开,增加公众对公共部门的了解,满足公众的知情权。

另外,对大多数公众来讲,更希望通过获取公共信息资源来找到办事的捷径,避免各种不必要的人力、物力、财力的浪费。例如,可以通过在线办理功能,实现网上填报各种信息,减少了来回奔波的劳累,还可以通过查看各种与日常生活有关的公共信息,如天气预报、交通时刻,来提高工作和生活效率。这方面的价值是多样化且具有普遍性的,但也是最能影响用户对公共信息资源满意与否的一个方面。

综上所述,我们在调查时将有用认知变量进行如表7-5所示的操作定义。

表7-5 有用认知的测量指标

变量	测量指标
有用认知	利用该网站,几乎所有的需要的公共信息都能找到
	该网站提供的公共信息的准确率高
	访问网站能让我了解公共事业,增加公共部门工作的透明度
	网站提供的公共信息能提高我的办事效率,节省精力
	网站提供的公共信息能让我不花冤枉钱

2) 易用认知

易用认知是指用户对通过网络获取公共信息资源的难易程度及享受各种在线办事服务便利性的一种预期。易用认知是在有用认知之后排在第二位的影响因素,会直接或者间接影响有用认知,从而影响对网站使用过程中便利性的感受。在研究中,我们对易用认知的具体操作化定义如表7-6所示。

表7-6 易用认知的测量指标

变量	测量指标
易用认知	网站提供的在线办事流程清晰、方便
	网站提供了方便的导航机制,易于使用
	通过网站可以很容易找到我需要的信息
	网站设计遵循了标准和惯例,新访问者能很快上手
	对我来说,访问该网站是一件容易的事

3) 任务技术适配

在研究中,将从信息质量、技术支撑、辅助功能三个维度来衡量任务技术匹配,继而探讨公共信息资源网站对用户行为意向的影响。高质量的公共信息更能促使用户使用行为的发生;技术支撑是指网站所依托的各种技术(如安全技术、保密技术、设计技术等)是否能让用户感到满意和放心;辅助功能描绘了当用户在利用网站过程中遇到困难时需要借助哪些帮助措施来继续利用网站,如常见的在线帮助、新手指南等,这些也是影响用户任务和技术适配性的重要因素。具体的操作化定义见表7-7。

表 7-7　任务技术适配的测量指标

变量	测量指标
信息质量	网站提供的信息和链接丰富，几乎所有需要的公共信息都能找到
	该网站信息提供来源，且具有一定权威性和准确性
	该网站信息能提供全文
	网站只提供必要和有用的信息
	该网站信息内容更新及时
	该网站提供的信息分类清晰
	该网站语言风格清晰一致，与用户风格相匹配
	该网站提供的信息格式是用户经常阅读的格式，如 html 文档、.doc 文档、.pdf 文档等
	该网站提供多语言版本的信息
技术支撑	界面响应迅速，即使需要很长时间响应也会给用户提示，让用户了解系统状况
	网站提供的在线服务功能（如网上注册、申报、支付）设计简洁、界面友好、易于操作
	网站能够保证用户信息的安全性（身份认证、用户权限设置、个人信息保密）
	网站能够保证交互过程的安全可靠（具备防火墙、认证、加密、防黑客、防抵御等技术）
辅助功能	网站能提供在线咨询、在线帮助或 E-mail 等功能
	网站提供常见问题列表、新手指南等信息
	网站能提供自由交流的空间（如聊天室、论坛、留言板等）
	该网站能提供个性化服务功能

4）主观规范

心理学上的主观规范是指个人对于是否采取某项特定行为所感受的社会压力，亦即在预测他人的行为时，那些对个人的行为决策具有影响力的个人或团体对于个人是否采取某项特定行为所发挥的影响作用的大小。一般来说，当个体发现自己的行为和意见与群体不一致，或与群体中的大多数人有分歧时，会感受到一种压力，这促使他趋向于与群体保持一致，这是一种比较普遍的社会心理和行为现象。特别是当公众在利用公共信息资源时，由于公共信息资源本身具有普遍性和广泛性的特点，一个人总是倾向于选择被大多数人或权威人士认可的信息资源，所以研究网络信息资源利用效率时有必要把主观规范作为一个变量。具体的操作化定义如表 7-8 所示。

表 7-8　主观规范的测量指标

变量	测量指标
主观规范	我周围的人群认为使用该网站的公共信息资源是一个不错的选择
	我周围的人群认为使用该网站的公共信息资源有价值
	由于媒体的宣传，我会使用该网站的公共信息资源
	网站提供访问次数计数器

5) 行为控制认知

行为控制是指通过社会或自身的力量使人们的行为符合社会规范和要求，从而减少行为上的偏差。而在人们利用公共信息资源这一具体情境下，行为控制认知表现为人们对自身使用网站能力、情感和条件的认识。具体操作化定义如表7-9所示。

表7-9 行为控制认知的测量指标

变量	测量指标
行为控制认知	即使没有帮助，我也能够独立地使用该网站
	我是该网站的忠实用户
	我拥有使用该网站的条件（时间、资金、技术、设备、软件）

6) 感知信任

在过去，报纸是传播公共信息的唯一媒体，记者有充足的时间调查、核实、研究、编辑和出版。而随着大众传播技术的发展，网络媒体的出现，记者求证的时间和空间被大大压缩了，网络成为一个信息自由传播的空间。一个公共信息网站，首先要对其上所有信息的可信性、客观性负责任；其次，随着网站的交互功能越来越强，需要用户输入个人信息的场合也越来越多，作为受信任的网站，它还有责任保护用户的个人隐私安全；最后，作为一个对广大人民群众具有公共利益价值的网站，它还应该有些辅助措施来增进用户的民主感，从而进一步激发用户对网站的信任。具体的操作化定义如表7-10所示。

表7-10 感知信任的测量指标

变量	测量指标
感知信任	网站的所属机构、组织或个人信誉好、声望高
	网站提供的信息来源明确、知识产权清晰
	网站提供了个人信息保护声明、隐私条款等规章制度
	网站有关其所属机构、组织或个人的简要情况介绍
	网站不会侵犯到公众的利益
	网站有技术措施和策略来保证用户的安全访问
	网站提供公共事务办理时能提供数字签名
	网站有一些数字民主措施，如留言板、辩论论坛

7) 网站使用的行为意图

网站使用的行为意图表明用户使用某一网络获取公共信息和享受公共服务的意愿，反映出未来网站被利用的可能性。研究中设计了以下五个题项来测量这一变量（表7-11），这五个题项之间存在着一些微妙的差异，有的反映出被调查者未来的意愿，有的反映出被调查者对网站的感受。

表 7-11　网站使用行为意图的测量指标

变量	测量指标
网络公共信息资源的行为意图	我会考虑未来继续使用该网站
	我打算未来经常使用该网站
	我会向周围人群推荐该网站
	我会利用该网站提供的在线服务功能
	我会利用该网站获取公共信息

8）网站实际使用

网站实际使用反映的是用户对网站当前的使用行为。用户的行为是多样化的，在研究中，我们设计了两种形式的题项：一种是用 likert 五级评价尺度形式测量用户网站使用现状（表 7-12）；一种是采用问答方式测量用户访问网站的次数和频率。

表 7-12　网站实际使用的测量指标

变量	测量指标
网络信息系统实际使用	我经常使用该网站的公共信息资源和公共服务
	我总是使用该网站解决公共信息需求问题

9）网络公共信息资源利用效率

网络公共信息资源利用效率是指使用网络信息资源获得收益与网络信息资源潜在价值之间的比值。单纯从公式来看，分母网络信息资源潜在价值可以认为是一个较稳定的值，所以网络公共信息资源的利用效率在很大程度上是与网站的收益成正比的。在研究中，我们设计了两个题项来测量网站的收益（表 7-13），均是从用户的角度来考察的。

表 7-13　网络公共信息资源利用效率的测量指标

变量	测量指标
网络信息资源利用效率	该网站满足了我的公共信息需求
	对使用网络获取和利用公共信息带来的个人好处感到满意

7.5　样本收集

7.5.1　问卷前测

为了避免调查问卷存在的语意方面的问题，使被调查者误解题目表达的意思而误答问卷，影响问卷的效度，在正式进行问卷调查之前，先进行了问卷前测，采用探索性因子分析，删除因子负荷小于 0.5 的指标。

本研究预调查对象为社会公众，包括学生、教职工、企业员工等。本次预调查发出问卷 50 份，回收有效问卷 43 份。

根据预调查数据，利用 SPSS13.0 进行因子分析，删除了因子负荷相对较小的一些变量。任务技术适配的 TTF8、TT9、TTF13 和 TTF16，易用认知的 PEOU4，主观规范的 SN4，行为意图的 BI2，信任的 TR3 的因子负荷均小于 0.5，所以予以剔除。根据调查反馈，修改了部分指标的表达方式，并对问卷格式进一步修正，形成了正式的调查问卷。

7.5.2 样本分布

本研究探讨的是网络公共信息资源利用的影响因素，但是由于大范围取样的困难，本研究的调查对象以高校学生、教职工和企业员工为主。之所以选择这三个群体，一方面是出于样本收集的方便性；另一方面，这三类用户是网络公共信息资源中非常重要的一部分。因此，将他们作为研究对象也是具有代表性的。

本研究采用发放调查问卷的调查方式，数据获取时间为 2010 年 3～7 月。调查问卷共发放 500 份，回收问卷 468 份，问卷回收率为 93.6%，其中有效问卷 379 份，回收问卷有效率为 80.98%。现从抽样对象的性别、年龄、受教育程度、互联网使用经验和网上购物使用经历等几个方面，利用 SPSS13.0 对这些样本进行描述性统计分析。

1) 性别分布

样本的性别分布如表 7-14 所示，其中，男性样本占 56.2%，女性样本占 43.8%。

表 7-14 性别的统计特征

性别	频率	百分比	有效百分比	累积百分比
男	213	56.2	56.2	56.2
女	166	43.8	43.8	100.0
合计	379	100.0	100.0	

2) 年龄分布

样本的年龄结构如表 7-15 所示，其中，绝大部分调查样本为 21～40 岁，占总样本的 72.9%。

表 7-15 年龄的统计特征

年龄	频率	百分比	有效百分比	累积百分比
20 岁以下	17	4.5	4.5	4.5
21～30 岁	123	32.5	32.5	36.9
31～40 岁	153	40.4	40.4	77.3
41～50 岁	69	18.2	18.2	95.5
50 岁以上	17	4.5	4.5	100.0
合计	379	100.0	100.0	

3) 受教育程度

在所有样本中，有本科 145 人，占 38.3%，硕士 128 人，占 33.8%，在所有样本中体现出本主题的研究对象是高学历人群（表 7-16）。

表 7-16 教育程度的统计特征

教育程度	频率	百分比	有效百分比	累积百分比
高中及以下	6	1.6	1.6	1.6
专科	37	9.8	9.8	11.3
本科	145	38.3	38.3	49.6
硕士	128	33.8	33.8	83.4
博士	63	16.6	16.6	100.0
合计	379	100.0	100.0	

4) 个人消费水平

在所有样本中，个人消费水平主要为 501~1500 元，占 379 个总样本的 65.9%（表 7-17）。

表 7-17 个人消费水平的统计特征

消费水平	频率	百分比	有效百分比	累积百分比
500 元以下	61	16.1	16.1	16.1
501~1000 元	118	31.1	31.1	47.2
1001~1500 元	132	34.8	34.8	82.1
1501~2000 元	45	11.9	11.9	93.9
2001 元以上	23	6.1	6.1	100.0
合计	379	100.0	100.0	

5) 互联网使用年限

在所有的样本对象中，95.8% 的调查对象有 1 年以上的互联网使用经验，其中，2~7 年的调查对象占总样本的 74.4%（表 7-18）。

表 7-18 互联网使用年限的统计特征

使用年限	频率	百分比	有效百分比	累积百分比
1 年及以下	16	4.2	4.2	4.2
2~4 年	122	32.2	32.2	36.4
5~7 年	160	42.2	42.2	78.6
8~10 年	70	18.5	18.5	97.1
11 年以上	11	2.9	2.9	100.0
合计	379	100.0	100.0	

6）平均每周上网次数

在所有的379个样本中，平均每周上网次数在1~10次的调查对象占总样本的62.5%（表7-19）。

表7-19 平均每周上网次数的统计特征

上网次数	频率	百分比	有效百分比	累积百分比
少于1次	13	3.4	3.4	3.4
1~5次	110	29.0	29.0	32.5
6~10次	127	33.5	33.5	66.0
11~15次	58	15.3	15.3	81.3
15次以上	71	18.7	18.7	100.0
合计	379	100.0	100.0	

7）平均每次上网时间

对于平均每次上网时间，处于2~3小时的用户比例最高，占总样本的43.0%（表7-20）。

表7-20 平均每次上网时间的统计特征

每次上网时间	频率	百分比	有效百分比	累积百分比
1小时以下	21	5.5	5.5	5.5
1~2小时	85	22.4	22.4	28.0
2~3小时	163	43.0	43.0	71.0
3~4小时	48	12.7	12.7	83.6
4小时以上	62	16.4	16.4	100.0
合计	379	100.0	100.0	

8）网站使用频率

对于网站使用频率，处于一般使用的用户比例最高，占总样本的40.1%（表7-21）。

表7-21 网站使用频率的统计特征

使用频率	频率	百分比	有效百分比	累积百分比
很少使用	24	6.3	6.3	6.3
偶尔使用	87	23.0	23.0	29.3
一般使用	152	40.1	40.1	69.4
经常使用	60	15.8	15.8	85.2
频繁使用	56	14.8	14.8	100.0
合计	379	100.0	100.0	

7.5.3 信度与效度检验

在对结构方程模型进行检验之前，本节先检验调查问卷的信度和效度。本书经过 SPSS13.0 运算求出调查问卷中各变量的 Cronbach's α 系数，收敛效度和区分效度则采用因子分析进行检验。

1. 一致性系数

1）有用认知的信度分析

本研究对有用认知变量的 5 个题项进行信度分析，由表 7-22 可知，变量有用认知的 Cronbach's α 系数达到了 0.883，且此变量在单一指标删除的情况下，Cronbach's α 值没有发生显著改变，这充分说明有用认知变量具有较好的测量信度。

表 7-22 有用认知的指标均值、标准差与信度系数

因子（变量）(scale)	测量项目数	指标（items）	均值（mean）	标准差（S.D.）	Cronbach's α if Item Deleted	Cronbach's α
有用认知	5	PU1	3.44	0.772	0.865	0.883
		PU2	3.45	0.766	0.859	
		PU3	3.46	0.826	0.858	
		PU4	3.56	0.748	0.852	
		PU5	3.59	0.813	0.854	

2）易用认知的信度分析

表 7-23 是对本研究中易用认知变量的 4 个题项进行信度分析的结果，Cronbach's α 系数达到了 0.864，且此变量在单一指标删除的情况下，Cronbach's α 值没有发生显著改变，这充分说明易用认知变量的测度具有良好的内部一致性。

表 7-23 易用认知的指标均值、标准差与信度系数

因子（变量）(scale)	测量项目数	指标（items）	均值（mean）	标准差（S.D.）	Cronbach's α if Item Deleted	Cronbach's α
易用认知	4	PEOU1	3.47	0.760	0.826	0.864
		PEOU2	3.40	0.831	0.816	
		PEOU3	3.47	0.839	0.844	
		PEOU5	3.42	0.735	0.820	

3）任务技术适配的信度分析

表 7-24 是对本研究中任务技术适配变量的 13 个题项进行信度分析的结果，Cronbach's

α系数达到了 0.939，且此变量在单一指标删除的情况下，Cronbach's α 值没有发生显著改变，这充分说明任务技术适配变量的测度具有良好的内部一致性。

表 7-24 任务技术适配的指标均值、标准差与信度系数

因子（变量）(scale)	测量项目数	指标（items）	均值（mean）	标准差（S.D.）	Cronbach's α if Item Deleted	Cronbach's α
任务技术适配	13	TTF1	3.03	0.842	0.934	0.939
		TTF2	2.91	0.748	0.934	
		TTF3	3.04	0.820	0.933	
		TTF4	3.01	0.759	0.936	
		TTF5	3.01	0.805	0.934	
		TTF6	2.87	0.830	0.934	
		TTF7	2.95	0.768	0.933	
		TTF10	2.99	0.820	0.934	
		TTF11	2.98	0.834	0.934	
		TTF12	3.10	0.790	0.933	
		TTF14	3.01	0.865	0.933	
		TTF15	3.01	0.864	0.933	
		TTF17	2.88	0.767	0.936	

4）主观规范的信度分析

表 7-25 是对本研究中主观规范变量的 3 个题项进行信度分析的结果，Cronbach's α 系数达到了 0.816，且此变量在单一指标删除的情况下，Cronbach's α 值没有发生显著改变，这充分说明主观规范变量具有较好的测量信度。

表 7-25 主观规范的指标均值、标准差与信度系数

因子（变量）(scale)	测量项目数	指标（items）	均值（mean）	标准差（S.D.）	Cronbach's α if Item Deleted	Cronbach's α
主观规范	3	SN1	3.01	0.788	0.686	0.816
		SN2	3.23	0.808	0.769	
		SN3	3.11	0.792	0.784	

5）行为控制认知的信度分析

表 7-26 是对本研究中行为控制认知变量的 3 个题项进行信度分析的结果，Cronbach's α 系数达到了 0.793，且此变量在单一指标删除的情况下，Cronbach's α 值没有发生显著改变，这充分说明行为控制认知变量的测度具有良好的内部一致性。

表 7-26　行为控制认知的指标均值、标准差与信度系数

因子（变量）(scale)	测量项目数	指标（items）	均值（mean）	标准差（S. D.）	Cronbach's α if Item Deleted	Cronbach's α
行为控制认知	3	PBC1	3.07	0.784	0.727	0.793
		PBC2	2.99	0.788	0.701	
		PBC3	2.98	0.805	0.730	

6）信任的信度分析

表 7-27 是对本研究中信任变量的 6 个题项进行信度分析的结果，Cronbach's α 系数达到 0.875，且此变量在单一指标删除的情况下，Cronbach's α 值没有发生显著改变，这充分说明信任变量的测度具有良好的内部一致性。

表 7-27　信任的指标均值、标准差与信度系数

因子（变量）(scale)	测量项目数	指标（items）	均值（mean）	标准差（S. D.）	Cronbach's α if Item Deleted	Cronbach's α
信任	6	TR1	2.85	0.779	0.849	0.875
		TR2	2.87	0.760	0.847	
		TR4	2.68	0.715	0.860	
		TR5	2.83	0.797	0.844	
		TR6	2.78	0.690	0.863	
		TR8	2.82	0.746	0.861	

7）行为意图的信度分析

表 7-28 是对本研究中行为意图变量的 4 个题项进行信度分析的结果，Cronbach's α 系数达到了 0.876，且此变量在单一指标删除的情况下，Cronbach's α 值没有发生显著改变，这充分说明行为意图变量具有较好的测量信度。

表 7-28　行为意图的指标均值、标准差与信度系数

因子（变量）(scale)	测量项目数	指标（items）	均值（mean）	标准差（S. D.）	Cronbach's α if Item Deleted	Cronbach's α
行为意图	4	BI1	3.32	0.737	0.816	0.876
		BI3	3.35	0.742	0.849	
		BI4	3.34	0.802	0.828	
		BI5	3.32	0.777	0.867	

8）实际使用的信度分析

表 7-29 是对本研究中实际使用变量的 2 个题项进行信度分析的结果，Cronbach's α 系

数达到了 0.707，这充分说明实际使用变量的测度具有良好的内部一致性。

表 7-29　实际使用的指标均值、标准差与信度系数

因子（变量）（scale）	测量项目数	指标（items）	均值（mean）	标准差（S.D.）	Cronbach's α if Item Deleted	Cronbach's α
实际使用	2	U1	3.45	0.806	—	0.707
		U2	3.48	0.837	—	

9）利用效率的信度分析

表 7-30 是对本研究中利用效率变量的 2 个题项进行信度分析的结果，Cronbach's α 系数达到了 0.599，这说明实际使用变量的测度的内部一致性可以采纳。

表 7-30　实际使用的指标均值、标准差与信度系数

因子（变量）（scale）	测量项目数	指标（items）	均值（mean）	标准差（S.D.）	Cronbach's α if Item Deleted	Cronbach's α
利用效率	2	UR1	3.29	0.643	—	0.599
		UR2	3.33	0.669	—	

2. 探索性因子分析

为了确保网络公共信息资源利用效率问卷结构的合理性，在本节运用因子分析中的探索性因子分析法，利用 SPSS13.0 工具对各潜在变量的测量指标进行分析，探索变量的因子结构。本研究在作因子分析前，使用 KMO（Kaiser-Meyer-Olkin）值对样本数据进行因子分析适合性检验。当 KMO 值小于 0.5 时不宜用该方法。因此，本研究采用 SPSS13.0 对所有样本中的一半（189 个样本）进行探索性因子分析，采用主成分分析法作为提取因子的方法，以得到各变量的因子结构。

1）有用认知的探索性因子分析

表 7-31 到表 7-33 是对有用认知的 5 个题项进行因子分析的结果。

表 7-31　有用认知的 KMO 及 Bartlett 球形检验

Kaiser-Meyer-Olkin Measure of Sampling Adequacy		0.865
Bartlett's Test of Sphericity	Approx. Chi-Square	550.571
	df	10
	Sig.	0.000

表 7-32 有用认知的累计解释方差

Component	Initial Eigenvalues			Extraction Sums of Squared Loadings		
	Total	% of Variance	Cumulative %	Total	% of Variance	Cumulative %
1	3.560	71.207	71.207	3.560	71.207	71.207
2	0.507	10.131	81.338			
3	0.383	7.651	88.989			
4	0.311	6.218	95.207			
5	0.240	4.793	100.000			

表 7-33 有用认知的因子载荷矩阵

	Component
	1
PU1	0.780
PU2	0.846
PU3	0.854
PU4	0.868
PU5	0.868

从表 7-31 可以看出，总体 Bartlett 球形检验 χ^2 值达到了 550.571（df=10，$p<0.001$），并且 5 个题项间均在 0.001 水平上显著相关，KMO 值为 0.865，大于 0.5，因此完全满足因子分析的条件。

表 7-32 中有一个因子的特征值为 3.560，大于 1，该因子解释了数据中 71.207% 的变异。5 个题项的因子载荷为 0.780~0.868（表 7-33），因此，有用认知变量具有较好的测量效度。

2）易用认知的探索性因子分析

对易用认知的 4 个题项进行探索性因子分析，结果如表 7-34 至表 7-36 所示。

表 7-34 易用认知的 KMO 及 Bartlett 球形检验

Kaiser-Meyer-Olkin Measure of Sampling Adequacy		0.764
Bartlett's Test of Sphericity	395.561	395.561
	6	6
	0.000	0.000

表 7-35 易用认知的累计解释方差

Component	Initial Eigenvalues			Extraction Sums of Squared Loadings		
	Total	% of Variance	Cumulative %	Total	% of Variance	Cumulative %
1	2.886	72.155	72.155	2.886	72.155	72.155
2	0.563	14.087	86.242			
3	0.326	8.138	94.380			
4	0.225	5.620	100.000			

表7-36　易用认知的因子载荷矩阵

	Component
	1
PEOU1	0.858
PEOU2	0.872
PEOU3	0.799
PEOU5	0.867

从表7-34可以看出，总体Bartlett球形检验χ^2值达到了395.561（df=6，$p<0.001$），并且4个题项间均在0.001水平上显著相关，KMO值为0.764，大于0.5，因此完全满足因子分析的条件。

表7-35中有一个因子的特征值大于1，该因子解释了数据中72.155%的变异。4个题项的因子载荷中都在0.799以上（表7-36），因此，易用认知具有良好的测量效度。

3）任务技术适配的探索性因子分析

表7-37到表7-39是对任务技术适配的13个题项进行因子分析的结果。

表7-37　任务技术适配的KMO及Bartlett球形检验

Kaiser-Meyer-Olkin Measure of Sampling Adequacy		0.920
Bartlett's Test of Sphericity	Approx. Chi-Square	1843.283
	df	78
	Sig.	0.000

表7-38　任务技术适配的累计解释方差

Component	Initial Eigenvalues			Extraction Sums of Squared Loadings		
	Total	% of Variance	Cumulative %	Total	% of Variance	Cumulative %
1	7.875	60.575	60.575	7.875	60.575	60.575
2	0.989	7.607	68.182			
3	0.764	5.880	74.062			
4	0.667	5.133	79.196			
5	0.512	3.937	83.133			
6	0.444	3.416	86.549			
7	0.352	2.708	89.257			
8	0.322	2.479	91.736			
9	0.274	2.111	93.847			
10	0.254	1.957	95.805			
11	0.214	1.650	97.454			
12	0.176	1.354	98.809			
13	0.155	1.191	100.000			

表7-39 任务技术适配的因子载荷矩阵

	Component
	1
TTF1	0.768
TTF2	0.777
TTF3	0.766
TTF4	0.686
TTF5	0.772
TTF6	0.780
TTF7	0.805
TTF10	0.750
TTF11	0.780
TTF12	0.834
TTF14	0.824
TTF15	0.826
TTF17	0.736

从表7-37可以看出,任务技术适配的KMO值为0.920,大于0.5,表示适合进行因子分析,总体Bartlett球形检验的χ^2值达到了1843.283,显著性水平为0.000,说明各指标间并非对立,而是相互联系的,可以对样本数据进行因子分析。

表7-39中有一个因子的特征值为7.875,该因子解释了数据中60.575%的变异。13个题项的因子载荷都在0.686以上(表7-39),因此,任务技术适配具有良好的测量效度。

4) 主观规范的探索性因子分析

表7-40到表7-42是对主观规范的3个题项进行因子分析的结果。

表7-40 主观规范的KMO及Bartlett球形检验

Kaiser-Meyer-Olkin Measure of Sampling Adequacy		0.694
Bartlett's Test of Sphericity	Approx. Chi-Square	217.999
	df	3
	Sig.	0.000

表7-41 主观规范的累计解释方差

Component	Initial Eigenvalues			Extraction Sums of Squared Loadings		
	Total	% of Variance	Cumulative %	Total	% of Variance	Cumulative %
1	2.233	74.418	74.418	2.233	74.418	74.418
2	0.475	15.840	90.258			
3	0.292	9.742	100.000			

表 7-42 主观规范的因子载荷矩阵

	Component
	1
SN1	0.902
SN2	0.845
SN3	0.839

从表 7-40 可以看出，主观规范 KMO 值为 0.694，大于 0.5，表示适合进行因子分析，总体 Bartlett 球形检验的 χ^2 值达到了 217.999，显著性水平为 0.000，说明各指标间并非对立，而是相互联系的，可以对样本数据进行因子分析。

表 7-41 中有一个特征值大于 1 的因子，该因子解释了数据中总方差的 74.418%。3 个题项的因子载荷都达到了 0.839 以上（表 7-42），说明主观规范的测量效度良好。

5) 行为控制认知的探索性因子分析

对行为控制认知的 3 个题项进行因子分析的结果如表 7-43 至表 7-45 所示。

表 7-43 行为控制认知的 KMO 及 Bartlett 球形检验

Kaiser-Meyer-Olkin Measure of Sampling Adequacy		0.719
Bartlett's Test of Sphericity	Approx. Chi-Square	211.683
	df	3
	Sig.	0.000

表 7-44 行为控制认知的累计解释方差

Component	Initial Eigenvalues			Extraction Sums of Squared Loadings		
	Total	% of Variance	Cumulative %	Total	% of Variance	Cumulative %
1	2.239	74.629	74.629	2.239	74.629	74.629
2	0.420	14.005	88.633			
3	0.341	11.367	100.000			

表 7-45 行为控制认知的因子载荷矩阵

	Component
	1
PBC1	0.858
PBC2	0.882
PBC3	0.852

从表 7-43 可以看出，行为控制认知变量的 KMO 值为 0.719，大于 0.5，表示适合进行因子分析，总体 Bartlett 球形检验的 χ^2 值达到了 211.683，显著性水平为 0.000，说明各指

标间并非对立，而是相互联系的，可以对样本数据进行因子分析。

表7-44中有一个特征值大于1的因子，该因子解释了数据中总方差的74.629%。3个题项的因子载荷都在0.852以上（表7-45），说明行为控制认知的测量效度良好。

6）信任的探索性因子分析

对信任的6个题项进行因子分析的结果如表7-46至表7-48所示。

表7-46 信任的KMO及Bartlett球形检验

Kaiser-Meyer-Olkin Measure of Sampling Adequacy		0.829
Bartlett's Test of Sphericity	Approx. Chi-Square	499.912
	df	15
	Sig.	0.000

表7-47 信任的累计解释方差

Component	Initial Eigenvalues			Extraction Sums of Squared Loadings		
	Total	% of Variance	Cumulative %	Total	% of Variance	Cumulative %
1	3.542	59.035	59.035	3.542	59.035	59.035
2	0.788	13.141	72.176			
3	0.625	10.422	82.599			
4	0.414	6.902	89.500			
5	0.394	6.570	96.070			
6	0.236	3.930	100.000			

表7-48 信任的因子载荷矩阵

	Component
	1
TR1	0.812
TR2	0.850
TR4	0.730
TR5	0.817
TR6	0.716
TR8	0.670

从表7-46可以看出，信任变量的KMO值为0.829，大于0.5，表示适合进行因子分析，总体Bartlett球形检验的χ^2值达到了499.912，显著性水平为0.000，说明各指标间并非对立，而是相互联系的，可以对样本数据进行因子分析。

表7-47中有一个因子的特征值大于1，该因子解释了信任变量59.035%的变异。6个题项的因子载荷都在0.670以上（表7-48），因此，信任变量具有良好的测量效度。

7) 行为意图的探索性因子分析

对行为意图的 4 个题项进行因子分析的结果如表 7-49 至表 7-51 所示。

表 7-49 行为意图的 KMO 及 Bartlett 球形检验

Kaiser-Meyer-Olkin Measure of Sampling Adequacy		0.810
Bartlett's Test of Sphericity	Approx. Chi-Square	477.939
	df	6
	Sig.	0.000

表 7-50 行为意图的累计解释方差

Component	Initial Eigenvalues			Extraction Sums of Squared Loadings		
	Total	% of Variance	Cumulative %	Total	% of Variance	Cumulative %
1	3.041	76.029	76.029	3.041	76.029	76.029
2	0.454	11.352	87.381			
3	0.344	8.598	95.979			
4	0.161	4.021	100.000			

表 7-51 行为意图的因子载荷矩阵

	Component
	1
BI1	0.921
BI3	0.862
BI4	0.897
BI5	0.803

从表 7-49 可以看出，行为意图变量的 KMO 值为 0.810，大于 0.5，表示适合进行因子分析，总体 Bartlett 球形检验的 χ^2 值达到了 477.939，显著性水平为 0.000，说明各指标间并非对立，而是相互联系的，可以对样本数据进行因子分析。

表 7-50 中有一个特征值大于 1 的因子，该因子解释了数据中总方差的 76.029%。4 个题项的因子载荷都在 0.8 以上（表 7-51），说明行为意图的测量效度良好。

8) 实际使用的探索性因子分析

表 7-52 到表 7-54 是对实际使用的 2 个题项进行因子分析的结果。

表 7-52 实际使用的 KMO 及 Bartlett 球形检验

Kaiser-Meyer-Olkin Measure of Sampling Adequacy		0.500
Bartlett's Test of Sphericity	Approx. Chi-Square	78.341
	df	1
	Sig.	0.000

表 7-53　实际使用的累计解释方差

Item	Initial Eigenvalues			Extraction Sums of Squared Loadings		
	Total	% of Variance	Cumulative %	Total	% of Variance	Cumulative %
1	1.586	79.283	79.283	1.586	79.283	79.283
2	0.414	20.717	100.000			

表 7-54　实际使用的因子载荷矩阵

	Component
	1
U1	0.890
U2	0.890

从表 7-52 可以看出，虽然 KMO 值只有 0.5，但 Bartlett 球形检验 χ^2 值达到了 78.341（df=1，$p<0.001$），并且 2 个题项间在 0.001 水平上显著相关，因此基本符合因子分析的条件。

表 7-53 中有一个特征值大于 1 的因子，该因子解释了数据中总方差的 79.283%。2 个题项的因子载荷都达到了 0.890（表 7-54），说明实际使用的测量效度良好。

9）利用效率的探索性因子分析

表 7-55 到表 7-57 是对利用效率的 2 个题项进行因子分析的结果。

表 7-55　利用效率的 KMO 及 Bartlett 球形检验

Kaiser-Meyer-Olkin Measure of Sampling Adequacy		0.500
Bartlett's Test of Sphericity	Approx. Chi-Square	49.005
	df	1
	Sig.	0.000

表 7-56　利用效率的累计解释方差

Item	Initial Eigenvalues			Extraction Sums of Squared Loadings		
	Total	% of Variance	Cumulative %	Total	% of Variance	Cumulative %
1	1.481	74.035	74.035	1.481	74.035	74.035
2	0.519	25.965	100.000			

表 7-57　利用效率的因子载荷矩阵

	Component
	1
UR1	0.860
UR2	0.860

从表 7-55 可以看出，虽然 KMO 值只有 0.5，但 Bartlett 球形检验 χ^2 值达到了 49.005（df=1，$p<0.001$），并且 2 个题项间在 0.001 水平上显著相关，因此基本符合因子分析的条件。

表 7-56 中有一个特征值大于 1 的因子，该因子解释了数据中总方差的 74.035%。2 个题项的因子载荷都达到了 0.860（表 7-57），说明利用效率的测量效度良好。

3. 验证性因子分析

本节对网络公共信息资源利用效率的另外一半样本，共 190 个样本运用因子分析中的验证性因子分析法，利用 Lisrel 8.70 对所提出的测量指标设置的合理性进行初步验证，对问卷结构进行问卷信度和效度检验，证明问卷设计的合理性和有效性。

通过运行验证性因子分析的程序，得出模型的输出结果，具体的路径图参见附录 C。9 个变量的各个测量指标的因子负荷及测量误差，以及各个变量的组合信度和平均变异萃取量（表 7-58）。

表 7-58 因子负荷、组合信度与平均变异萃取量

因子	测量指标	因子负荷（λ）	测量误差（ε）	组合信度（CR）	平均变异萃取量（AVE）
有用认知	PU1	0.771	0.405	0.856	0.722
	PU2	0.754	0.431		
	PU3	0.703	0.506		
	PU4	0.728	0.469		
	PU5	0.729	0.468		
易用认知	PEOU1	0.772	0.404	0.854	0.781
	PEOU2	0.800	0.360		
	PEOU3	0.761	0.421		
	PEOU5	0.748	0.441		
任务技术适配	TTF1	0.675	0.544	0.924	0.641
	TTF2	0.677	0.542		
	TTF3	0.772	0.404		
	TTF4	0.699	0.511		
	TTF5	0.682	0.535		
	TTF6	0.737	0.457		
	TTF7	0.720	0.481		
	TTF10	0.734	0.461		
	TTF11	0.695	0.517		
	TTF12	0.664	0.559		
	TTF14	0.659	0.565		
	TTF15	0.688	0.526		
	TTF17	0.615	0.622		

续表

因子	测量指标	因子负荷（λ）	测量误差（ε）	组合信度（CR）	平均变异萃取量(AVE)
主观规范	SN1	0.799	0.362	0.805	0.763
	SN2	0.787	0.380		
	SN3	0.696	0.516		
行为控制认知	PBC1	0.711	0.495	0.751	0.669
	PBC2	0.724	0.476		
	PBC3	0.690	0.524		
信任	TR1	0.790	0.376	0.893	0.765
	TR2	0.727	0.471		
	TR4	0.735	0.460		
	TR5	0.812	0.341		
	TR6	0.706	0.502		
	TR8	0.801	0.359		
行为意图	BI1	0.754	0.431	0.853	0.780
	BI3	0.757	0.426		
	BI4	0.814	0.337		
	BI5	0.752	0.434		
实际使用	U1	0.688	0.527	0.678	0.682
	U2	0.743	0.447		
利用效率	UR1	0.558	0.688	0.635	0.596
	UR2	0.650	0.578		

根据表 7-58 的数据，所有指标的因子负荷均大于 0.5，除了实际使用和利用效率变量的 CR 稍微低些，其他变量的 CR 都大于 0.7，AVE 均大于 0.5，可以得出测量模型的各个测量指标收敛于相应因子，测量模型具有一定程度的收敛效度。

根据 Fornell 和 Larcker 的研究结论，"模型中每个结构变量的 AVE 大于其与其他结构变量的相关系数的平方或者 AVE 的平方根大于结构变量之间的相关系数，则表示测量模型具有良好的区分效度"。如表 7-59 所示，对角线上的数据是相应结构变量 AVE 的平方根，下对角矩阵的数据则是结构变量之间相关系数，由表 7-58 中的数据可知，每个结构变量的 AVE 的平方根大于其与其他结构变量的相关系数，所以问卷具有较好的区分效度。

表 7-59 结构变量的区分效度

	PU	PEOU	BI	U	UR	TTF	TR	SN	PBC
PU	0.849								
PEOU	0.784	0.884							
BI	0.754	0.693	0.883						
U	0.817	0.744	0.823	0.826					

续表

	PU	PEOU	BI	U	UR	TTF	TR	SN	PBC
UR	0.613	0.682	0.637	0.674	0.690				
TTF	0.817	0.927	0.674	0.696	0.663	0.801			
TR	0.576	0.464	0.745	0.751	0.486	0.552	0.875		
SN	0.485	0.344	0.670	0.675	0.435	0.439	0.588	0.873	
PBC	0.614	0.544	0.759	0.681	0.582	0.584	0.488	0.631	0.818

如表7-60所示,测量模型拟合指数值的指标值均达到建议值,表明测量模型总体拟合符合要求,本研究所设计的观测变量能真实地测量出相应的潜变量。

表7-60 测量模型的拟合指标

Degrees of Freedom (df) = 783
Minimum Fit Function Chi-Square (x^2) = 1006.341 (P = 0.000)
Root Mean Square Error of Approximation (RMSEA) = 0.0328
Normed Fit Index (NFI) = 0.959
Non-Normed Fit Index (NNFI) = 0.990
Comparative Fit Index (CFI) = 0.991
Goodness of Fit Index (GFI) = 0.808
Adjusted Goodness of Fit Index (AGFI) = 0.779
Parsimony Goodness of Fit Index (PGFI) = 0.701

7.5.4 用户特征的影响分析

为了研究用户特征对用户认知的影响,可以通过推断不同用户特征水平下,观测变量总体的均值是否存在显著差异,从而分析用户特征是否给观测变量带来了显著影响,在利用单因素方差分析进行研究之前,对各用户认知变量进行描述性统计分析。

表7-61 用户认知变量的描述性统计分析

变量	N	Mean	Std. Deviation	Variance
PU	379	3.50	0.648	0.420
PEOU	379	3.44	0.668	0.446
BI	379	3.33	0.653	0.426
U	379	3.46	0.722	0.522
UR	379	3.31	0.555	0.308
TTF	379	2.98	0.614	0.378
TR	379	2.80	0.588	0.345
SN	379	3.12	0.681	0.464
PBC	379	3.01	0.667	0.444

从表 7-61 可以看出，各用户认知变量的均值中，有用认知、易用认知和实际使用变量的均值比较高，说明在网络公共信息资源的利用过程中，用户对利用网站的使用是比较满意的；在所有的变量中，用户的信任均值最低，为 2.80，说明用户对网络公共信息资源网站的信任程度比较低。

1. 人口统计特征与模型变量的关系

本部分以性别、年龄、教育程度、个人消费水平四个基本人口统计特征为控制变量，以整合模型中的变量为因变量，通过单因素方差分析验证不同人口统计特征的用户在用户认知上的差别。

1）人口统计特征对有用认知的影响分析

在有用认知方面，仅有性别和受教育程度两个人口统计特征对有用认知存在着显著影响，如表 7-62 所示。在性别方面，男性的有用认知要高于女性的有用认知；在受教育程度上，本科学历用户的有用认知要明显高于其他受教育程度的用户。

表 7-62 人口统计特征与有用认知的单因素方差分析表

人口统计特征		均值	标准差	One-way ANOVA		
				F 值	显著性 Sig.	多重比较结果
性别	男	3.642	0.586	8.843	0.003	—
	女	3.318	0.680			
年龄	20 岁以下	3.400	0.574	0.393	0.814	—
	21～30 岁	3.480	0.622			
	31～40 岁	3.433	0.667			
	41～50 岁	3.777	0.604			
	50 岁以上	3.235	0.645			
受教育程度	高中及以下	3.100	0.518	5.595	0.000	3-4 4-5
	专科	3.454	0.511			
	本科	3.619	0.537			
	硕士	3.364	0.750			
	博士	3.568	0.689			
个人消费水平	500 元以下	3.439	0.707	1.915	0.107	—
	501～1000 元	3.373	0.658			
	1001～1500 元	3.608	0.570			
	1501～2000 元	3.769	0.598			
	2001 元以上	3.174	0.691			

2）人口统计特征对易用认知的影响分析

对于易用认知，只有受教育程度有对其存在显著影响，如表 7-63 所示。在受教育方面,与有用认知相同,本科学历的用户的易用认知要明显高于其他受教育程度的用户。

表 7-63 人口统计特征与易用认知的单因素方差分析表

人口统计特征		均值	标准差	One-way ANOVA		
				F 值	显著性 Sig.	多重比较结果
性别	男	3.575	0.649	0.629	0.428	—
	女	3.271	0.654			
年龄	20 岁以下	3.309	3.309	1.976	0.097	—
	21~30 岁	3.372	3.372			
	31~40 岁	3.449	3.449			
	41~50 岁	3.688	3.688			
	50 岁以上	3.015	3.015			
受教育程度	高中及以下	3.167	0.258	8.812	0.000	3-4
	专科	3.338	0.508			
	本科	3.543	0.575			
	硕士	3.332	0.777			
	博士	3.520	0.702			
个人消费水平	500 元以下	3.430	0.760	1.670	0.156	—
	501~1000 元	3.307	0.669			
	1001~1500 元	3.506	0.614			
	1501~2000 元	3.772	0.626			
	2001 元以上	3.152	0.504			

3)人口统计特征对任务技术适配的影响分析

在对任务技术适配的影响中,只有受教育程度这一人口统计特征对其存在显著影响,如表 7-64 所示。在受教育程度方面,本科用户的任务技术适配要高于其他学历的用户。

表 7-64 人口统计特征与任务技术适配的单因素方差分析表

人口统计特征		均值	标准差	One-way ANOVA		
				F 值	显著性 Sig.	多重比较结果
性别	男	3.087	0.596	0.451	0.502	—
	女	2.850	0.614			
年龄	20 岁以下	2.860	0.451	1.670	0.156	—
	21~30 岁	2.917	0.586			
	31~40 岁	2.964	0.650			
	41~50 岁	3.225	0.596			
	50 岁以上	2.774	0.467			

续表

人口统计特征		均值	标准差	One-way ANOVA		
				F 值	显著性 Sig.	多重比较结果
受教育程度	高中及以下	2.628	0.268	5.910	0.000	3-4 4-5
	专科	2.850	0.522			
	本科	3.085	0.548			
	硕士	2.862	0.699			
	博士	3.106	0.589			
个人消费水平	500 元以下	2.910	0.667	2.149	0.074	—
	501~1000 元	2.878	0.640			
	1001~1500 元	3.052	0.552			
	1501~2000 元	3.296	0.561			
	2001 元以上	2.706	0.516			

4）人口统计特征对主观规范的影响分析

在对主观规范的影响中，四个人口统计特征对其均不存在显著影响，如表 7-65 所示。

表 7-65　人口统计特征与主观规范的单因素方差分析表

人口统计特征		均值	标准差	One-way ANOVA		
				F 值	显著性 Sig.	多重比较结果
性别	男	3.188	0.675	0.045	0.832	—
	女	3.024	0.680			
年龄	20 岁以下	3.078	0.607	0.911	0.457	—
	21~30 岁	3.152	0.692			
	31~40 岁	3.094	0.718			
	41~50 岁	3.174	0.593			
	50 岁以上	2.863	0.667			
受教育程度	高中及以下	3.056	0.712	1.938	0.104	—
	专科	3.054	0.575			
	本科	3.214	0.617			
	硕士	3.042	0.768			
	博士	3.085	0.683			
个人消费水平	500 元以下	3.011	0.810	2.548	0.039	—
	501~1000 元	3.130	0.686			
	1001~1500 元	3.093	0.586			
	1501~2000 元	3.326	0.579			
	2001 元以上	3.043				

5）人口统计特征对行为控制认知的影响分析

在对行为控制认知的影响中，四个人口统计特征对其都不存在显著影响，如表7-66所示。

表7-66 人口统计特征与行为控制认知的单因素方差分析表

人口统计特征		均值	标准差	One-way ANOVA F值	显著性 Sig.	多重比较结果
性别	男	3.005	0.685	1.364	0.244	—
	女	3.022	0.644			
年龄	20岁以下	3.157	0.542	1.267	0.283	—
	21~30岁	2.951	0.721			
	31~40岁	2.959	0.671			
	41~50岁	3.217	0.545			
	50岁以上	2.961	0.655			
受教育程度	高中及以下	3.000	0.365	1.708	0.147	—
	专科	2.955	0.690			
	本科	3.023	0.586			
	硕士	3.008	0.749			
	博士	3.032	0.687			
个人消费水平	500元以下	2.891	0.791	1.509	0.199	—
	501~1000元	2.927	0.606			
	1001~1500元	3.063	0.630			
	1501~2000元	3.237	0.610			
	2001元以上	3.043	0.818			

6）人口统计特征对信任的影响分析

在对信任的影响中，只有性别这个人口统计特征对其存在显著影响，如表7-67所示。男性的信任要明显高于女性的信任。

表7-67 人口统计特征与信任的单因素方差分析表

人口统计特征		均值	标准差	One-way ANOVA F值	显著性 Sig.	多重比较结果
性别	男	2.934	0.601	10.049	0.002	—
	女	2.632	0.524			
年龄	20岁以下	2.471	0.569	0.688	0.601	—
	21~30岁	2.743	0.598			
	31~40岁	2.928	0.546			
	41~50岁	2.734	0.634			
	50岁以上	2.696	0.487			

续表

人口统计特征		均值	标准差	One-way ANOVA		
				F 值	显著性 Sig.	多重比较结果
受教育程度	高中及以下	2.194	0.581	1.481	0.207	—
	专科	2.473	0.608			
	本科	2.921	0.592			
	硕士	2.747	0.549			
	博士	2.889	0.534			
个人消费水平	500 元以下	2.672	0.576	1.783	0.131	—
	501～1000 元	2.893	0.556			
	1001～1500 元	2.802	0.586			
	1501～2000 元	2.967	0.653			
	2001 元以上	2.355	0.363			

7) 人口统计特征对行为意图的影响分析

对行为意图的影响中，仍然是受教育程度对其存在显著影响，如表 7-68 所示。在受教育程度上，本科用户的行为意图要高于其他学历的用户。

表 7-68 人口统计特征与行为意图的单因素方差分析表

人口统计特征		均值	标准差	One-way ANOVA		
				F 值	显著性 Sig.	多重比较结果
性别	男	3.432	0.652	0.225	0.635	—
	女	3.205	0.633			
年龄	20 岁以下	3.250	0.650	0.343	0.849	—
	21～30 岁	3.272	0.623			
	31～40 岁	3.340	0.662			
	41～50 岁	3.543	0.633			
	50 岁以上	2.926	0.636			
受教育程度	高中及以下	3.250	0.548	3.553	0.007	2-3
	专科	2.993	0.548			
	本科	3.479	0.560			
	硕士	3.285	0.697			
	博士	3.298	0.740			
个人消费水平	500 元以下	3.156	0.666	1.608	0.172	—
	501～1000 元	3.335	0.626			
	1001～1500 元	3.386	0.634			
	1501～2000 元	3.550	0.604			
	2001 元以上	3.054	0.787			

8) 人口统计特征对实际使用的影响分析

在对实际使用的影响中,受教育程度和个人消费水平对其存在显著影响,如表 7-69 所示。在受教育程度方面,仍然是本科学历的用户的实际使用最高。个人消费水平方面,1501~2000 元的用户的实际使用要高于其他类别用户。

表 7-69 人口统计特征与实际使用的单因素方差分析表

人口统计特征		均值	标准差	One-way ANOVA		
				F 值	显著性 Sig.	多重比较结果
性别	男	3.601	0.684	2.295	0.131	—
	女	3.289	0.735			
年龄	20 岁以下	3.412	0.712	2.106	0.080	—
	21~30 岁	3.398	0.692			
	31~40 岁	3.451	0.794			
	41~50 岁	3.732	0.539			
	50 岁以上	3.029	0.624			
受教育程度	高中及以下	3.250	0.880	5.726	0.000	3-4
	专科	3.365	0.481			
	本科	3.624	0.631			
	硕士	3.336	0.835			
	博士	3.437	0.727			
个人消费水平	500 元以下	3.336	0.663	6.667	0.000	2-3
	501~1000 元	3.347	0.791			
	1001~1500 元	3.591	0.608			
	1501~2000 元	3.656	0.689			
	2001 元以上	3.304	0.986			

9) 人口统计特征对利用效率的影响

在对利用效率的影响中,只有性别这一人口统计特征对其存在显著影响,如表 7-70 所示,男性用户的利用效率要明显高于女性用户。

表 7-70 人口统计特征与利用效率的单因素方差分析表

人口统计特征		均值	标准差	One-way ANOVA		
				F 值	显著性 Sig.	多重比较结果
性别	男	3.425	0.504	9.421	0.002	—
	女	3.163	0.583			

续表

人口统计特征		均值	标准差	One-way ANOVA		
				F 值	显著性 Sig.	多重比较结果
年龄	20 岁以下	3.294	0.398	2.032	0.089	—
	21～30 岁	3.297	0.558			
	31～40 岁	3.320	0.606			
	41～50 岁	3.348	0.495			
	50 岁以上	3.177	0.431			
受教育程度	高中及以下	3.083	0.376	3.108	0.016	—
	专科	3.351	0.484			
	本科	3.397	0.520			
	硕士	3.238	0.621			
	博士	3.254	0.523			
个人消费水平	500 元以下	3.279	0.544	1.696	0.150	—
	501～1000 元	3.216	0.611			
	1001～1500 元	3.421	0.505			
	1501～2000 元	3.322	0.502			
	2001 元以上	3.217	0.580			

2. 网络使用经验与模型变量的关系

本部分以互联网使用年限、平均每周上网次数、平均每次上网时间和网站使用频率四个网络使用经验为控制变量，以整合模型中的各变量为因变量，通过单因素方差分析验证不同网络使用经验的用户在用户认知上的差别。

1) 网络使用经验对有用认知的影响分析

对于有用认知，平均每周上网次数、平均每次上网时间和网站使用频率三个网络使用经验都对其存在显著性影响，如表 7-71 所示。平均每周上网次数的影响方面，处于每周上网 11～15 次的用户的有用认知最高；对于平均每次上网时间，1 小时以下的用户的有用认知最高；在网站使用频率中，频繁使用用户的有用认知最低，偶尔使用用户的有用认知最高。

表 7-71 网络使用经验与有用认知的单因素方差分析表

网络使用经验		均值	标准差	One-way ANOVA		
				F 值	显著性 Sig.	多重比较结果
互联网使用年限	1 年及以下	3.425	0.644	1.798	0.128	—
	2～4 年	3.644	0.548			
	5～7 年	3.416	0.690			
	8～10 年	3.549	0.666			
	11 年以上	2.927	0.516			

续表

网络使用经验		均值	标准差	One-way ANOVA		
				F 值	显著性 Sig.	多重比较结果
平均每周上网次数	少于1次	3.477	0.625	6.672	0.000	2-4
	1~5次	3.513	0.539			2-5
	6~10次	3.543	0.634			3-4
	11~15次	3.779	0.529			3-5
	15次以上	3.180	0.791			4-5
平均每次上网时间	1小时以下	3.762	0.737	6.957	0.000	1-5
	1~2小时	3.680	0.511			2-5
	2~3小时	3.501	0.583			3-5
	3~4小时	3.683	0.605			4-5
	4小时以上	3.023	0.745			
网站使用频率	很少使用	3.508	0.734	5.618	0.000	1-5
	偶尔使用	3.674	0.537			2-5
	一般使用	3.514	0.587			3-5
	经常使用	3.667	0.605			4-5
	频繁使用	3.011	0.744			

2) 网络使用经验对易用认知的影响分析

对易用认知的影响，平均每周上网次数、平均每次上网时间和网站使用频率三个网络使用经验都对其存在显著性影响，如表7-72所示。平均每周上网次数的影响中，处于每周上网11~15次的用户的易用认知最高；平均每次上网时间方面，3~4小时的用户的易用认知最高；在网站使用频率中，频繁使用用户的易用认知最低，偶尔使用用户的易用认知最高。

表 7-72　网络使用经验与易用认知的单因素方差分析表

网络使用经验		均值	标准差	One-way ANOVA		
				F 值	显著性 Sig.	多重比较结果
互联网使用年限	1年及以下	3.375	0.524	1.080	0.366	—
	2~4年	3.564	0.662			
	5~7年	3.341	0.651			
	8~10年	3.514	0.731			
	11年以上	3.205	0.522			
平均每周上网次数	少于1次	3.538	0.455	4.371	0.002	2-5
	1~5次	3.482	0.622			3-5
	6~10次	3.457	0.655			4-5
	11~15次	3.694	0.570			
	15次以上	3.130	0.762			

续表

网络使用经验		均值	标准差	One-way ANOVA		
				F 值	显著性 Sig.	多重比较结果
平均每次上网时间	1 小时以下	3.643	0.692	7.707	0.000	1-5
	1~2 小时	3.624	0.574			2-3
	2~3 小时	3.383	0.588			2-5
	3~4 小时	3.677	0.546			3-4
						3-5
	4 小时以上	3.097	0.879			4-5
网站使用频率	很少使用	3.458	0.666	6.967	0.000	2-3
	偶尔使用	3.652	0.571			2-5
	一般使用	3.390	0.611			3-5
	经常使用	3.588	0.567			4-5
	频繁使用	3.094	0.882			

3) 网络使用经验对任务技术适配的影响分析

对任务技术适配有显著影响的变量是平均每周上网次数、平均每次上网时间和网站使用频率，如表 7-73 所示。平均每周上网次数的影响中，处于每周上网 11~15 次的用户的任务技术适配最高，而每周上网 15 次以上的用户的任务技术适配最低；对于平均每次上网时间，1 小时以下的用户的任务技术适配最高，而 4 小时以上的用户的任务技术适配最低；网站使用频率方面，偶尔使用用户的任务技术适配最高。

表 7-73 网络使用经验与任务技术适配的单因素方差分析表

网络使用经验		均值	标准差	One-way ANOVA		
				F 值	显著性 Sig.	多重比较结果
互联网使用年限	1 年及以下	2.837	0.418	2.797	0.026	—
	2~4 年	3.064	0.630			
	5~7 年	2.919	0.594			
	8~10 年	3.064	0.673			
	11 年以上	2.713	0.392			
平均每周上网次数	少于 1 次	2.929	0.446	4.758	0.001	2-4
	1~5 次	3.009	0.608			2-5
	6~10 次	3.032	0.562			3-5
	11~15 次	3.265	0.453			4-5
	15 次以上	2.634	0.704			
平均每次上网时间	1 小时以下	3.227	0.678	5.386	0.000	1-5
	1~2 小时	3.122	0.549			2-5
	2~3 小时	2.958	0.530			3-5
	3~4 小时	3.162	0.528			4-5
	4 小时以上	2.635	0.785			

续表

网络使用经验		均值	标准差	One-way ANOVA		
				F 值	显著性 Sig.	多重比较结果
网站使用频率	很少使用	3.054	0.671	4.960	0.001	1-5 2-5 3-5 4-5
	偶尔使用	3.146	0.547			
	一般使用	2.971	0.544			
	经常使用	3.085	0.537			
	频繁使用	2.622	0.793			

4）网络使用经验对主观规范的影响分析

对主观规范有显著影响的变量是平均每周上网次数、平均每次上网时间和网站使用频率，如表7-74所示。平均每周上网次数的影响中，处于每周上网11~15次的用户的主观规范最高，而每周上网15次以上的用户的主观规范最低；对于平均每次上网时间，1~2小时的用户的主观规范最高，而1小时以下的用户的主观规范最低；网站使用频率方面，偶尔使用用户的主观规范最高，很少使用用户的主观规范最低。

表7-74 网络使用经验与主观规范的单因素方差分析表

网络使用经验		均值	标准差	One-way ANOVA		
				F 值	显著性 Sig.	多重比较结果
互联网使用年限	1年及以下	2.792	0.749	2.969	0.020	—
	2~4年	3.098	0.574			
	5~7年	3.127	0.656			
	8~10年	3.186	0.869			
	11年以上	3.182	0.656			
平均每周上网次数	少于1次	3.128	0.256	9.095	0.000	3-5 4-5
	1~5次	3.097	0.636			
	6~10次	3.165	0.555			
	11~15次	3.310	0.738			
	15次以上	2.897	0.883			
平均每次上网时间	1小时以下	2.937	1.025	9.725	0.000	2-3 2-5 2-4
	1~2小时	3.322	0.567			
	2~3小时	3.082	0.554			
	3~4小时	3.160	0.684			
	4小时以上	2.952	0.899			
网站使用频率	很少使用	2.819	0.890	7.812	0.000	1-2 2-3 2-5
	偶尔使用	3.333	0.566			
	一般使用	3.072	0.565			
	经常使用	3.183	0.698			
	频繁使用	2.952	0.898			

5) 网络使用经验对行为控制认知的影响分析

在网络使用经验对行为控制认知的影响中，只有互联网使用年限和平均每周上网次数对其存在显著性影响，如表 7-75 所示。互联网使用年限在 11 年以上的用户的行为控制认知最低；平均每周上网次数为 11~15 次的用户的行为控制认知最高，而 15 次以上的用户的行为控制认知最低。

表 7-75 网络使用经验与行为控制认知的单因素方差分析表

网络使用经验		均值	标准差	One-way ANOVA		
				F 值	显著性 Sig.	多重比较结果
互联网使用年限	1 年及以下	2.875	0.363	5.661	0.000	1-3
	2~4 年	3.041	0.584			
	5~7 年	3.008	0.646			
	8~10 年	3.029	0.890			
	11 年以上	2.848	0.545			
平均每周上网次数	少于 1 次	3.026	0.372	3.569	0.007	3-5 4-5
	1~5 次	2.939	0.673			
	6~10 次	3.113	0.585			
	11~15 次	3.155	0.631			
	15 次以上	2.826	0.806			
平均每次上网时间	1 小时以下	2.905	0.838	0.811	0.519	—
	1~2 小时	3.122	0.591			
	2~3 小时	3.037	0.614			
	3~4 小时	2.958	0.758			
	4 小时以上	2.876	0.745			
网站使用频率	很少使用	2.875	0.747	0.838	0.502	—
	偶尔使用	3.142	0.590			
	一般使用	3.015	0.626			
	经常使用	2.994	0.763			
	频繁使用	2.881	0.723			

6) 网络使用经验对信任的影响分析

在对信任的影响中，四个因素对其均不存在显著性影响，如表 7-76 所示。

表 7-76　网络使用经验与信任的单因素方差分析表

网络使用经验		均值	标准差	One-way ANOVA		
				F 值	显著性 Sig.	多重比较结果
互联网使用年限	1 年及以下	2.563	0.596	0.845	0.497	—
	2~4 年	2.764	0.613			
	5~7 年	2.867	0.570			
	8~10 年	2.857	0.548			
	11 年以上	2.273	0.467			
平均每周上网次数	少于 1 次	2.705	0.562	0.378	0.824	—
	1~5 次	2.803	0.646			
	6~10 次	2.795	0.580			
	11~15 次	2.934	0.541			
	15 次以上	2.721	0.541			
平均每次上网时间	1 小时以下	2.786	0.594	2.491	0.043	—
	1~2 小时	2.943	0.477			
	2~3 小时	2.748	0.658			
	3~4 小时	2.858	0.480			
	4 小时以上	2.710	0.580			
网站使用频率	很少使用	2.618	0.553	2.144	0.075	—
	偶尔使用	2.887	0.509			
	一般使用	2.754	0.668			
	经常使用	2.906	0.485			
	频繁使用	2.765	0.564			

7) 网络使用经验对行为意图的影响分析

对行为意图的影响，只有平均每周上网次数对其存在显著性影响，如表7-77所示，每周上网 11~15 次的用户的行为意图最高。

表 7-77　网络使用经验与行为意图的单因素方差分析表

网络使用经验		均值	标准差	One-way ANOVA		
				F 值	显著性 Sig.	多重比较结果
互联网使用年限	1 年及以下	3.281	0.598	1.513	0.198	—
	2~4 年	3.412	0.593			
	5~7 年	3.263	0.682			
	8~10 年	3.386	0.704			
	11 年以上	3.205	0.546			

续表

网络使用经验		均值	标准差	One-way ANOVA		
				F 值	显著性 Sig.	多重比较结果
平均每周上网次数	少于 1 次	3.365	0.463	3.602	0.007	3-4 4-5
	1~5 次	3.384	0.606			
	6~10 次	3.287	0.681			
	11~15 次	3.560	0.522			
	15 次以上	3.141	0.738			
平均每次上网时间	1 小时以下	3.583	0.756	3.203	0.013	—
	1~2 小时	3.526	0.536			
	2~3 小时	3.270	0.608			
	3~4 小时	3.411	0.659			
	4 小时以上	3.085	0.767			
网站使用频率	很少使用	3.385	0.763	2.327	0.056	—
	偶尔使用	3.537	0.548			
	一般使用	3.255	0.623			
	经常使用	3.417	0.644			
	频繁使用	3.112	0.749			

8) 网络使用经验对实际使用的影响分析

对实际使用的影响,互联网使用年限、平均每周上网次数、平均每次上网时间和网站使用频率四个网络使用经验存在显著性影响,如表 7-78 所示。互联网使用年限的影响方面,使用年限为 2~4 年的用户的实际使用最高;平均每周上网次数的影响方面,每周上网 11~15 次的用户的实际使用最高;对于平均每次上网时间,1~2 小时的用户的实际使用最高,而 4 小时以上的用户的实际使用最低;在网站使用频率中,频繁使用用户的实际使用最低,偶尔使用用户的实际使用最高。

表 7-78 网络使用经验与实际使用的单因素方差分析表

网络使用经验		均值	标准差	One-way ANOVA		
				F 值	显著性 Sig.	多重比较结果
互联网使用年限	1 年及以下	3.125	0.619	6.880	0.000	2-3
	2~4 年	3.611	0.536			
	5~7 年	3.334	0.810			
	8~10 年	3.593	0.753			
	11 年以上	3.409	0.701			
平均每周上网次数	少于 1 次	3.423	0.449	8.075	0.000	2-5 3-5 4-5
	1~5 次	3.550	0.624			
	6~10 次	3.520	0.705			
	11~15 次	3.664	0.580			
	15 次以上	3.077	0.897			

续表

网络使用经验		均值	标准差	One-way ANOVA		
				F 值	显著性 Sig.	多重比较结果
平均每次上网时间	1 小时以下	3.595	0.831	5.753	0.000	1-5
	1~2 小时	3.659	0.589			2-5
	2~3 小时	3.472	0.629			3-5
	3~4 小时	3.656	0.708			4-5
	4 小时以上	2.984	0.878			
网站使用频率	很少使用	3.458	0.846	5.572	0.000	1-5
	偶尔使用	3.672	0.609			2-5
	一般使用	3.451	0.624			3-5
	经常使用	3.642	0.708			4-5
	频繁使用	2.991	0.876			

9) 网络使用经验对利用效率的影响分析

对利用效率的影响,互联网使用年限和平均每周上网次数这两个网络使用经验存在显著性影响,如表 7-79 所示。互联网使用年限方面,使用年限为 2~4 年的用户的利用效率最高;平均每周上网次数的影响方面,每周上网 11~15 次的用户的实际使用最高。

表 7-79　网络使用经验与利用效率的单因素方差分析表

网络使用经验		均值	标准差	One-way ANOVA		
				F 值	显著性 Sig.	多重比较结果
互联网使用年限	1 年及以下	3.188	0.403	5.839	0.000	2-3
	2~4 年	3.422	0.445			
	5~7 年	3.222	0.609			
	8~10 年	3.357	0.591			
	11 年以上	3.227	0.607			
平均每周上网次数	少于 1 次	3.346	0.689	4.489	0.001	2-5
	1~5 次	3.350	0.472			3-5
	6~10 次	3.374	0.553			4-5
	11~15 次	3.397	0.416			
	15 次以上	3.056	0.679			
平均每次上网时间	1 小时以下	3.286	0.435	2.026	0.090	—
	1~2 小时	3.541	0.471			
	2~3 小时	3.310	0.519			
	3~4 小时	3.385	0.508			
	4 小时以上	2.944	0.641			
网站使用频率	很少使用	3.250	0.442	1.607	0.172	—
	偶尔使用	3.523	0.494			
	一般使用	3.319	0.513			
	经常使用	3.367	0.520			
	频繁使用	2.920	0.638			

3. 用户特征的影响总结

根据前两节中对用户特征与用户认知的单因素方差分析,现将用户特征中对用户认知有显著影响的因素列于表7-80中，可以发现，在本书所研究的9个用户特征中，对用户认知有显著影响的因素主要是受教育程度、平均每周上网次数、平均每次上网时间和网站使用频率。

表 7-80　用户特征的影响分析总结

用户特征	感知变量									
	PU	PEOU	BI	U	UR	TTF	TR	SN	PBC
性别	显著				显著		显著		
年龄									
受教育程度	显著	显著	显著	显著		显著			
个人消费水平				显著					
互联网使用年限				显著	显著				显著
平均每周上网次数	显著	显著	显著	显著	显著			显著	显著
平均每次上网时间	显著	显著		显著			显著		
网站使用频率	显著	显著		显著		显著		显著	

7.6　结构方程模型的检验

7.6.1　结构方程模型的数学表示

对网络公共信息资源利用结构方程模型的测量模型进行数学表示，得到的测量模型如下。

Y 的测量模型：

$$\begin{bmatrix} y_1 \\ y_2 \\ y_3 \\ y_4 \\ y_5 \\ y_6 \\ y_7 \\ y_8 \\ y_9 \\ y_{10} \\ y_{11} \\ y_{12} \\ y_{13} \\ y_{14} \\ y_{15} \\ y_{16} \\ y_{17} \end{bmatrix} = \begin{bmatrix} \lambda_{11} & 0 & 0 & 0 & 0 \\ \lambda_{21} & 0 & 0 & 0 & 0 \\ \lambda_{31} & 0 & 0 & 0 & 0 \\ \lambda_{41} & 0 & 0 & 0 & 0 \\ \lambda_{51} & 0 & 0 & 0 & 0 \\ 0 & \lambda_{62} & 0 & 0 & 0 \\ 0 & \lambda_{72} & 0 & 0 & 0 \\ 0 & \lambda_{82} & 0 & 0 & 0 \\ 0 & \lambda_{92} & 0 & 0 & 0 \\ 0 & 0 & \lambda_{10,3} & 0 & 0 \\ 0 & 0 & \lambda_{11,3} & 0 & 0 \\ 0 & 0 & \lambda_{12,3} & 0 & 0 \\ 0 & 0 & \lambda_{13,3} & 0 & 0 \\ 0 & 0 & 0 & \lambda_{14,4} & 0 \\ 0 & 0 & 0 & \lambda_{15,4} & 0 \\ 0 & 0 & 0 & 0 & \lambda_{16,5} \\ 0 & 0 & 0 & 0 & \lambda_{17,5} \end{bmatrix} \begin{bmatrix} \eta_1 \\ \eta_2 \\ \eta_3 \\ \eta_4 \\ \eta_5 \end{bmatrix} + \begin{bmatrix} \varepsilon_1 \\ \varepsilon_2 \\ \varepsilon_3 \\ \varepsilon_4 \\ \varepsilon_5 \\ \varepsilon_6 \\ \varepsilon_7 \\ \varepsilon_8 \\ \varepsilon_9 \\ \varepsilon_{10} \\ \varepsilon_{11} \\ \varepsilon_{12} \\ \varepsilon_{13} \\ \varepsilon_{14} \\ \varepsilon_{15} \\ \varepsilon_{16} \\ \varepsilon_{17} \end{bmatrix}$$

X 的测量模型：

$$\begin{bmatrix} x_1 \\ x_2 \\ x_3 \\ x_4 \\ x_5 \\ x_6 \\ x_7 \\ x_8 \\ x_9 \\ x_{10} \\ x_{11} \\ x_{12} \\ x_{13} \\ x_{14} \\ x_{15} \\ x_{16} \\ x_{17} \\ x_{18} \\ x_{19} \\ x_{20} \\ x_{21} \\ x_{22} \\ x_{23} \\ x_{24} \\ x_{25} \end{bmatrix} = \begin{bmatrix} \omega_{11} & 0 & 0 & 0 \\ \omega_{21} & 0 & 0 & 0 \\ \omega_{31} & 0 & 0 & 0 \\ \omega_{41} & 0 & 0 & 0 \\ \omega_{51} & 0 & 0 & 0 \\ \omega_{61} & 0 & 0 & 0 \\ \omega_{71} & 0 & 0 & 0 \\ \omega_{81} & 0 & 0 & 0 \\ \omega_{91} & 0 & 0 & 0 \\ \omega_{10,1} & 0 & 0 & 0 \\ \omega_{11,1} & 0 & 0 & 0 \\ \omega_{12,1} & 0 & 0 & 0 \\ \omega_{13,1} & 0 & 0 & 0 \\ 0 & \omega_{14,2} & 0 & 0 \\ 0 & \omega_{15,2} & 0 & 0 \\ 0 & \omega_{16,2} & 0 & 0 \\ 0 & \omega_{17,2} & 0 & 0 \\ 0 & \omega_{18,2} & 0 & 0 \\ 0 & \omega_{19,2} & 0 & 0 \\ 0 & 0 & \omega_{20,3} & 0 \\ 0 & 0 & \omega_{21,3} & 0 \\ 0 & 0 & \omega_{22,3} & 0 \\ 0 & 0 & 0 & \omega_{23,4} \\ 0 & 0 & 0 & \omega_{24,4} \\ 0 & 0 & 0 & \omega_{25,4} \end{bmatrix} \begin{bmatrix} \xi_1 \\ \xi_2 \\ \xi_3 \\ \xi_4 \end{bmatrix} + \begin{bmatrix} \delta_1 \\ \delta_2 \\ \delta_3 \\ \delta_4 \\ \delta_5 \\ \delta_6 \\ \delta_7 \\ \delta_8 \\ \delta_9 \\ \delta_{10} \\ \delta_{11} \\ \delta_{12} \\ \delta_{13} \\ \delta_{14} \\ \delta_{15} \\ \delta_{16} \\ \delta_{17} \\ \delta_{18} \\ \delta_{19} \\ \delta_{20} \\ \delta_{21} \\ \delta_{22} \\ \delta_{23} \\ \delta_{24} \\ \delta_{25} \end{bmatrix}$$

7.6.2 结构方程模型的识别

在 t-法则的准则下，结构方程模型可识别的一个必要条件为

$$t < (p+q)(p+q+1)/2$$

根据本书建立的结构方程模型可知，共需要估计 106 个自由参数，而根据指标数量，$p = 17$，$q = 25$，可以得到

$$\frac{(p+q)(p+q+1)}{2} = \frac{(17+25)(17+25+1)}{2} = 903$$

共 903 个方程，故满足 t – 识别法则。

根据两步法则，在测量方程模型中，首先必须指定潜变量的测量单位，有固定方差和固定负荷两种方法，在本结构方程模型研究中仍采用固定负荷法，故在模型结果讨论和解释的时候，潜变量各有一个负荷 T 值。在结构方程中，递归模型（即潜变量之间仅有单项的因果关系）是可识别的。本书模型就属于递归模型，故满足结构方程的识别要求。综合测量方程和结构方程识别结果可知，本研究模型满足模型识别的两步法则。

从上述分析可知，本书所提出的研究模型符合 t - 识别法则和两步法则，满足结构方程模型可识别的充分和必要条件，所有估计参数都有唯一解。

7.6.3 结构方程模型的估计

结构方程模型包含本研究的全部 9 个变量，使用 SPSS13.0，利用网络公共信息资源利用研究所获取的 379 个有效样本，计算出协方差矩阵（附录 D），然后输入 Lisrel 8.70 软件，得到理论模型 M1 输出的一系列结果，如表 7-81 至表 7-84 所示。

表 7-81　M1 的 β 系数估计值详表（BETA）

	PU	PEOU	BI	U	UR
	--------	-------	-------	-------	-------
PU	--------	0.370	-------	-------	-------
		(0.141)			
		2.612			
PEOU	--------	-------	-------	-------	-------
BI	0.238	0.228	-------	-------	-------
	(0.093)	(0.087)			
	2.562	2.625			
U	0.313	-------	0.699	-------	-------
	(0.107)		(0.105)		
	2.942		6.678		
UR	--------	-------	-------	0.622	-------
				(0.079)	
				7.848	

表 7-82　M1 的 γ 系数估计值详表（GAMMA）

	TTF	TR	SN	PBC
	-------	--------	-------	--------
PU	0.389	--------	0.150	--------
	(0.137)		(0.038)	
	2.830		3.900	

续表

	TTF	TR	SN	PBC
PEOU	0.903	--------	--------	--------
		(0.063)		
		14.246		
BI	--------	0.263	0.227	0.197
		(0.047)	(0.055)	(0.064)
		5.658	4.156	3.079
U	-0.028	-0.131	--------	0.058
	(0.094)	(0.058)		(0.069)
	-0.198	-2.232		0.845
UR	-0.029	--------	--------	--------
		(0.060)		
		-0.489		

表 7-83　M1 的 BETA 矩阵（β 系数矩阵）（完全标准化解）

	PU	PEOU	BI	U	UR
	--------	--------	--------	--------	--------
PU	--------	0.384	--------	--------	--------
PEOU	--------	--------	--------	--------	--------
BI	0.223	0.223	--------	--------	--------
U	0.296	--------	0.704	--------	--------
UR	--------	--------	--------	0.959	--------

表 7-84　M1 的 GAMMA 矩阵（γ 系数矩阵）（完全标准化解）

	TTF	TR	SN	PBC
	--------	--------	--------	--------
PU	0.418	--------	0.165	--------
PEOU	0.932	--------	--------	--------
BI	--------	0.248	0.235	0.190
U	-0.028	-0.124	--------	0.056
UR	-0.046	--------	--------	--------

研究将 Lisrel8.70 计算的结果进行整理，见表 7-85。从表 7-85 中可以看出，除了 H8、H9、H11 和 H15 被拒绝外，其他的 12 个研究假设都得到证实。

表 7-85　理论模型 M1 的研究假设检验

研究假设	模型路径	完全标准化的参数估计值	标准误差	T 值	结论
H_1：有用认知与行为意图正相关	PU→BI	$\beta_{31}=0.223$	0.093	2.562	支持
H_2：有用认知与实际使用正相关	PU→U	$\beta_{41}=0.296$	0.107	2.942	支持
H_3：易用认知与有用认知正相关	PEOU→PU	$\beta_{12}=0.384$	0.141	2.612	支持
H_4：易用认知与行为意图正相关	PEOU→BI	$\beta_{32}=0.223$	0.087	2.625	支持
H_5：行为意图与实际使用正相关	BI→U	$\beta_{43}=0.704$	0.105	6.678	支持
H_6：任务技术适配与有用认知正相关	TTF→PU	$\gamma_{11}=0.418$	0.137	2.830	支持
H_7：任务技术适配与易用认知正相关	TTF→PEOU	$\gamma_{21}=0.932$	0.063	14.246	支持
H_8：任务技术适配与实际使用正相关	TTF→U	$\gamma_{41}=-0.028$	0.094	-0.198	拒绝
H_9：任务技术适配与利用效率正相关	TTF→UR	$\gamma_{51}=-0.046$	0.060	-0.489	拒绝
H_{10}：信任与行为意图正相关	TR→BI	$\gamma_{32}=0.248$	0.047	5.658	支持
H_{11}：信任与实际使用正相关	TR→U	$\gamma_{42}=-0.124$	0.058	-2.232	拒绝
H_{12}：主观规范与有用认知正相关	SN→PU	$\gamma_{13}=0.165$	0.038	3.900	支持
H_{13}：主观规范与行为意图正相关	SN→BI	$\gamma_{33}=0.235$	0.055	4.156	支持
H_{14}：行为控制认知与行为意图正相关	PBC→BI	$\gamma_{34}=0.190$	0.064	3.079	支持
H_{15}：行为控制认知与实际使用正相关	PBC→U	$\gamma_{44}=0.056$	0.069	0.854	拒绝
H_{16}：实际使用与利用效率正相关	U→UR	$\gamma_{54}=0.959$	0.079	7.848	支持

7.6.4　结构方程模型的评价

在对结构方程模型进行初步估计以后，需要对所提出的结构方程模型进行评价。

表 7-86　理论模型 M1 的拟合指标

拟合指标	拟合指数	建议值	结构模型	拟合情况
绝对指标 (absolute index)	χ^2/df	$2<\chi^2/df<5$	$1934.88/797=2.43$	理想
	近似误差平方根（RMSEA）	<0.1	0.062	理想
	平均残差平方根（SRMR）	<0.08	0.053	理想
	拟合优度（GFI）	>0.8	0.804	理想
相对指标 (relative index)	常规拟合指标（NFI）	>0.9	0.967	理想
	非常规拟合指标（NNFI）	>0.9	0.979	理想
	比较拟合指数（CFI）	>0.9	0.981	理想
	增值拟合指数（IFI）	>0.9	0.981	理想
简约指标 (parsimonious index)	简约基准拟合指标（PNFI）	>0.5	0.895	理想
	简约拟合指标（PGFI）	>0.5	0.710	理想

从表7-86可以看出,结构模型的各项指标都符合或是超过拟合标准。所以,观测方差的协方差矩阵与估计方差的协方差矩阵不存在显著性差异,样本数据与模型拟合程度较高。从以上三类指标与建议值的比较可以看出,本研究模型的整体拟合度非常好。

7.6.5 结构方程模型的修正

根据上述假设验证的结论,需要对模型进行修正。为了确保模型修正的科学性,在模型修正阶段,本节对结构方程模型逐步进行修正(表7-87)。

表7-87 各修正模型的拟合指数

模型	修正	df	χ^2	RMSEA	NFI	NNFI	CFI
M1	理论模型	797	1934.88	0.062	0.967	0.979	0.981
M2	M1+固定GA 42	798	1938.95	0.061	0.967	0.979	0.981
M3	M2+固定GA 41	799	1937.31	0.061	0.967	0.979	0.981
M4	M3+固定GA 51	800	1937.16	0.061	0.967	0.979	0.981
M5	M4+固定GA 44	801	1939.91	0.061	0.967	0.979	0.981

首先考虑要不要增加新的路径。从表7-88和表7-89可以看出,在M1模型的β和γ路径系数的修正指数中,BI指向PEOU、BI指向UR、UR指向U的修正指数比较高,但由于这些不符合本书所依据的理论模型,因此,模型中不增加这些新路径。

表7-88 模型M1的BETA矩阵修正指数

	PU	PEOU	BI	U	UR
	--------	--------	--------	--------	--------
PU	--------	---------1	4.721	2.575	0.328
PEOU	1.078	--------	5.579	7.766	6.538
BI	--------	--------	--------	6.725	7.190
U	--------	2.274	--------	--------	28.225
UR	1.936	0.027	21.508	--------	--------

表7-89 模型M1的GAMMA矩阵修正指数

	TTF	TR	SN	PBC
	--------	--------	--------	--------
PU	--------	5.203	--------	4.367
PEOU	--------	0.023	1.078	0.873
BI	9.144	--------	--------	--------
U	--------	--------	4.50	--------
UR	--------	3.350	2.338	1.536

其次考虑是否需要减少原有的路径。在 GAMMA 矩阵（表 7-89）中，TTF 指向 U、TTF 指向 UR、TR 指向 U 的三个 γ 系数皆为负值，而从理论假设上分析，这三个系数不可能为负值，观察表 7-89 可以看出，前两个系数也都不显著，T 值分别是 -0.198 和 -0.489，而由 PBC 指向 U 的 γ 系数虽然为正值，但从参数估计值结果可以看出，这个系数 T 值为 0.854，不显著，因而也有删除这四条路径的可能。上述分析表明，有必要对理论模型 M1 进行修正。

1. 修正模型 M2

本节首先删除理论模型 M1 中由 TR 指向 U 的路径，即将 M1 的 GA 42 固定为 0，变成模型 M2。通过运行 Lisrel8.70，得出模型 M2 的结果如表 7-90 和表 7-91 所示。

表 7-90　M2 的 β 系数估计值详表（BETA）

	PU	PEOU	BI	U	UR
	--------	--------	--------	--------	--------
PU	--------	0.378	--------	--------	--------
		(0.142)			
		2.667			
PEOU	--------	--------	--------	--------	--------
BI	0.251	0.224	--------	--------	--------
	(0.095)	(0.089)			
	2.635	2.517			
U	0.345	--------	0.579	--------	--------
	(0.105)		(0.087)		
	3.291		6.626		
UR	--------	--------	--------	0.627	--------
				(0.080)	
				7.803	

表 7-91　M2 的 γ 系数估计值详表（GAMMA）

	TTF	TR	SN	PBC
	--------	--------	--------	--------
PU	0.381	--------	0.150	--------
	(0.137)		(0.038)	
	2.771		3.923	
PEOU	0.903	--------	--------	--------
	(0.063)			
	14.247			
BI	--------	0.251	0.224	0.202

	TTF	TR	SN	PBC
		(0.047)	(0.056)	(0.065)
		5.383	4.007	3.098
U	−0.049	-------	-------	0.085
	(0.093)			(0.067)
	−0.527			1.276
UR	−0.031	-------	-------	-------
		(0.060)		
		−0.511		

表 7-90 第 2 行是模型 M2 的拟合优度指数。从该表可以看出，由 M1 修改为 M2 后，$\chi^2 = 1938.95$，增加的卡方 $\Delta\chi^2(1) = 4.07$，即卡方没有显著增加，其他优度指数保持不变，说明模型拟合并无变坏，故 GA 42 固定为 0，并不损害拟合优度。所以支持这一修改，即删除由 TR 指向 U 的路径。

然后考虑是否对 M2 进行再次修改。在 GAMMA 矩阵（表 7-91）中，TTF 指向 U、TTF 指向 UR 的 γ 系数仍为负，此系数不可能为负，而 PBC 指向 U 的路径系数虽为正数，但这个系数不显著，标准误差和 t 值分别是 0.067 和 1.276，因而有删除这三条路径的可能。

2. 修正模型 M3

本节删除修正模型 M2 中由 TTF 指向 U 的路径，即将 M2 的 GA 41 固定为 0，变成模型 M3。通过运行 Lisrel8.70，得出模型 M3 的结果如表 7-92 和表 7-93 所示。

表 7-92 M3 的 β 系数估计值详表（BETA）

	PU	PEOU	BI	U	UR
	-------	-------	-------	-------	-------
PU	-------	0.377	-------	-------	-------
		(0.143)			
		2.644			
PEOU	-------	-------	-------	-------	-------
BI	0.257	0.218	-------	-------	-------
	(0.094)	(0.088)			
	2.718	2.475			
U	0.305	-------	0.572	-------	-------
	(0.074)		(0.086)		
	4.093		6.655		
UR	-------	-------	-------	0.636	-------
				(0.081)	
				7.898	

表 7-93 M3 的 γ 系数估计值详表（GAMMA）

	TTF	TR	SN	PBC
	--------	--------	--------	--------
PU	0.380	--------	0.150	--------
	(0.138)		(0.038)	
	2.752		3.910	
PEOU	0.903	--------	--------	--------
		(0.063)		
		14.252		
BI	--------	0.251	0.224	0.203
		(0.047)	(0.056)	(0.065)
		5.374	4.006	3.102
U	--------	--------	--------	0.082
				(0.066)
				1.236
UR	-0.040	--------	--------	--------
	(0.059)			
	-0.676			

表 7-92 第 3 行是模型 M3 的拟合优度指数。从该表可以看出，由 M2 修改为 M3 后，$\chi^2 = 1937.31$，卡方减少，其他拟合指数保持不变，说明模型拟合并无变坏。故 GA 41 固定为 0，并不损害拟合优度，所以支持这一修改，即删除由 TTF 指向 U 的路径。

然后考虑是否对 M3 进行再次修改。在 GAMMA 矩阵（表 7-93）中，由 TTF 指向 UR 的 γ 系数为负，此系数不可能为负，而 PBC 指向 U 的路径系数虽为正数，但这个系数不显著，标准误差和 t 值分别是 0.066 和 1.236，因而也有删除这两条路径的可能。

3. 修正模型 M4

本节删除修正模型 M3 中由 TTF 指向 UR 的路径，即将 M3 的 GA 51 固定为 0，变成模型 M4。通过运行 Lisrel 8.70，得出模型 M4 的结果如表 7-94 和表 7-95 所示。

表 7-94 M4 的 β 系数估计值详表（BETA）

	PU	PEOU	BI	U	UR
	--------	--------	--------	--------	--------
PU	--------	0.378	--------	--------	--------
			(0.143)		
			2.641		
PEOU	--------	--------	--------	--------	--------
BI	0.259	0.216	--------		

续表

	PU	PEOU	BI	U	UR
		(0.094)	(0.088)		
		2.749	2.454		
U	0.292	--------	0.584	--------	--------
		(0.074)		(0.086)	
		3.971		6.758	
UR	--------	--------	--------	0.603	--------
				(0.059)	
				10.296	

表7-95　M4的γ系数估计值详表（GAMMA）

	TTF	TR	SN	PBC
	--------	--------	--------	--------
PU	0.380	--------	0.150	--------
	(0.138)		(0.038)	
	2.741		3.913	
PEOU	0.903	--------	--------	--------
		(0.063)		
		14.254		
BI	--------	0.251	0.225	0.202
		(0.047)	(0.056)	(0.065)
		5.369	4.016	3.098
U	--------	--------	--------	0.080
				(0.067)
				1.203
UR	--------	--------	--------	--------

表7-94第4行是模型M4的拟合优度指数。从该表可以看出，由M3修改为M4后，卡方减少，其他拟合指数保持不变，说明模型拟合并无变坏。故GA 51固定为0，并不损害拟合优度，所以支持这一修改，即删除由TTF指向UR的路径。

然后考虑是否对M4进行再次修改。在GAMMA矩阵（表7-95）中，PBC指向U的路径系数虽为正数，但并不显著，标准误差和t值分别是0.067和1.203，因而也有删除这条路径的可能。

4. 修正模型M5

本节删除修正模型M4中由PBC指向U的路径，即将M3的GA 44固定为0，变成模型M5。通过运行Lisrel 8.70，得出模型M5的结果如表7-96和表7-97所示。

表7-96　M5的 β 系数估计值详表（BETA）

	PU	PEOU	BI	U	UR
PU	--------	0.375	--------	--------	--------
		(0.142)			
		2.633			
PEOU	--------	--------	--------	--------	--------
BI	0.250	0.219	--------	--------	--------
	(0.093)	(0.087)			
	2.677	2.518			
U	0.298	--------	0.639		
	(0.074)		(0.075)		
	4.022		8.462		
UR	--------	--------	--------	0.603	--------
				(0.059)	
				10.274	

表7-97　M5的 γ 系数估计值详表（GAMMA）

	TTF	TR	SN	PBC
PU	0.382	--------	0.152	--------
	(0.138)		(0.038)	
	2.765		3.949	
PEOU	0.903	--------	--------	--------
	(0.063)			
	14.251			
BI	--------	0.246	0.226	0.212
		(0.046)	(0.055)	(0.064)
		5.323	4.097	3.305
U	--------	--------	--------	--------
UR	--------	--------	--------	--------

　　表7-96第5行是模型M5的拟合优度指数。从该表可以看出，由M4修改为M5后，增加的卡方 $\Delta\chi^2(1) = 2.75$，即卡方没有显著增加，其他拟合指数保持不变，说明模型拟合并无变坏。故GA 44固定为0，并不损害拟合优度，所以支持这一修改，即删除由PBC指向U的路径。

　　表7-96至表7-97反映了M5输出的主要结果。从这些输出结果可以看出，M5中各自由估计的参数都显著不等于0，各路径系数对应的 t 值都达到显著性水平，故M5可以作为

本章最后得到的模型。M5 模型输出的全模型路径图见附录 E，路径图上的所有参数估计值都是标准化解，从该图可以看出各测量题项的因子载荷及各变量之间的影响关系和影响程度。在修正模型 M5 中，路径系数值基本上与原模型 M1 的对应数值相同，且全部达到显著性水平，具体值见表 7-98。

表 7-98　修正模型 M5 的路径系数

研究假设	模型路径	完全标准化的参数估计值	标准误差	T 值
H_1：有用认知与行为意图正相关	PU→BI	$\beta_{31}=0.233$	0.093	2.677
H_2：有用认知与实际使用正相关	PU→U	$\beta_{41}=0.283$	0.074	4.022
H_3：易用认知与有用认知正相关	PEOU→PU	$\beta_{12}=0.390$	0.142	2.633
H_4：易用认知与行为意图正相关	PEOU→BI	$\beta_{32}=0.213$	0.087	2.518
H_5：行为意图与实际使用正相关	BI→U	$\beta_{43}=0.650$	0.075	8.462
H_6：任务技术适配与有用认知正相关	TTF→PU	$\gamma_{11}=0.410$	0.138	2.765
H_7：任务技术适配与易用认知正相关	TTF→PEOU	$\gamma_{21}=0.932$	0.063	14.251
H_{10}：信任与行为意图正相关	TR→BI	$\gamma_{32}=0.230$	0.046	5.323
H_{12}：主观规范与有用认知正相关	SN→PU	$\gamma_{13}=0.168$	0.038	3.949
H_{13}：主观规范与行为意图正相关	SN→BI	$\gamma_{33}=0.233$	0.055	4.097
H_{14}：行为控制认知与行为意图正相关	PBC→BI	$\gamma_{34}=0.203$	0.064	3.305
H_{16}：实际使用与利用效率正相关	U→UR	$\beta_{54}=0.922$	0.059	10.274

现对修正的理论模型 M5 进行评价，即评价拟合指数的情况，如表 7-99 所示。从这些指标可以看出，修正模型的整体拟合程度非常高，并且相对于原有模型更加简约，自由度更大。

表 7-99　修正模型 M5 的拟合情况

拟合指标	拟合指数	建议值	修正模型	拟合情况
绝对指标 (absolute index)	χ^2/df	$2<\chi^2/df<5$	$1939.91/801=2.42$	理想
	近似误差平方根（RMSEA）	<0.1	0.061	理想
	平均残差平方根（SRMR）	<0.08	0.054	理想
	拟合优度（GFI）	>0.8	0.804	理想
相对指标 (relative index)	常规拟合指标（NFI）	>0.9	0.967	理想
	非常规拟合指标（NNFI）	>0.9	0.979	理想
	比较拟合指数（CFI）	>0.9	0.981	理想
	增值拟合指数（IFI）	>0.9	0.981	理想
简约指标 (parsimonious index)	简约基准拟合指标（PNFI）	>0.5	0.899	理想
	简约拟合指标（PGFI）	>0.5	0.713	理想

表 7-100 是结构方程模型 M5 的判定系数 R^2（squared multiple correlations for structural equations），和多元回归分析一样，判定系数 R^2 表示了各内生潜在变量被解释的变异量。从表中可以看出，PEOU、PU 被解释的变异量高达 86.9%、76.5%，BI、U、UR 被解释的变异量则高达 76.9%、78.1% 和 85.0%，说明结构方程 M5 得到了比较好的解释。

表 7-100　M5 的判定系数 R^2

判定系数	PEOU	PU	BI	U	UR
R^2	0.869	0.765	0.769	0.781	0.850

7.7　结果讨论

7.7.1　研究假设的结论解释

图 7-1 是以实证结果 M5 输出的完全标准化路径系数绘制的网络公共信息资源利用效率的理论模型，称之为结构模型。模型中还同时以虚箭头描绘出了原假设理论模型中未被验证的假设。

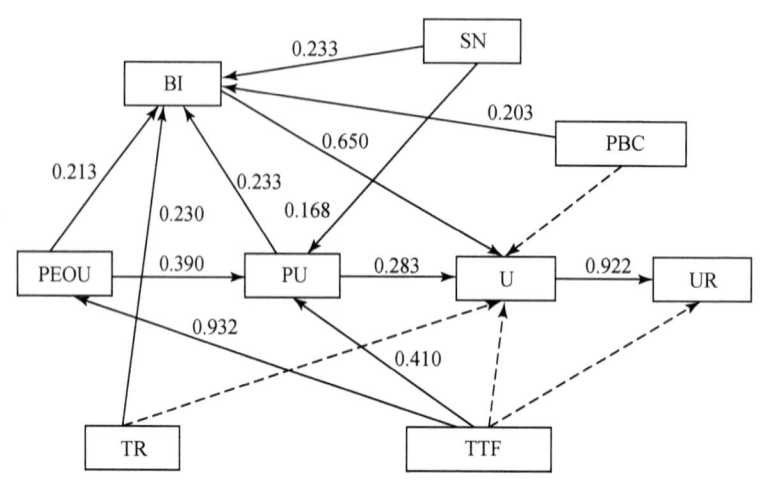

图 7-1　基于 TAM 与 TTF 整合的网络公共信息资源利用效率模型（M5）

由图 7-1 可知如下结论。

1）有用认知与行为意图和实际使用的关系

本研究假设有用认知对行为意图有正向的显著影响（H1）。图 7-1 的数据显示，有用认知对行为意图的路径系数为 0.233，达到显著性水平，支持假设 H1。这表明有用认知对行为意图有明显的促进作用。

本研究假设有用认知对实际使用有正向的显著影响（H2）。图 7-1 的数据显示，有用认知对实际使用的路径系数为 0.283，达到显著性水平，支持假设 H2。这表明有用认知对实际使用有明显的促进作用。

2）易用认知与有用认知和行为意图的关系

本研究假设易用认知对有用认知有正向的显著影响（H3）。图7-1的数据显示，易用认知对有用认知的路径系数为0.390，达到显著性水平，支持假设H3。这表明易用认知对有用认知有明显的促进作用。

本研究假设易用认知对行为意图有正向的显著影响（H4）。图7-1的数据显示，易用认知对行为意图的路径系数为0.213，达到显著性水平，支持假设H4。这表明易用认知对行为意图有明显的促进作用。

3）行为意图与实际使用的关系

本研究假设行为意图对实际使用有正向的显著影响（H5）。图7-1的数据显示，行为意图对实际使用的路径系数为0.650，达到显著性水平，支持假设H5。这表明行为意图对实际使用有明显的促进作用。

4）任务技术适配与易用认知、有用认知、实际使用和利用效率的关系

本研究假设任务技术适配对易用认知有正向的显著影响（H6）。图7-1的数据显示，任务技术适配对易用认知的路径系数为0.932，达到显著性水平，假设H6获得支持。这表明任务技术适配对易用认知有明显的促进作用。

本研究假设任务技术适配对有用认知有正向的显著影响（H7）。图7-1的数据显示，任务技术适配对有用认知的路径系数为0.410，达到显著性水平，假设H7获得支持。这表明任务技术适配对有用认知有明显的促进作用。

本研究假设任务技术适配对实际使用有正向的显著影响（H8）。图7-1的数据显示，任务技术适配对实际使用的路径系数未达到显著性水平，假设H8未获得支持。这表明任务技术适配对实际使用没有直接的影响关系。

本研究假设任务技术适配对利用效率有正向的显著影响（H9）。图7-1的数据显示，任务技术适配对利用效率的路径系数未达到显著性水平，假设H9未获得支持。这表明任务技术适配对利用效率没有直接的影响关系。

5）信任与行为意图和实际使用的关系

本研究假设信任对行为意图有正向的显著影响（H10）。图7-1的数据显示，信任对行为意图的路径系数为0.230，达到显著性水平，假设H10获得支持。这表明信任对行为意图有明显的促进作用。

本研究假设信任对实际使用有正向的显著影响（H11）。图7-1的数据显示，信任对实际使用的路径系数未达到显著性水平，假设H11未获得支持。这表明信任对实际使用没有直接的影响关系。

6）主观规范与有用认知和行为意图的关系

本研究假设主观规范对有用认知有正向的显著影响（H12）。图7-1的数据显示，主

观规范对有用认知的路径系数为 0.168，达到显著性水平，假设 H12 获得支持。这表明主观规范对有用认知有明显的促进作用。

本研究假设主观规范对行为意图有正向的显著影响（H13）。图 7-1 的数据显示，主观规范对行为意图的路径系数为 0.233，达到显著性水平，假设 H13 获得支持。这表明主观规范对行为意图有明显的促进作用。

7）行为控制认知与行为意图和实际使用的关系

本研究假设行为控制认知对行为意图有正向的显著影响（H14）。图 7-1 的数据显示，行为控制认知对行为意图的路径系数为 0.203，达到显著性水平，假设 H14 获得支持。这表明行为控制认知对行为意图有明显的促进作用。

本研究假设行为控制认知对实际使用有正向的显著影响（H15）。图 7-1 的数据显示，行为控制认知对实际使用的路径系数未达到显著性水平，假设 H15 未获得支持。这表明行为控制认知对实际使用不存在直接的影响关系。

8）实际使用与利用效率的关系

本研究假设实际使用对利用效率有正向的显著影响（H16）。图 7-1 的数据显示，实际使用对利用效率的路径系数为 0.922，达到显著性水平，假设 H16 获得支持。这表明实际使用对利用效率有明显的促进作用。

7.7.2 变量之间的效应关系

本书进一步计算出各个研究变量之间的直接效应、间接效应和全部效应，结果如表 7-101~表 7-103 所示。

表 7-101 潜变量之间的直接效应

潜变量		内生潜变量				
		PU	PEOU	BI	U	UR
外生潜变量	TTF	0.410	0.932	--------	--------	--------
	TR	--------	--------	0.230	--------	--------
	SN	0.168	--------	0.233	--------	--------
	PBC	--------	--------	0.203	--------	--------
内生潜变量	PU	--------	--------	0.233	0.283	--------
	PEOU	0.390	--------	0.213	--------	--------
	BI	--------	--------	--------	0.650	--------
	U	--------	--------	--------	--------	0.922

表 7-102 潜变量之间的间接效应

潜变量		内生潜变量				
		PU	PEOU	BI	U	UR
外生潜变量	TTF	0.364	--------	0.379	0.465	0.429
	TR	--------	--------	--------	0.150	0.138
	SN	--------	--------	0.039	0.225	0.207
	PBC	--------	--------	--------	0.132	0.122
内生潜变量	PU	--------	--------	--------	0.152	0.401
	PEOU	--------	--------	0.091	0.308	0.284
	BI	--------	--------	--------	--------	0.599
	U	--------	--------	--------	--------	--------

表 7-103 潜变量之间的总效应

潜变量		内生潜变量				
		PU	PEOU	BI	U	UR
外生潜变量	TTF	0.773	0.932	0.379	0.465	0.429
	TR	--------	--------	0.230	0.150	0.138
	SN	0.168	--------	0.273	0.225	0.207
	PBC	--------	--------	0.203	0.132	0.122
内生潜变量	PU	--------	--------	0.233	0.435	0.401
	PEOU	0.390	--------	0.304	0.308	0.284
	BI	--------	--------	--------	0.650	0.599
	U	--------	--------	--------	--------	0.922

表 7-101 的直接效应反映的是模型中各潜在变量之间的路径系数，表 7-102 反映的则是潜变量的间接效应，虽然 TTF 至 U、TTF 至 UR 的研究假设在本模型中未获得支持，但是通过中间变量 PU、PEOU 和 BI，TTF 变量仍然对 U 和 UR 存在间接的影响作用；TR 至 U、PBC 至 U 的研究假设同样在本模型中未获得支持，但是通过中间变量 BI，TR 和 PBC 对 U 也存在间接的影响作用。为了更好地描述出各内生潜在变量受外生潜在变量的影响，可以根据模型 M5 输出的标准化回归系数矩阵，写出以下回归方程：

$$PU = 0.773TTF + 0.168SN$$

$$PEOU = 0.932TTF$$

$$BI = 0.379TTF + 0.230TR + 0.273SN + 0.203PBC$$

$$U = 0.465TTF + 0.150TR + 0.225SN + 0.132PBC$$

$$UR = 0.429TTF + 0.138TR + 0.207SN + 0.122PBC$$

在以上每个方程中，比较四个外部变量对内生变量的标准化回归系数，可以看出，无论是对中间变量 PEOU、PU、BI、U，还是对结果变量 UR，TTF 的影响都比 TR、SN 和 PBC 的影响要大得多，说明在四个外部变量中，TTF 对用户接受网络公共信息资源和利用网络公共信息资源的影响都是最大的,是模型中最重要的外部变量。

理论模型的实证检验结果表明了以下几点。

(1) 原假设理论模型在整体上获得了较好的数据支持。在检验结果中,虽然有四条路径未被验证,但从模型整体来看,这四条路径对实际使用及利用效率的影响作用,都可以以其他路径为中介或被其他路径取代,因而,从整体来看,原假设的理论模型基本上得到了数据验证。

(2) 任务技术适配除了对易用认知和有用认知产生直接影响外,还通过易用认知、有用认知和行为意图间接地影响实际使用及其信息资源利用效率;感知信任主要通过行为意图间接地影响实际使用及其信息资源利用效率;行为控制认知主要通过行为意图间接地影响实际使用及其信息资源利用效率。

(3) 与另外三个外部变量——信任、主观规范和行为控制认知相比,任务技术适配对实际使用及信息资源利用效率的作用最大,是影响用户接受与利用网络公共信息资源的最重要的因素。这提示我们,在研究促进网络公共信息资源有效利用的对策和措施时,要特别重视信息系统功能对用户信息需求的支持。

(4) 在影响行为意图的变量中,信任、主观规范和行为控制认知均对其有直接影响,而任务技术适配对其有间接影响。在这三个直接影响变量中,主观规范对行为意图的总影响最大,说明用户在使用网络公共信息资源的过程中是否受到周围人的影响是非常关键的。

第8章 网络信息资源利用效率改进策略

前文所提出的基于 TAM 与 TTF 的整合模型，以及以公共信息资源利用为例开展的实证分析系统地描述了影响网络信息资源利用效率的各个因素之间的效应关系。以该整合模型的结论为指导，本书提出促进网络信息资源有效利用的思路为：以易用性为原则的网站界面设计、以增进有用认知为目标的信息内容保障、以 TTF 为导向的公共信息平台开发、以促进用户信任为根本的制度体系建设，以及以提高用户信息素质为目的的教育体系。

8.1 以易用性为原则的网站界面设计

网站界面是用户从信息提供者那里获得网络信息资源的直接媒介。通过前面的实证分析可知，网站界面设计对用户的易用认知起主要作用，用户的易用认知对网络信息资源利用效率产生显著影响。因而提高网络界面的易用认知是一项必不可少的工作。在现实中常常听见网站的使用者抱怨："互联网上有那么多网站简直无法或者很难应用，网站组织结构太差，网站文字难以阅读，文章内容混乱，下载速度缓慢，而且难以查找到想要的内容。"这些问题的出现都是由于忽视了网站界面的设计工作。网站界面与印刷型界面相比具有独特性，如超文本结构、与使用者的互动等，因而对于设计也有着独特的需求——必须以用户的期望和行为为中心来设计。网站的"易用性"（usability）一词的出现即代表着对网站界面设计要求的概括。

易用性也称可用性，它是人本设计和人机交互领域中的一个基本概念，按照 ISO9241—11（1998）对易用性的定义："某种产品被特定用户在特定环境中使用，以达到其目的而产生的效力、效率和满意度。"随着互联网信息时代的到来，这个源自工业设计领域的术语得到了广泛的关注。引申一下，网站"易用性"是指在特定情境下，特定使用者使用网页的功能、效率及他们对网站满意程度的衡量。易用性设计优秀的网站，视觉效果清晰，可以为访问者提供使用流程上的协助，能够大大降低访问者浏览过程中的知觉负担，并且能够从系统中得到及时的反馈，预知自己寻找目标的位置。2006 年由 Tea-leaf technology 进行的一项调查发现，约 90% 的网民曾经在互联网电子商务过程中由于流程过于复杂或者不稳定而放弃，40% 的用户表示不会再重新回到让他们有不愉快经历的网站做第二次交易，这表明了研究网站易用性的价值所在。

自 20 世纪 80 年代，国内外学术界和工业界在易用性内涵、准则、方法、实证等方面都取得了较大进展，如 Nielson 和 Molish 提出启发式评估的十条黄金准则、Norman 提出的"以用户为中心设计"思想，以及诸如《耶鲁网页设计手册》（Lynch and Horton, 2008）、《Ameritech 使用指南》（Detweiler and Omanson, 1996）、《微软使用指南》（Keeker, 1997）等在业界较有影响的易用性实施准则或指南。其中，对网络界面设计较有借鉴价值的准则如下。

（1）网络界面美观、协调。从美学观点看，一个设计协调、感觉舒适的界面能更吸引用户的注意力。这方面的具体要求有：网页的长宽接近黄金比例；布局要合理，过于密集和过于空旷都不宜；按钮的大小、名称要和界面空间协调；字体大小、风格要合理；网页颜色配置协调；整个网站界面风格要保持一致等。

（2）网站的文字部分易读性强。网页上所有内容都是针对网站目标而写的，文字正确、简明、通俗易懂。

（3）网站应容易被用户学会和理解。用户接触网站后能够立刻知道看什么、做什么、在什么时候做、在哪里做、为何要做及如何做。即使用户在使用中遇见障碍，网站也能适时地提供一些帮助措施。要对用户的所有动作提供可视的、文本的和音频的确认信息。

（4）网站界面的设计要符合规范惯例。具体要求如下：①熟悉性。设计中尽可能利用用户熟悉的概念和语言，尽可能使界面自然，模仿用户的行为模式并采用真实世界的比喻。②通用性。在同一领域或跨领域的应用程序中，支持用户扩展特定交互的知识。③一致性。从相似情况或相似任务目标得出输入-输出行为的相似性。④可预测性。用户能预测每次操作的结果。

（5）网站界面的灵活性。网站可以根据用户的需求、用户的知识和技能、用户的经验和习惯、用户的个人偏好及当时的情境提供不同层次类型的功能。

（6）网站的鲁棒性。鲁棒性也称健壮性，是衡量网站稳定性的一个指标，具体包括：①容错性。能对用户常见的错误容忍并对灾难性的错误进行保护。②可恢复性。当用户一旦发现错误，网站有能力改正错误。

网站的易用性设计是一门较为专深的学问，也是一个和实践结合非常密切的领域。上述准则只是部分揭示了在界面设计中要注意的方面，实际的工作更为复杂，绝非教条主义的照搬。总之，为了提高用户的易用认知，需要对界面易用性方面予以重视，权衡一系列的设计原则，为用户能有效利用网站资源提供最基础的支持。

8.2　以增进有用认知为目标的信息内容保障

前文通过实证方法验证了有用认知与信息资源利用效率之间的关系，而有用认知又与网站的信息内容的质量正相关，因而加强网站信息内容建设是增进用户有用认知的重要途径。在互联网蓬勃发展的今天，各个网站媒体之间的竞争日趋白热化，然而，什么才是用户最关注的增长点，网站依靠什么才能抓住读者、影响读者呢？"内容为王"的提法得到了众多业界人士的认同，这也与本书研究的结论不谋而合。作为网站信息资源利用效率的重要影响因素之一，内容的不可代替性、不可复制性，以及其自身蕴涵的智慧与价值，都决定了它不同于渠道、应用手段、脉络关系的地位。内容和网络载体之间的关系就像一个人的灵魂与肉体一样，缺少高质量内容的网络就像失去灵魂的人一样缺少生机，对外界没有吸引力。对于如何提高网站的内容质量，从而增进用户对网站信息资源的有用性的认知，进而产生使用的意愿，笔者认为可以采取以下措施。

首先，从网站信息有用性来衡量信息质量。除了综合性网站外，大多数专业性网站都有固定的用户群体，信息的有用性即是由这些用户来感受的。网站信息是否对用户群体有用可用以下要求来衡量：网站上只列出相关信息，杜绝一些空洞浮华信息的出现；信息的表述要以用户能够理解的语言来书写；信息的来源可靠；信息完整；信息无偏见和独立客观；信息更新及时。只有达到这些基本要求，用户在打开一个网站浏览内容时才会首先对信息价值作出一个较高的判断，才会产生继续浏览的意图。

其次，除了上述基本要求外，对分布在互联网上各个角落的信息进行二次开发提供产品级的信息内容也是提高用户有用认知的途径（孙建军，2012）。例如，可由图书馆、信息管理领域的专家和各个专业领域专家对互联网上某一专题的公共信息资源进行识别、筛选、过滤、描述与评价，将其信息组织成目录，并提供源地址链接，形成一个专题门户网站。也就是针对网上公共信息资源进行挖掘和二次开发，扩展其有效利用面，满足专业用户的信息需求。已有某些组织开展了此项工作，如澳大利亚农业门户网站是由澳大利亚研究理事会和 Melbourne 提供资助，各大学图书馆共同合作开发的农业资源网站，目的是鉴别和传播高质量的农业研究资源，几乎所有有价值的农业信息都能在该网站上找到。

最后，增加用户有用认知除了把网站作为一个信息发布的平台外，还应作为一个在线办事的平台、一个互动的平台。如前所述，我国公共信息资源网站普遍存在重信息发布、轻公共服务和交流的问题，信息的丰富性充分满足了公众的知情权，但是也忽视了公众希望网站能为工作、生活提供便利的需求，因而网站的有用认知较弱。需要采取的措施是增加一些特色服务和辅助功能，如网上提供一些常用表格的下载、办事流程、收费标准等信息能提高用户办事的效率，甚至将一些与公众关系密切、办理频率高的业务实现全流程网上办理，减轻公众奔波之苦。其他类型的网站也存在相应的需求，电子商务网站可以在网上增加商品比较的功能、科研网站可增加在线项目申请功能。总之，通过这些举措，网站不再是一个宣传信息的窗口，而是演变成一个交流互动、处理事务及获取增值服务的窗口，网站的价值在增加，用户的有用认知自然会提高，从而其使用网站的意愿越强。

8.3　以 TTF 为导向的公共信息平台开发

在知识经济、网络时代，信息共享所带来的增值效应是不可估量的，然而有关某一行业的信息往往分散在互联网上各个角落，缺少一个系统的集成和整合，这无形中增加了公众信息搜索任务的难度，带来用户的信息需求任务和网站的现有技术的不匹配问题。由整合模型的验证结果可知，TTF，即信息系统功能与用户任务需求之间的匹配是影响用户利用网络信息资源的一个主要因素。根据因子分析的结果，TTF 主要由信息内容、技术支撑和辅助功能三方面决定，而任务技术适配性又对网络信息资源利用效率有显著影响。因此，要提高网络信息资源利用效率，需要从改善网站任务技术适配性出发。一个具有可行性的解决措施是建立公共信息平台，它是一系列硬件、软件、网络、数据和应用的集合，数据和应用是其核心。公共信息平台的建立可充分运用互联网信息技术优势，逐步实现信息资源交互和共享，充分满足公众的信息需求。

例如，北京首都公用信息平台（CPIP）的建设能给我们很多有益启示（孙建军，2012）。首都公用信息平台是依托于网络平台，特别是公用网络平台建立的，由政府引导，联合共建，超越部门所有，具有对各种网络实现互联互通的开放性、亲善性和非排他性，将积极创造条件，促进专通结合，最大限度利用现有网络资源，起到网络转换中心的作用。首都公用信息平台为信息资源的开发、利用、交换、包装、集散、共享、服务和管理营造了一个良好的环境。首都各种信息应用工程或信息应用系统，运用虚拟子网技术，依托首都公用信息平台，将构成提供广泛信息服务的应用平台，构建网上"虚拟世界"，实现信息交换、联机业务、资源共享和功能互补。首都公用信息平台将支持信息服务的统一管理规范和应用标准（如统一和规范界面设计、检索方式、数据库更新及安全管理等），支持企业信息源开发和社区信息化试点。目前，通过CPIP开展的主要业务有：电子商务，公众可以直接访问首都电子商城；网上文化娱乐；办公自动化，实现信息、资源共享；访问Internet；国内高速访问；社区的光纤接入、家庭上网。

从实例可以看出，公共信息平台是建立在国家信息基础结构（NII）之上的，相对于NII，它解决的是针对某特定领域的更为专业化的业务应用的基础结构问题。如果说NII解决了网络物理互连的问题，那么公共信息平台则解决的是不同组织间业务逻辑互连问题。从技术体系来看，公共信息平台分为基础结构层、增值应用层和平台门户层。信息基础结构是核心，主要部件包括硬件平台、基础软件平台、通信技术、中间件、信息资源库及信息网络构成；增值应用层能根据不同的组织间协调机制提供增值服务，由供求关系决定的信息产品市场和由消费者偏好及政府导向作用下的信息化应用方向决定。最关键的是第三层信息门户，它为用户提供了一个单一的访问各种公共信息资源的入口，且能通过这个门户获得个性化的信息和服务。

从内容上看，公共信息平台应涵盖广泛的信息：重要的社会、经济发展指标、数据、报告（白皮书等）、法规等；有关城市规划、建设、管理上的内容；有关劳动、就业、人才交流、职称评定、培训、终身教育等内容；有关企业注册登记、工商管理、财税管理、金融服务等内容。

从功能上看，公共信息平台除了为公众提供信息外，还要积极满足公众处理事务的需要，也就是要与用户的任务匹配。因而要积极推进网上办公，为社会提供法规、管理咨询和申报、登记、审批等服务，有行政审批权的部门要加大网上政务公开和网上办公力度。要将面向企业的审批权限、条件、标准、程序、时限等内容全部上网，并在网上开展行政审批业务。建立起开放式、交互式、一表式、一网式的对外服务与管理的网上办公系统，提高办事效率和服务质量。创造条件，争取以电子化方式提供一周7天、一天24小时的在线公众服务。

8.4 以促进用户信任为根本的制度体系建设

来自用户的信任对任何类型的网站来说都是最宝贵的资产，这也是一笔无形的财富。用户信任的建立也是多方面的，受多种因素的影响。而网站不管怎样都仅仅是一个平台，它透过网站界面这层虚拟的面纱充当着替商家传达某种信息的媒介，因此，用户信任的建立主要来源于三个方面：一是对网站所属组织、公司或机构的信任；二是对网站所提供的产品或服务的信任；三是对网站自身的信任。因而，用户信任的建立不是单方面的行为，而是一个融合多方努力的体系。前面的实证结论也表明：信任是影响网络公共信息资源的关键变量，对行为意图有直接效应。因而，结合实证分析结果，我们提出建立用户信任制度的以下建议。

（1）通过网站传递其所属机构或个人的信息。网络虽然为公众提供了一个虚拟空间，但是人们还是希望通过网站了解背后所述机构或个人的真实情况。这就好像在网络购物时，拥有实体店的网络卖家的信任度一般要高一些，我们针对公共信息资源利用开展的实证分析也有类似的结论：感知信任的几个测量指标（TR1、TR2、TR4等）都是与网站所属机构、组织或个人情况有关的指标，特别是测量题项 TR1 解释了信任变量的 59.035%，说明建立对网站本身机构信任的重要性。因而，采取一些措施来增进用户对网站所属机构的了解不失为一种提高用户信任的手段。网站所传递的信息一般包括：提供公司的基本情况、历史、组织结构、地址和联系方式等信息，用户据此可以判断该网站所依托的机构和个人是否实际存在；有关机构或个人曾经获得的荣誉、资质、加入的相关协会，ICP 备案号、医疗部门或信产部门的批号，在第三方评价机构中的排名等信息，能帮助用户判断网站在公众中的声誉如何；网站还要提供清晰明确的相关政策，如配送政策、隐私政策、版权声明等，让用户感觉到网站的透明性，体会到所属机构或个人的真诚用意。总之，诸如此类的信息的提供对一个要改善用户信任程度的网站来说是必不可少的。

（2）立足于为用户提供优质的产品或服务。要获得用户的信任，仅仅是通过网站传递所属机构或个人的信息、赢得用户信赖是不够的，网站提供的产品或服务也需要有信任度。这就像电子商务，金山卓越网这样的著名电子商务网站，在公众心目中具有很高的信任度，但是并不意味着公众对其网站上销售的所有产品都信任，因而强调网站所提供的产品或服务质量也至关重要。产品或服务的信任是为了让用户认可网站上的产品值得信任和购买，或者网站提供的服务值得去享用。一些可行的做法有：完整介绍产品信息，包括产品详细参数、规格、商家信息、行业资质、荣誉等，甚至能提供一个透明的价格；尽可能用真实的手法展示产品，从不同角度用多张图片反映产品细节；允许和鼓励买方对该产品作评论，真实反映使用该产品的感受；提供的服务流程清晰、简洁，如果涉及费用，要在醒目的位置标示。作为网站本身，只有立足于提供优质的产品或服务，才能从根本上打消用户在访问网络资源时的各种心理顾虑，减少对风险的感知，从而增进对网站的信任感。

（3）改善网站自身质量。一个在搜索引擎排名靠前的网站在用户眼中也一定是一个有实力的值得信任的网站。有很多办法可以改善网站的质量，从而获得一个较理想的网站排名。例如，网站的界面设计要精良，给访问者较好的访问体验，特别是网站的 logo，它是公司的标志，能表现出公司的特色，大多数用户会认为网站的规模与公司实力成正比；对提供服务性或交易性网络服务的公司，一定要在网站上的显要处给出在线客服，并且只有一位在线客服和多个在线客服带给用户的信任度是截然不同的，这也体现出公司的实力，因为在用户看来，只有一位在线客服的往往是小公司，而拥有多位在线客服的通常是一个颇具规模的公司；网站的内容要及时更新，这可以体现出组织机构有专人在用心维护网站，不断给用户提供最新的消息，是对用户友好的表现，如果网站上大部分是陈旧的内容，用户会感觉这个网站缺少活力，更别提建立信任感；最后，尤为重要的是要注意 web 写作问题，虽然在网络时代，用户可以自由地在网络平台上发表作品，但是 web 写作并不是随性而为的，一些在印刷时代遵从的写作的严谨要求不能忽视，而且在网络上被再次强调。例如，要确保文字的正确性，不要出现错别字、死链、空链；网络语言要求精炼，避免繁冗；文字要求朴实，不要用过于吹嘘的词汇，容易招来用户的反感和不信任感；转载他人文章时，一定要注明来源，对于一个不尊重版权的网站，何来信誉而言；网站上使用的图片，最好是真实拍摄的图片，而不要转载他人网上的图片，因为用户往往比较了多家同类型网站，如果看到多个网站的产品图片都是相同的，他们就会对网站的真实性产生怀疑。

信任是人与人的关系及商务关系的中心，McKnight 和 Chervany（2011）认为，信任是个体对信任目标在多大程度上表现出善意、能力、诚实和可预测行为的信心。本书的整合模型和实证都支持信任直接影响了用户的行为意图和实际使用的结论。因而重视用户的信任是提高网络信息资源利用效率的一个重要因素。同时，用户的信任也是最不稳定的一个变量，用户信任的建立不是一朝一夕就能形成的，而稍微的疏忽就可能使用户的信任在顷刻间瓦解。建立用户的信任制度是一个网站长期不懈的追求。

8.5 以提高用户信息素质为目的的教育体系

网络信息资源的共享性、广泛性、多样性等特点要求公众具有较高的信息素质。特别是在网络环境下，数字鸿沟问题已引起世界性的关注。对公众信息素质的培养，不仅能够激发公众参与信息资源管理的热情和表达出自己的信息需求，对信息资源进行评估和反馈，充分行使自己的民主权利，而且可以扩大获取信息和交流的渠道，提高获取信息的能力，保证所有用户能公平地掌握、使用及拥有信息资源。

1. 建立一个良好的信息资源利用环境

公众信息素质的提高离不开一个健康、完善的信息资源利用环境，这其中包括政策法律、技术设施、文化观念等保障措施。信息政策法律是公众必须遵守的准绳，目前我国专门针对信息资源的法规和政策非常少，大大影响了用户信息素质的培养质量。当务之急，首先，要针对网络环境下的新特点，对现有的几个主要的与公共信息资源利用有关的法律法规作相应的修改，如《档案法》《电子签名法》《政府信息公开条例》；其次，要尽快制定一些新的法规和政策，如有关图书馆开展公共信息服务的法律，以及关于商业性信息机构公共信息服务法律等。

提高公众的信息素质，还要让公众拥有便利的可获取信息的网络，建设公共信息网络平台，创建一个信息资源丰富、费用低廉、方便的网络环境是提高用户获取性的一项基本措施。公共信息网络成为人们信息活动的主要空间，激发公众潜在的信息需求。特别是在经济不发达的西部地区和农村的群众，以及社会弱势群体，要重视此部分群体的信息需求和利用。目前，国际上正在掀起一股普遍服务的热潮，所谓普遍服务，是指对任何人都要提供无地域、质量、资费歧视且能够负担得起的电信业务。"普遍服务"这一术语最早由美国 AT&T 总裁威尔先生在 1907 年年度报告中提出，其原话为"一种政策，一种体制，普遍服务"。1934 年，美国首先将这一政策纳入法律条文，在《电信法》中明确规定：

"电信经营者要以充足的设施和合理的资费,尽可能地为合众国的所有国民提供迅速而高效的有线和无线通信业务。"随着世界范围内的电信业打破垄断、引入竞争浪潮,普遍服务成为各国理论研究和规制改革的焦点。我国也应以此为目标,只有实现了普遍服务,才能保证公众方便公平地利用巨大的信息资源宝库。

观念的转变也是培养公众信息素质的必要措施,它需要整个社会共同的努力。政府可以通过各种渠道来公布政府的公共信息,并开展公众的权利义务教育、国情教育、国家方针政策教育、政府机制运行的机理和程序教育,使用户全方位了解国家经济体制、政治体制的运行方式;还应当充分发挥其他信息机构,如图书馆的作用,开展信息素质教育。

2. 建立一个多层次的公众信息素质培养体系

在信息化社会,公众到底应具备什么样的信息素质一直是信息素质培养关注的话题。最早在1974年,美国信息工业协会的会长Paul Zurkowski首次提出信息素质是利用大量的信息工具及主要信息源使问题得到解答的技术和能力。美国图书馆协会在1989年的年终报告中指出,要想成为具有信息素质的人,应该能认识到何时需要信息,并拥有确定、评估和有效利用所需信息的能力(李静和杨玉麟,2007)。1992年,Christina Doyle将信息素质分为十种能力:①识别信息需求。②了解信息和智力决策之间的关系。③陈述信息问题。④了解有哪些有用的信息资源。⑤制定信息检索策略。⑥存储信息资源的能力。⑦评估信息的相关性及有用程度。⑧能组织信息。⑨将新信息与自己原有知识相组合。⑩将信息应用于批判性思考及解决问题(张文娟和翟云波,2008)。2000年Mckenzie(2010)指出,在科学研究时学生也充当了信息用户的角色,因而其提出"The Research Cycle"模型,认为信息用户应具备的能力为:质疑、规划、收集、分类和过滤、聚合、评价。发展到今天,信息素质是现在人才必备的条件之一,它是人们必须具有的一种能够充分认识到何时需要信息,并有能力有效地发现、检索、评价和利用所需要的信息,解决当前存在的问题的能力。

信息资源的用户是多样化的,因而在开展培养工作时不可统一对待,需要建立一个有针对性的层次培养体系。第一层面是已经具备了一定信息素质的大多数公众,缺乏的是信息获取的方法和技巧,培训的目的是最大限度地激发其信息需求;第二层面是偶尔有某些信息需求的用户,他们有兴趣获取信息,但无从下手。此类用户是一类潜在的信息用户,如果引导得当,可以向第一层面用户转化。培训时可以向他们宣传信息基础知识,使他们掌握查询信息的方法与途径,如果能从中得到满足,那么将激发他们进一步利用网络信息的兴趣;第三层面是那些缺少信息意识和常识的信息社会"少数人",对这部分群体,观念的改变是首先要开展的工作。对第三层次群体,要充分发挥我国政府的中心作用,通过广播、电视、报刊、网络公布服务政策、信息目录,并开展信息用户的权利义务教育、让用户了解如何利用容易得到并且可以经常访问的那些信息资源。还应当充分发挥图书馆、情报所等信息机构的作用,促使其成为进行信息素质教育的阵地。

总之,开展用户信息素质教育应作为促进信息资源开发利用的一项新的举措。本书研究的视角之一是从用户特征来探讨影响网络信息资源利用效率的因素,用户的信息素质是体现用户特征的一个主要方面,只有用户的信息意识增强,获取信息的能力得到提高,网络信息资源的利用效率才能得到根本的提高。

第 9 章　结　　语

20世纪90年代以来，面对信息技术和Internet的快速发展，世界各国政府均将信息化作为21世纪发展的重要战略，掀起了全球性的信息化浪潮。在这种背景下，如何有效地开发和利用信息资源，加速我国的信息化进程、促进信息产业的发展，以提高整体的科技竞争力和经济竞争力，已成为政府、企业和学术界共同关注的重要课题。

网络信息资源已经成为信息资源的重要组成部分，全面研究网络信息资源利用效率对推动全社会的信息资源开发利用具有重要意义，是实现国家"十一五"规划中提出的信息化规划目标的坚实保障。本书在充分研究技术接受模型、任务技术匹配模型的基础上，基于模型整合的必要性，构建了网络公共信息资源利用的理论模型，纳入了先前研究所遗漏的影响变量和因果关系。采用Cronbach's α 系数，探测性因子分析和验证性因子分析来检验各变量的信度和效度。在此基础上，运用结构方程建模方法，对提出的网络公共信息资源利用理论模型进行评价和修正，最终得到一个与数据拟合程度最高的结构模型。研究发现，各影响变量能够很好地预测实际使用和利用效率，共同解释了85%的利用效率的方差变异量，高于其他类似的实证研究，可见本书的研究模型具有一定的理论价值。

9.1　主要贡献及结论

本研究的主要贡献如下。

（1）充分研究了TAM和TTF两个模型的理论来源、模型演变、相关理论、实证整合等研究现状，并通过实证证明了TAM和TTF模型对于解释用户使用网络公共信息资源的行为仍然有效。

（2）在对TAM和TTF的适用性、可行性及其整合必要性分析基础上，构建了一个整合TAM与TTF的网络信息资源利用基础模型，并对结构变量进行了解释说明，对变量之间的关系作出了阐释，提出了结构变量的测量指标体系，为后续进行的实证分析提出了体系框架。

（3）以网络公共信息资源利用为研究对象开展实证分析。考虑网络公共信息资源的特点和应用情境，以TAM与TTF网络信息资源利用整合模型为依据，对各变量进行操作化定义，并对其中变量之间的效应关系应用社会统计学方法进行检验，揭示影响网络公共信息资源利用效率的因素。

（4）本研究通过实证方法验证了任务技术匹配是影响用户利用效率的重要变量，结合这一结论，提出公共信息平台的开发要以TTF为导向。而有用认知和易用认知依然是影响用户利用网络公共信息资源的两个重要变量，因此提出网站的界面设计以易用性为原则，而信息内容保障则以增进有用认知为目标。

根据实证分析,得出了以下结论。

(1) TAM 中的有用认知、易用认知仍然是影响用户利用网络信息资源时的行为意图和实际使用行为的重要解释变量,并且,TAM 中的易用认知对有用认知的影响效应也进一步得到了验证,这说明 TAM 仍是一个具有相当活力的模型,能用于研究用户对网络信息资源的使用行为。

(2) TTF 模型能够弥补原 TAM 的缺陷,其中,任务技术适配对易用认知、有用认知有正向的显著影响;而任务与技术的适配更多地与网站设计质量有关,因而以 TTF 为导向改进网站质量是提高网络信息资源利用效率的有力措施,并进一步拓展和验证了 TTF 模型的应用价值。

(3) 实验证明,信任、主观规范、行为控制认知对用户使用网络信息资源有重要影响。虽然这三个变量并没有在原始的 TAM 与 TTF 模型中出现,但是与两者有着密切的关联,并且在解释网络信息资源利用行为时具有显著的效应关系。实证得出信任对行为意图有正向的显著影响,主观规范对有用认知、行为意图有正向的显著影响,行为控制认知对行为意图有正向的显著影响。

9.2 研究展望

本研究在建立整合模型和实际测评时,也发现了以下一些问题。

(1) 模型应用层次问题。在本书中整合了 TAM 和 TTF 中用户行为特征、任务特征、技术特征三方面的因素,构建了一个更丰富、完整的理论模型,包含了 TAM 和 TTF 的主要因素。鉴于网络用户利用信息的差异性,他们从信息中获得的收益各不相同,而且用户群体在不断变化,因而群体联合收益的测度实际上非常困难,所以本模型所探讨的网络信息资源利用效率,指的是用户个人对自己所需要的网络信息资源的实际利用状况,属于个人层次的模型。

(2) 模型中结构变量的具体测量指标的定义问题。本模型考虑到各应用领域中结构变量定义的共性,纳入更多广泛的定义和说明,通过对结构变量进行解释说明,提出了结构变量的测量指标体系和体系框架。针对不同的网络信息资源的应用领域,结构变量的具体测量指标是有区别的,需要明确模型中各结构变量的具体定义。

(3) 模型结构变量测量指标的量化问题。本研究设计了调查问卷,通过样本的自主报告方式获得被试者的信息。但是对于整合模型中所提出的一些带有定性特征的指标,如"信任"、"主观规范"等只能用 1~5 这样的分值来表示指标与个人主观和实际情况的符合程度。这种量化方法未免有太大的弹性,有可能给结果带来偏差。

(4) 实证测评时问卷样本科学性问题。从可行性角度出发,本研究的实证分析只是选取了较少数量的调查对象,对样本特征进行分析后发现,样本大多是具有高学历的用户,仅仅能代表网络公共信息资源利用部分人群的情况,没能兼顾信息用户的广泛性和多层次性,这对测评结果的准确性会产生一定的影响。

后续研究将在以下两方面展开。

(1) 对整合模型的适用性进一步开展实证分析。本研究只研究了整合模型在网络公共信息资源这一领域的应用，并不能代表网络信息资源利用的全部。因而，对于整合模型中涉及的模型各变量之间的关系的假设需要进一步的更充分的论证。通过实证分析可以发现，虽然本研究模型的结构变量测量指标体系可以得到积极有效的结论支持，但该模型中结构变量之间关系的部分假设目前缺乏直接验证支持，而只能通过相关结论的推理进行佐证，还需要深入研究对其进行验证。

（2）关于模型自身的研究。在研究过程中，随着文献调查和研究的深入，我们发现了 TAM 和 TTF 这两个模型在最近几年又获得了发展，许多新的扩展模型和整合模型不断出现在我们的视野。这反映出学术界对二者的关注和热情日益高涨，两个模型的应用价值有目共睹。我们将在后续研究中继续追踪 TAM 和 TTF 的进展情况，及时吸收最新、最优秀的成果，以使本研究在未来一段时间内仍将具有较大的研究潜力。

参 考 文 献

毕强，枸文祥.2002.网络信息资源开发与利用［M］.北京：科学出版社.
曹双喜，邓小昭.2006.网络用户信息行为研究述略［J］.情报杂志，(2)：79-81.
陈俊.2007.社会认知理论的研究进展［J］.社会心理科学，(1-2)：59-62.
戴维·H.罗森布鲁姆，罗伯特·S.克拉夫丘克.2002.公共行政学：管理、政治和法律的途径［M］.北京：中国人民大学出版社.
邓小昭.2003.因特网用户信息检索与浏览行为研究［J］.情报学报，22 (6)：653-658.
方针，俞东慧，黄丽华.2005.用户接受：企业信息技术实施的新视角［J］.科研管理，2 (23)：55-58.
风笑天.2005.社会学研究方法［M］.北京：中国人民大学出版社.
甘利人，高依旻.2005.科技用户信息搜索行为特点研究［J］.情报学报，1：26-33.
甘利人.2004.从哈耶克知识观看网络文献资源利用效率问题［J］.图书情报工作，48 (3)：32-35.
郭志刚.1999.社会统计分析方法——SPSS软件应用［M］.北京：中国人民大学出版社.
何晓群.2004.多元统计分析［M］.北京：中国人民大学出版社.
洪新原，梁定澎，张嘉铭.2005.科技接受模式之汇总研究［J］.信息管理学报，12 (4)：211-234.
侯杰泰，温忠麟，成子娟.2004.结构方程模型及其应用［M］.北京：教育科学出版社.
侯立宏，朱庆华.2006.网络信息资源评价方法研究综述［J］.情报学报，25 (5)：523-530.
胡广伟，仲伟俊，梅姝娥.2004.我国政府网站建设现状研究［J］.情报学报，23 (5)：537-546.
胡宇梁.2005.网络公共信息资源获取的选择与规划分析［J］.图书情报知识，(6)：74-77.
黄慕萱.1988.成人读者之资讯寻求行为［J］.台北：台北市图书馆馆讯，(20)：9-19.
黄如花.2003.网络信息组织：模式与评价［M］.北京：北京图书出版社.
黄晓斌，邱明辉.2002.数字图书馆的可用性研究［J］.图书馆学研究，(4)：11-13.
计世资讯.2009-08-21.中国政府门户网站最新排名［EB/OL］.
赖茂生，杨秀丹，胡晓峰，等.2004.信息资源开发利用基本理论研究［J］.情报理论与实践，3：229-235.
李国鑫，王雅林.2004.基于技术与组织适应性的信息技术绩效模型探讨［J］.自然辩证法研究，(6)：65-68.
李静，杨玉麟.2007.关于我国公共信息资源用户信息素质培养的思考［J］.四川图书馆学报，(6)：14-17.
李明，雷银枝，李晓鹏.2008.网络信息资源利用效率研究内涵及模型分析［J］.图书情报工作，52 (1).
李霆，张朋柱，王刊良.2005.社会规范对技术接受行为的影响机制研究.科学学研究，23 (3)：319-329.
李怡文.2006.组织在采纳信息技术前后的行为影响因素比较研究［D］.上海：同济大学博士学位论文.
林丹华，方晓义，李晓铭.2005.健康行为改变理论述评［J］.心理发展与教育，(4)：122-127.
林妙华.2006.数位典藏系统入口网站界面可用性评估模式之探讨［J］.大学图书馆，10 (2)：160-182.

柳江，彭少麟．2004．生态学与医学中的整合分析（Meta-analysis）［J］．生态学报，24（11）：2627-2634．
卢纹岱．2006．SPSS for Windows 统计分析［M］．第3版．北京：电子工业出版社．
鲁耀斌，徐红梅．2005．技术接受模型及其相关理论的比较研究．科技进步与对策，(10)：176-178．
马费成．2004．信息资源开发与管理［M］．北京：电子工业出版社．
人民网．2010-12. 2010 中国政府网站绩效评估指标体系发布．［EB/OL］. http://politics.people.com.cn/GB/1026/13510066.html：35-40．
Rogers E M. 2002. 创新的扩散．北京：中央编译出版社．
孙建军，成颖，柯青．2007a. TAM 模型研究进展——模型演化［J］．情报科学，25（8）：1121-1127．
孙建军，成颖，柯青．2007b. TAM 与 TRA 以及 TPB 的整合研究［J］．现代图书情报技术，(8)：40-43．
孙建军．2012．网络公共信息资源利用效率影响因素实证分析［J］．图书情报工作，(10)：35-40．
夏义堃．2004．公共信息服务的社会选择——政府与第三部门公共信息服务的相互关系分析［J］．中国图书馆学报，(3)：18-23．
夏义堃．2005．公共信息资源管理的多元化视角［J］．图书情报知识，(4)：20-24．
谢新洲，申宁．2003．论信息系统效用及其影响因素［J］．情报理论与实践，26（5）：454-458．
熊晓元，孙艳玲．2009．网络信息资源利用效率评价模型、方法及实证研究［J］．情报杂志，(5)：65-68．
徐博艺，高平，姜丽红．2005．技术接受模型研究发展综述［A］．信息系统协会中国分会第一届学术年会论文集［C］．北京：清华大学出版社．
徐博艺，高平，姜丽红．2006. ERP 实施环境中的技术接受模型及实证研究［J］．工业工程与管理，(4)：64-69．
徐峰，戚桂杰．2012．基于适应性结构理论的组织 IT 采纳研究［J］．现代管理科学，(5)：36-38．
薛薇．2004. SPSS 统计分析方法及应用［M］．北京：电子工业出版社．
殷感谢，陈国青．2002．电子商务与政府信息化建设——政府网站比较研究［J］．计算机系统应用，(2)：4-7．
袁静．2006．网络信息资源评价指标研究的回顾及相关问题的思考［J］．图书馆论坛，26（5）：280-282．
曾雪娟．2008. TTF 模型的研究进展综述［J］．现代图书情报技术，(5)：27-32．
张文娟，翟云波．2008．中外信息素质结构比较研究［J］．情报科学，26（4）：636-640．
张文彤．2002. SPSS 11 统计分析教程［M］．北京：希望出版社．
张欣毅．2003．超文本范式——关于公共信息资源及其认知机制的哲学思考［J］．中国图书馆学报，(3)：15-20．
中共中央文献研究室．2000．十五大以来重要文献选编（上）［Z］．北京：人民出版社．
中共中央文献研究室．2001．十五大以来重要文献选编（中）［Z］．北京：人民出版社．
中国互联网络信息中心．2010-01．中国互联网络发展状况统计报告［EB/OL］. http://www.cnnic.cn/hlwfzyj/hlwxzbg/201001/p020120709345300048758 8.pdf.
中国互联网络信息中心．2012-07．中国互联网络发展状况统计报告(2012 年 7 月)[R]. http：www.cnnic.cn.
中国互联网络信息中心．2012-07．中国网民搜索行为研究报告［R］. http：www.cnnic.cn.
中国软件评测中心．2010a. 2010 年中国政府网站绩效评估报告［M］．北京：中国软件评测中心．
中国软件评测中心．2010b. 2010 年中国政府网站绩效评估指标体系（征求意见稿）［R］．北京：中国软件评测中心．
周晓英．2005．基于信息理解的信息构建［M］．北京：中国人民大学出版社．
Ajzen I, Fishbein M. 1980. Understanding attitudes and predicting social behaviour［M］. Englewood Cliffs, NJ：

参 考 文 献

Prentice-Hall.

Ajzen I, Madden T J. 1986. Prediction of goal-directed behavior: Attitudes, intentions, and perceived behavioral control [J]. Journal of Experimental Social Psychology, 22 (5): 453-474.

Ajzen I. 1985. From intentions to actions: a theory of planned behavior [A]. Action Control: From Cognition to Behavior [M]. New York: Springer Verlag.

Ajzen I. 1991. The theory of planned behavior [J]. Organizational Behavior and Human Decision Processes, 50 (2): 179-211.

Aladwani A M, Palvia P C. 2002. Developing and validating an instrument for measuring user-perceived web quality [J]. Information & Management, 39 (6): 467-476.

Alter S L. 1976. How effective managers use information systems [J]. Harvard Business Review, 54 (6): 97-104.

Ambra J D, Wilson C S. 2004. Explaining perceived performance of the World Wide Web: uncertainty and the task-technology fit model [J]. Internet Research, 14 (4): 294-310.

Bagozzi R P. 1982. A field investigation of Causal relations among cognitions, affect, intentions and behavior [J]. Journal marketing research, 19: 562-584.

Bagozzi R P. 2007. The legacy of the technology acceptance model and a proposal for a paradigm shift [J]. Journal of the Association for Information System, 8 (4): 244-254.

Barnes S J, Vidgen R T. 2001. Assessing the quality of auction web sites [C] //System Sciences. Proceedings of the 34th Annual Hawaii International Conference on IEEE.

Barnes S J, Vidgen R T. 2002. An integrative approach to the assessment of e-commerce quality [J]. Journal of Electronic Commerce Research, 3 (3): 114-127.

Barnes S J, Vidgen R. 2000. WebQual: an exploration of web site quality [C] //Proceedings of the eighth European conference on information systems, 1: 298-305.

Barnes S J, Vidgen R. 2001. An evaluation of cyber-bookshops: the WebQual method [J]. International Journal of Electronic Commerce, 6: 11-30.

Bhattacherjee A. 2001. Understanding information systems continuance: an expectation-confirmation model [J]. MIS Quarterly, 25: 351-370.

Borsuk E W. 1998. An exploratory investigation of Web usage: consumer behavior, information search, and the effects on traditional media consumption [D]. Montreal: Concordia University.

Bouazza A. 1986. Use of information sources by physical scientists. Social Scientists and Humanities Scholars at Carnegie-Mellon University [D]. Pittsburg USA: University of Pittsburg.

Brown, Cecelia M. 1999. Information seeking behavior of scientists in the electronic information age: astronomers, chemists, mathematicians, and physicists [J]. Journal of the American Society for Information Science, 50 (10): 929-943.

Chang H H. 2008. Intelligent agent's technology characteristics applied to online auctions' task: a combined model of TTF and TAM [J]. Technovation, 28 (9): 564-577.

Chang M K, Cheung W. 2001. Determinants of the Intention to Use Internet/WWW at work: a Confirmatory study. Information & Management, 39: 1-14.

Chen L D, Tan J. 2004. Technology Adaptation in e-commerce: key determinants of virtual stores acceptance [J]. European Management Journal, 22 (1): 74-86.

Chen L, Gillenson M L, Sherrell D L. 2002. Enticing online consumers: an extended technology acceptance perspective [J]. Information & Management, 39 (8): 705-719.

Colin K, et al. 1980. Toward usable user studies. Journal of the American Society for Information Science, (3): 347-356.

Compeau D R, Higgins C A. 1995. Application of social cognitive theory to training for computer skill [J]. Information Systems Research, 6 (2): 118-143.

Corritore C L, Kracher B, Wiedenbeck S. 2003. On-line trust: concepts, evolving themes, a model [J]. International Journal of Human-Computer Studies, 6 (58): 737-759.

Davis F D, Venkatesh V. 1996. A critical assessment of potential measurement biases in the technology acceptance model: three experiments [J]. International Journal of Human-Computer Studies, 45 (1): 19-45.

Davis F D. 1986. A technology acceptance model for empirically testing new end-user information systems: theory and results [D]. Cambridge: MIT Sloan School of Management.

Davis F D. 1989. Perceived usefulness, perceived ease of use, and user acceptance of information technology [J]. MIS Quarterly, 13: 319-340.

Davis F D. 1993. User acceptance of information technology: aystem characteristics, user perceptions and behavioral impacts [J]. International Journal of Man-Machine Studies, 38 (3): 475-487.

Davis F D, Venkatesh V. 2004. Toward preprototype user acceptance testing of new information systems: implications for software project management [J]. IEEE Transactions on Engineering Management, 51 (1): 31-46.

Davis F D, Bagozzi R P, Warsaw P R. 1989. User acceptance of computer technology: a comparison of two theoretical models [J]. Management Science, 35 (8): 983-1003.

Davis F D, Bagozzi R P, Warshaw P R. 1992. Extrinsic and intrinsic motivation to use computers in the workplace [J]. Journal of Applied Social Psychology, 22 (14): 1111-1132.

DeLone W H, McLean E R. 1992. Information system success: the quest for the dependent variables [J]. Information Systems Research, 3 (1): 60-95.

DeLone W H, McLean E R. 2003. The deLone and mcLean model of information success: a ten-year update [J]. Journal of Management Information Systems, 19 (4): 9-30.

DeSanctis G, Poole M S. 1994. Capturing the complexity in advanced technology use: adaptive structuration theory [J]. Organization Science, 5 (2): 121-147.

Detweiler M C, Omanson R C. 1996. Ameritech webpage user interface standards and design guidelines [EB/OL]. http://www.ameritech.com/corporate/testtown/library/standard/webguide/ines/index.html.

Devaraj S, Kohli R. 2003. Performance impacts of information technology: is actual usage the missing link [J]. Management science, 49 (3): 273-289.

Dishaw M T, Strong D M. 1999. Extending the technology acceptance model with task-technology fit constructs [J]. Information & Management, 36 (1): 9-21.

Dishaw M T, Strong D M, Bandy D B. 2002. Extending the task-technology fit model with self-efficacy constructs [C] //Eighth Americas Conference on Information Systems, 1021-1027.

Dishaw M T, Strong D M. 1998. Supporting software maintenance with software engineering tools: a computed task-technology fit analysis [J]. Journal of Systems and Software, 44 (2): 107-120.

Edstrom A. 1977. User influence and the success of MIS projects: a contingency approach [J]. Human Relations, 30 (7): 589-607.

Fishbein M, Ajzen I. 1975. Belief, Attitude, intention and behavior: an introduction to theory and research [M]. New Jersey: Addison-Wesley.

Ford N, Miller D. 1996. Gender difference in internet perception and use [C]. Electronic Library and Visual Information Research. Papers from the third ELVIRA conference

Gefen D, Straub D. 2000. The relative importance of perceived ease of use in IS adoption: a study of e-commerce adoption [J]. Journal of the Association for Information Systems, 1 (8): 1-30.

Gefen D. 2003. TAM of just plain habit: a look at experienced online shoppers [J]. Journal of End User Computing, 15 (3): 1-13.

Goodhue D L, Thompson R L. 1995. "Task-Technology Fit and Individual Performance. MIS Quarterly, 19 (2): 213-236.

Goodhue D L. 1995. Understanding User Evaluations of Information Systems. Management Science (41: 12), 41 (12): 1827-1844.

Hamner M, Al-Qahtani F. 2009. Enhancing the case for electronic government in developing nations: a people-centric study focused in Saudi Arabia [J]. Government Information Quarterly, 26 (1): 137-143.

Hartwick J. 1994. Explaining the role of user participation in information system use [J]. Management science, 40 (4): 440-465.

Hasan, Bassam. 2006. Delineating the effects of general and system-specific computer self-efficacy beliefs on IS acceptance [J]. Information & Management, 43 (5): 565-571.

Hernon P. 1998. Government on the web: a comparison between the United States and New Zealand [J]. Government Information Quarterly, (15): 419-443.

Hsu C L, Lin J C C. 2008. Acceptance of blog usage: the roles of technology acceptance, social influence and knowledge sharing motivation [J]. Information & Management, 45 (1): 65-74.

Hsu C L, Lu H P. 2004. Why do people play on-line games? an extended TAM with social influences and flow experience [J]. Information & Management, 41 (7): 853-868.

Hsu C L, Lu H P. 2007. Consumer behavior in online game communities: A motivational factor perspective [J]. Computers in Human Behavior, 23 (3): 1642-1659.

Ing-Long Wu, et al. 2005. An extension of Trust and TAM model with TPB in the initial adoption of on-line tax: An empirical study [J]. International Journal of Human-Computer Studies, 62 (6): 784-808.

Jarvenpaa S L, Tractinsky N, Saarinen L. 1999. Consumer trust in an internet store: a cross-cultural validation [J]. Journal of Computer-Mediated Communication, 1999, 5 (2): 45-71.

Jeong M, Oh H, Gregoire M. 2003. Conceptualizing web site quality and its consequences in the lodging industry [J]. International Journal of Hospitality Management, 22 (2): 161-175.

Jeyaraj A, Rottman J W, Lacity M. 2006. A review of the predictors, linkages, and biases in IT innovation adoption research [J]. Journal of Information Technology, 21 (1): 1-23.

Jorgenson D W, Stirch K J, Gordon R J, et al. 2000. Raising the speed limit: U. S. economic growth in the information age [A] // Brooking Papers on Economic Activity [M]. Washington DC: Brooking Institution Press.

Keeker K. 1997-05. Improving website usability and appeal [EB/IK]. http://technet.microsoft.com/en-ys/library/cc889361.

Kim H W, Chan H C, Chan Y P. 2007. A balanced thinking-feelings model of information systems continuance [J]. International Journal of Human-Computer Studies, 65 (6): 511-525.

King W R, He J. 2006. A meta-analysis of the technology acceptance model [J]. Information & Management, 43: 740-755.

King W R, He J. 2006. A meta-analysis of the technology acceptance model [J]. Information & Management, 43 (6): 740-755.

Klobas J. 2000. Adults learning to use the internet : a longitudinal study of attitudes and other factors associated with intended internet use. Library and Information Science Research, 22（1）: 5-34.

Klopping I M, McKinney E. 2004. Extending the technology acceptance model and the task-technology fit model to consumer e-commerce [J]. Information Technology, Learning, and Performance Journal, 22（1）: 35-48.

Komiak S X, Benbasat I. 2004. Understanding customer trust in agent-mediated electronic commerce, web-mediated electronic commerce, and traditional commerce [J]. Informaiton Technology and Management, (5): 181-207.

Kuhlthau C C. 2010-03-16. Kuhlthau's model of the stages of the information process [EB/OL]. http://library. humboldt. edu/ic/general. competency/kuhlthau. html.

Kuhlthau C C. 1999. Accommodating the user's information search process: challenges for information retrieval system designers [J]. Bulletin of the American Society for Information Science and Technology, 25（3）: 12-16.

Kwahk K Y. 2003. IS a acceptance in the perspective of the extended TTF theory: an exploratory study on employment insurance systems in korea [C].

Lederer A L, Maupin D J, Sena M P, et al. 2000. The technology acceptance model and the World Wide Web. Decision Support Systems, 29（3）: 269-282.

Lee Y, Kozar K A, Larsen K. 2003. The technology acceptance model: past, present, and future [J]. Communications of the Association for Information Systems, 12（50）: 752-780.

Legris P, Ingham J, Collerette P. 2003. Why do people use information technology? a critical review of the technology acceptance model [J]. Information & Management, 40（3）: 191-204.

Liker J K, Sindi A A. 1997. User acceptance of expert systems: a test of the theory of reasoned action [J]. Journal of Engineering and Technology management, 14（2）: 147-173.

Loiacono E T, Watson R T, Goodhue D L. 2002. WebQual: a measure of website quality [J]. Marketing Theory and Applications, 13（3）: 432-438.

Lu C S, Lai K, Cheng T C E. 2007. Application of structural equation modeling to evaluate the intention of shippers to use Internet services in liner shipping [J]. European Journal of Operational Research, 180（2）: 845-867.

Lucas H C Jr, Spitler V. 2000. Implementation in a world of work stations and networks [J]. Information & Management, 38: 119-128.

Lucas R E. 1976. Econometric policy evaluation: a critique [C]//Carnegie-Rochester Conference Series on Public Policy, 1（1）: 19-46.

Lynch P J, Horton S. 2008. Web style guide: Basic design principles for creating web sites [M]. New Haven: Yale University Press.

Ma Q, Liu L. 2004. The technology acceptance model: a meta analysis of empirical findings [J]. Journal of Organizational and End User Computing, 16（1）: 59-72.

Maish A M. 1979. A user's behavior toward his MIS [J]. MIS Quarterly, 3（1）: 39-52.

Marchionini G. 1995. Information seekers and electronic environments [J]. Information Seeking in Electronic Environments, 11-26.

Mark T D, Diane M S D, Bandy B. 2002. Extending the task-technology fit model with self-efficacy constructs [J]. Americas Conference on Information Systems, (8): 1021-1027.

Markus M L, Robey D. 1988. Information technology and organizational change: causal structure in theory and research [J]. Management Science, 34（5）: 583-598.

| 参 考 文 献 |

Mathieson K, Keil M. 1998. Beyond the interface: ease of use and task-technology fit [J]. Information & Managemen, 34: 221-230.

Mathieson K. 1991. Predicting user intention: comparing the technology acceptance model with the theory of planned behavior [J]. Information Systems Research, 2 (3): 173-191.

McFartand D J, Hamilton D. 2006. Adding contextual specificity to the technology acceptance model [J]. Computers in Human Behavior, 22 (3): 427-447.

McKenzie J. 2009-10-09. The research cycle [OB/DL]. http: //questioning. org/rcycle. html.

McKenzie J. 2010-06-21. The research cycle [EB/OL]. http: //questioning. org/rcycle. html.

McKnight D H, Chervany N L. 2001. Trust and distrust definitions: one bite at a time [M] // Falcone R, Singh M, Tan Y H. Trust in Cyber-Societies: Integrating the Human and Artificial Perspectives [M]. Berlin: Springer.

Mei-Ying Wu, Han-Ping Chou. 2008. A study of Web2.0 Website usage behavior using TAM2 [A]. In Proceedings: 2008 IEEE Asia-Pacific Services Computing Conference (APSCC2008).

Mick C K, Lindsey G N, Callahan D. 1980. Toward usable user studies [J]. Journal of the American Society for Information Science, 31 (5): 347-356.

Miller E A, West D M. 2007. Characteristics associated with use of public and private web sites as sources of health care information-results from a national survey [J]. Medical Care, 45 (3): 245-251.

Moon J, Kim Y. 2001. Extending the TAM for World-Wide-Web context. Information and Management, 38 (4): 217-230.

Moore G C, Benbasat I. 1991. Development of an instrument to measure the perceptions of adopting an information technology innovation [J]. Information Systems Research, 2 (3): 192-222.

Morris M G, Turner J M. 2001. Assessing users' subjective of experience with the World Wide Web: an exploratory examination of temporal changes in technology acceptance. Human-Computer Studies, 54: 877-901.

Nahl D. 1998. Learning the internet and the structure of information behavior. Journal of the American Society for Information Science, 49 (11): 1017-1023.

NCLIS. 2010-06. Text of theTexas Public Information Act. Government Code Chapter 552. Public Information [EB/OL]. http: www. oag. state. tx. us/AG-Pulications/txts/publicinformation 99. shtml.

Pagani M. 2006. Determinants of adoption of high speed data services in the business market: evidence for a combined technology acceptance model with task technology fit model [J]. Information & management, 43 (7): 847-860.

Paisley W J. 1986. Information needs and uses [J]. Annual Review of Information Science and Technology, 3 (1): 1-30.

Parasuraman A, Zeithaml V A, Malhotra A. 2005. ES-QUAL a multiple-item scale for assessing electronic service quality [J]. Journal of Service Research, 7 (3): 213-233.

Pavlou P A. 2003. Consumer acceptance of electronic commerce: integrating trust and risk with the technology acceptance model [J]. International Journal of Electronic Commerce, 7 (3): 101-134.

Saoutert E, Andreasen I. 2006. Costs and benefits of communicating product safety information to the public via the Internet [J]. Integrated Environmental Assessment and Management, 2 (2): 191-195.

Savolainen R. 2007. Information behavior and information practice: reviewing the "Umbrella Concepts" of information seeking studies [J]. The Library Quarterly, 77 (2): 112-114.

Schepers J, Wetzels M. 2007. A meta-analysis of the technology acceptance model: investigating subjective norm and moderation effects [J]. Information & Management, 44 (1): 90-103.

Schewe C D. 1976. The management information system user: an exploratory behavioral analysis [J]. Academy of Management Journal, 19 (4): 577-590.

Schubert P, Dettling W. 2002. Extended web assessment method (EWAM) -evaluation of e-commerce applications from the customer's viewpoint [C] //System Sciences. Proceedings of the 35th Annual Hawaii International Conference on IEEE.

Selim H M. 2003. An empirical investigation of student acceptance of course websites [J]. Computers & Education, 40 (4): 343-360.

Shih H P. 2004. An empirical study on predicting user acceptance of e-shopping on the Web [J]. Information & Management, 41 (3): 351-368.

Shih H P. 2004. Extended technology acceptance model of Internet utilization behavior [J]. Information & Management, 41 (6): 719-729.

Strong D M, Dishaw M T, Bandy D B. 2007. Extending task technology fit with computer self-efficacy [J]. ACM SIGMIS Database, 37 (2-3): 96-107.

Sun H S, Zhang P. 2004. A methodological analysis of user technology acceptance [A]. Proceedings of the 37th Hawaii International Conference on System Sciences, Hawaii.

Swanson E B. 1974. Management information systems: appreciation and involvement [J]. Management Science, 21 (2): 178-188.

Taylor S, Todd P A. 1995. Decomposition and cross effects in the theory of planned behavior: a study of consumer adoption intentions [J]. International Journal of Research in Marketing, (1): 137-155.

Taylor S, Todd P. 1995. Understanding information technology usage: a test of competing models [J]. Information Systems Research, 6 (2): 144-176.

Teo T S H, Lim V K G, Lai R Y C. 1999. Intrinsic and extrinsic motivation in internet usage. International Journal of Management Science, 27 (1): 25-37.

Teo T S H, Liu J. 2007. Consumer trust in e-commerce in the United States, Singapore and China [J]. Omega, 35 (1): 22-38.

Thompson R L, Higgins C A. 1991. Personal computing: toward a conceptual model of utilization [J]. MIS quarterly, 125-143.

Tornatzky L, Klein K. 1982. Innovation characteristics and adoption-implementation: a meta-analysis of findings [J]. IEEE Transactions on Engineering Management, 29 (1): 28-45.

Tyre M J, Hauptman O. 1992. Effectiveness of organizational responses to technological change in the production process [J]. Organization Science, 3 (3): 301-320.

Tyre M, Hauptman O. 1992. Effectiveness of organizational response to technological change in the production process [J]. Organization Science, 3 (3): 301-320.

Uhlir P. 2010-3-16. Draft Policy Guidelines for the Development and Promotion of Public domain Information [EB/OL].

Van den Poel D, Leunis J 1999. Consumer acceptance of the internet as a channel of distribution. Journal of Business Research, 45: 249-256.

van Deursen A, van Dijk J. 2008. Using online public services: a measurement of citizens'operational, formal, information and strategic skills [A]. Proceedings of the 7th international conference on Electronic Government.

Venkatesh V. 2000. Determinants of perceived ease of use: integrating perceived behavioral control, computer anxiety and enjoyment into the technology acceptance mode [J]. Information Systems Research, 11: 342-365.

参 考 文 献

Venkatesh V, Davis F D. 2000. A theoretical extension of the technology acceptance model: four longitudinal field studies [J]. Management Science, 46 (2): 186-204.

Venkatesh V, Morris M G. 2000. Why do not men ever stop to ask for directions? gender, social influence, and their role in technology acceptance and usage behavior [J]. MIS Quarterly, 24 (1): 115-139.

Venkatesh V, Bala H. 2008. Technology acceptance model 3 and a research agenda on interventions [J]. Decision Sciences, 39 (2): 273-315.

Venkatesh V, Morris M G, Davis G B, et al 2003. User acceptance of information technology: towards a unified view [J]. MIS Quarterly, 27 (3): 425-478.

Vijayasarathy L R. 2004. Predicting consumer intentions to use on-line shopping: the case for an augmented technology acceptance model [J]. Information & Management, 41 (6): 747-762.

Voorbij, Henk J. 1999. Searching scientific information on the internet: a dutch academic user survey [J]. Journal of the American Society for Information Science, 50 (7): 598-615.

Warshaw P R. 1980. A new model for predicting behavioral intentions: an alternative to fishbein [J]. Marketing Res, (17): 153-172.

Webster F E Jr. 1969. New product adoption in industrial markets: a framework for analysis [J]. Journal of Marketing, 33 (3): 35-39.

West D M. 2006-10-10. WMRC global e-government survey [EB/OL].

Wilson T D. 1981. On User Studies and Information Needs [J]. Journal of Documentation, 37 (1): 3-15.

Wilson T D. 2000. Human Information Behavior [J]. Information Science, 3 (2): 49-56.

Wu J H, Wang S C, Lin L M. 2005. What drives mobile health care? An empirical evaluation of technology acceptance [C] //System Sciences. Proceedings of the 38th Annual Hawaii International Conference on IEEE.

Wu J H, Wang S C. 2005. What drives mobile commerce: an empirical evaluation of the revised technology acceptance model [J]. Information & Management, 42 (5): 719-729.

Wu J, Liu D. 2007. The effects of trust and enjoyment on intention to play online games [J]. Journal of Electronic Commerce Research, 8 (2): 128-140.

Yousafzai S Y, Foxall G R, Pallister J G. 2007. Technology acceptance: a meta-analysis of the TAM: Part 1. Journal of Modelling in Management, 2 (3): 251-280.

附录 A 网络公共信息资源用户利用的调查问卷

尊敬的女士/先生：

您好！非常感谢您参与本次问卷调查。

本研究关注于您在工作、生活和学习中利用各种网络公共信息资源的情况。为了研究的有效性，请根据您的真实感受填写问卷。您的问答仅供学术研究之用，我们承诺对您的资料予以保密并妥善保管。

您的回答对我们的研究十分重要，在此衷心感谢您的参与和合作！

祝您：身体健康、心想事成！

注释：公共信息资源网站类型多样，包括各级政府网站、企业门户、公共事业部门（如图书馆、高校、科研所等）及个人网站，只要网站提供公开传播的、面向社会公众、与社会公共利益密切相关的信息资源，我们都将其纳入公共信息资源网站范畴。在调查时，请首先选择一个您相对最常访问的公共信息资源网站，本问卷所有问项是针对这一网站而言的。请根据您的实际情况填写本问卷。

我最常访问的公共信息资源网站为：

第一部分 您对这个网站的感受

本次调查用 1~5 代表与个人主观或实际情况的符合程度，根据您对该网站浏览或使用的整体感受，请在相应的选项上画"√"。

1---|---2---|----3---|----4---|-----5
非常   不同意   一般   同意   非常
不同意   同意

1. 有用认知（PU）

有用认知	1~5 代表同意程度不断增强
PU1：利用该网站，几乎所有的需要的公共信息都能找到	① ② ③ ④ ⑤
PU2：该网站提供的公共信息的准确率高	① ② ③ ④ ⑤
PU3：访问网站能让我了解公共事业，增加公共部门工作的透明度	① ② ③ ④ ⑤
PU4：网站提供的公共信息能提高我的办事效率，节省时间和精力	① ② ③ ④ ⑤
PU5：网站提供的公共信息能让我节省费用	① ② ③ ④ ⑤

2. 易用认知（PEOU）

易用认知（PEOU）	1～5 代表同意程度不断增强
PEOU1：网站提供的在线办事流程清晰、方便	① ② ③ ④ ⑤
PEOU2：网站提供了方便的导航机制，易于使用	① ② ③ ④ ⑤
PEOU3：通过网站可以很容易找到我需要的信息	① ② ③ ④ ⑤
PEOU4：网站设计遵循了标准和惯例，新访问者能很快上手	① ② ③ ④ ⑤
PEOU5：对我来说，访问该网站是一件容易的事	① ② ③ ④ ⑤

3. 任务技术适配（TTF）

信息质量	1～5 代表同意程度不断增强
TTF1：网站提供的信息和链接丰富，几乎所有需要的公共信息都能找到	① ② ③ ④ ⑤
TTF2：该网站信息提供来源，且具有一定的权威性和准确性	① ② ③ ④ ⑤
TTF3：该网站信息能提供全文	① ② ③ ④ ⑤
TTF4：网站只提供必要和有用的信息	① ② ③ ④ ⑤
TTF5：该网站信息内容更新及时	① ② ③ ④ ⑤
TTF6：该网站提供的信息分类清晰	① ② ③ ④ ⑤
TTF7：该网站语言风格清晰一致，与用户风格相匹配	① ② ③ ④ ⑤
TTF8：该网站提供多语言版本的信息	① ② ③ ④ ⑤
TTF9：该网站提供的信息格式是用户经常阅读的格式，如 html 文档、.doc 文档、.pdf 文档等	① ② ③ ④ ⑤
技术支撑	1～5 代表同意程度不断增强
TTF10：界面响应迅速，即使需要很长时间响应也会给用户提示，让用户了解系统状况	① ② ③ ④ ⑤
TTF11：网站提供的在线服务功能（如网上注册、申报、支付）设计简洁、界面友好、易于操作	① ② ③ ④ ⑤
TTF12：网站能够保证用户信息的安全性（身份认证、用户权限设置、个人信息保密）	① ② ③ ④ ⑤
TTF13：网站能够保证交互过程的安全可靠（具备防火墙、认证、加密、防黑客、防抵御等技术）	① ② ③ ④ ⑤
辅助功能	1～5 代表同意程度不断增强
TTF14：网站能提供在线咨询、在线帮助或 E-mail 等功能	① ② ③ ④ ⑤
TTF15：网站提供常见问题列表、新手指南等信息	① ② ③ ④ ⑤
TTF16：网站能提供自由交流的空间（如聊天室、论坛、留言板等）	① ② ③ ④ ⑤
TTF17：该网站能提供个性化服务功能	① ② ③ ④ ⑤

4. 主观规范（SN）

主观规范	1~5 代表同意程度不断增强
SN1：我周围的人群认为使用该网站公共信息资源是一个不错的选择	① ② ③ ④ ⑤
SN2：我周围的人群认为使用该网站公共信息资源有价值	① ② ③ ④ ⑤
SN3：由于媒体的宣传，我会使用该网站的公共信息资源	① ② ③ ④ ⑤
SN4：网站提供访问次数计数器	① ② ③ ④ ⑤

5. 行为控制认知（PBC）

行为控制认知	1~5 代表同意程度不断增强
PBC1：即使没有帮助，我也能够独立地使用该网站	① ② ③ ④ ⑤
PBC2：我是该网站的忠实用户	① ② ③ ④ ⑤
PBC3：我拥有使用该网站的条件（时间、资金、技术、设备、软件）	① ② ③ ④ ⑤

6. 感知信任（T）

感知信任	1~5 代表同意程度不断增强
T1：网站的所属机构、组织或个人信誉好、声望高	① ② ③ ④ ⑤
T2：网站提供的信息来源明确、知识产权清晰	① ② ③ ④ ⑤
T3：网站提供了个人信息保护声明、隐私条款等规章制度	① ② ③ ④ ⑤
T4：网站有关其所属机构、组织或个人的简要情况介绍	① ② ③ ④ ⑤
T5：网站不会侵犯到公众的利益	① ② ③ ④ ⑤
T6：网站有技术措施和策略来保证用户的安全访问	① ② ③ ④ ⑤
T7：网站提供公共事务办理时能提供数字签名	① ② ③ ④ ⑤
T8：网站有一些数字民主措施，如留言板、辩论论坛	① ② ③ ④ ⑤

7. 网站使用的行为意图（BI）

网站使用的行为意图	1~5 代表同意程度不断增强
BI1：我会考虑未来继续使用该网站	① ② ③ ④ ⑤
BI2：我打算未来经常使用该网站	① ② ③ ④ ⑤
BI3：我会向周围人群推荐该网站	① ② ③ ④ ⑤
BI4：我会利用该网站提供的在线服务功能	① ② ③ ④ ⑤
BI5：我会利用该网站获取公共信息	① ② ③ ④ ⑤

8. 网站实际使用（U）

网站实际使用	1~5 代表同意程度不断增强
U1：我经常使用该网站的公共信息资源和公共服务	① ② ③ ④ ⑤
U2：我总是使用该网站解决公共信息需求问题	① ② ③ ④ ⑤

9. 网络公共信息资源利用效率（UR）

网络公共信息资源利用效率	1～5 代表同意程度不断增强
UR1：该网站满足了我的公共信息需求	① ② ③ ④ ⑤
UR2：对使用网络获取和利用公共信息带来的个人好处感到满意	① ② ③ ④ ⑤

第二部分　个人基本信息

1. 您的性别是（　　）
   A. 男　　　　　　　B. 女
2. 您的年龄是（　　）
   A. 20 岁以下　　　B. 21～30 岁　　C. 31～40 岁　　D. 41～50 岁
   E. 50 岁以上
3. 您的受教育程度是（　　）
   A. 高中及以下　　　B. 专科　　　　C. 本科　　　　D. 硕士
   E. 博士
4. 您每月的个人消费水平是（　　）
   A. 500 元以下　　　B. 501～1000 元　C. 1001～1500 元　D. 1501～2000 元
   E. 2001 元以上
5. 您的网络使用年限是（　　）
   A. 1 年及以下　　　B. 2～4 年　　　C. 5～7 年　　　D. 8～10 年
   E. 11 年以上
6. 您平均每周上网次数是（　　）
   A. 少于 1 次　　　　B. 1～5 次　　　C. 6～10 次　　　D. 11～15 次
   E. 15 次以上
7. 您平均每次的上网时间是（　　）
   A. 1 小时以下　　　B. 1～2 小时　　C. 2～3 小时　　D. 3～4 小时
   E. 4 小时以上
8. 您使用该网站的频率是（　　）
   A. 很少使用　　　　B. 偶尔使用　　　C. 一般使用　　　D. 经常使用
   E. 频繁使用
9. 您的职业是（　　）
   A. 学生　　　　　　B. 教职工　　　　C. 企业员工　　　D. 其他_____
10. 您能推荐几个口碑比较好的公共信息资源网站吗（　　）

附录 B 验证性因子分析的协方差矩阵

.537
.270 .495
.321 .258 .550
.292 .271 .258 .458
.308 .276 .272 .268 .533
.251 .270 .212 .203 .239 .579
.257 .280 .289 .239 .276 .326 .548
.239 .277 .196 .215 .249 .346 .339 .598
.220 .222 .196 .155 .197 .330 .310 .293 .462
.245 .213 .186 .199 .220 .181 .171 .214 .165 .492
.222 .221 .227 .203 .217 .231 .200 .222 .167 .284 .471
.277 .244 .239 .240 .243 .296 .235 .292 .217 .374 .316 .622
.221 .221 .178 .192 .213 .237 .216 .296 .189 .299 .254 .323 .501
.256 .249 .219 .228 .219 .194 .230 .228 .179 .265 .248 .368 .299 .545
.281 .298 .259 .242 .259 .299 .228 .264 .230 .282 .344 .356 .333 .297 .619
.110 .142 .152 .129 .118 .121 .147 .174 .115 .113 .127 .169 .152 .194 .180 .385
.182 .165 .138 .154 .178 .195 .156 .180 .148 .169 .164 .205 .176 .210 .249 .150 .444
.234 .226 .192 .165 .229 .260 .287 .273 .234 .162 .167 .201 .205 .177 .236 .115 .168 .578
.225 .246 .225 .210 .226 .283 .251 .273 .209 .171 .177 .193 .171 .151 .173 .086 .156 .218 .503
.239 .295 .254 .202 .283 .293 .307 .320 .246 .182 .188 .234 .214 .175 .209 .129 .180 .273 .292 .516
.212 .226 .175 .197 .209 .246 .270 .278 .214 .139 .156 .170 .156 .154 .172 .087 .132 .257 .207 .267 .452
.220 .255 .203 .178 .195 .238 .263 .248 .179 .132 .181 .195 .165 .146 .174 .054 .130 .240 .276 .266 .272 .488
.267 .262 .253 .185 .238 .363 .325 .327 .268 .191 .260 .276 .244 .203 .248 .101 .160 .309 .259 .298 .229 .272 .587
.235 .230 .193 .192 .219 .272 .273 .230 .225 .215 .173 .231 .168 .183 .193 .120 .157 .258 .243 .290 .285 .269 .270 .481
.297 .248 .216 .234 .248 .321 .323 .293 .252 .202 .220 .283 .229 .236 .256 .128 .171 .327 .249 .293 .251 .261 .382 .280 .577
.204 .208 .243 .166 .242 .270 .257 .278 .238 .138 .172 .197 .202 .187 .209 .128 .154 .287 .265 .307 .191 .232 .292 .222 .279 .548

附录 B 验证性因子分析的协方差矩阵

.199.191.214.164.185.246.258.299.241.110.146.180.117.144.188.148.114.241.202.259
.217.184.241.211.240.269.511

.233.231.227.174.202.293.292.276.245.173.195.235.205.196.213.078.154.239.191.218
.202.217.261.222.234.248.273.524

.207.216.230.189.218.278.270.264.230.184.186.226.227.227.232.158.173.276.239.280
.227.221.261.248.295.341.284.284.552

.172.167.165.161.183.226.225.240.199.113.178.174.140.154.139.039.105.202.222.227
.237.221.222.233.220.215.266.253.189.501

.206.134.166.150.165.168.121.159.152.201.233.256.179.189.280.100.120.159.110.127
.153.144.157.175.195.134.195.181.177.143.510

.190.134.118.102.175.162.105.138.141.154.238.214.132.168.222.058.104.138.142.159
.111.133.194.122.142.176.168.192.151.159.315.563

.197.179.167.121.175.172.118.199.140.250.240.302.190.190.267.116.145.146.147.175
.111.118.188.154.188.159.140.145.129.120.276.266.479

.254.170.188.147.211.191.180.178.170.244.277.298.196.184.295.090.098.195.153.184
.162.157.206.207.219.177.191.221.193.173.361.361.306.581

.166.126.135.146.178.150.123.108.108.172.199.234.197.180.229.097.114.107.121.137
.115.111.161.144.166.116.101.149.128.131.267.262.248.280.451

.211.134.184.179.194.168.094.145.131.251.262.296.213.215.267.091.129.147.142.151
.114.125.167.149.139.162.146.173.142.121.327.327.304.349.279.536

.146.140.111.147.088.113.045.105.055.224.186.243.197.157.211.065.121.102.069.129
.113.108.133.127.114.077.127.108.087.102.199.146.164.228.147.216.597

.187.209.182.219.189.220.144.212.104.243.249.297.255.219.323.075.130.179.176.201
.148.152.248.205.228.155.166.187.164.153.228.154.204.284.212.271.390.655

.157.138.114.145.129.183.051.141.093.188.166.237.184.196.226.051.161.099.091.128
.086.053.151.089.119.122.100.110.089.075.140.119.170.175.163.197.355.323.599

.212.189.240.168.212.188.170.243.177.210.202.253.237.190.259.131.173.170.180.222
.158.142.224.153.157.261.194.141.208.152.156.156.203.193.128.206.209.201.248.594

.156.166.180.137.178.166.177.206.113.239.212.286.245.210.211.097.111.155.138.224
.119.140.164.148.183.199.101.155.172.165.104.115.158.212.137.173.232.226.181.294
.587

.190.207.166.151.162.159.153.214.101.203.214.257.251.205.161.102.141.114.132.182
.114.151.201.143.171.171.057.130.150.126.050.082.165.179.097.124.191.223.184.314
.318.666

附录 C 验证性因子分析的路径图

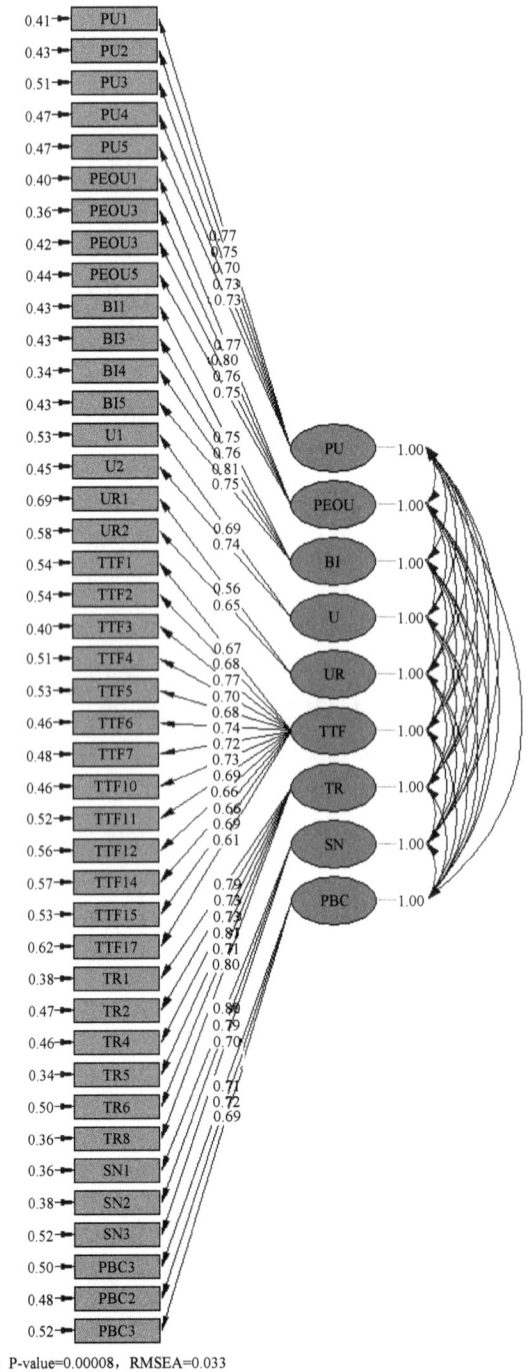

Chi-Square=941.90, df=783, P-value=0.00008, RMSEA=0.033

附录 D 网络公共信息资源利用模型的协方差矩阵

.596
.310.587
.391.382.683
.339.360.377.560
.370.394.389.399.661
.277.305.309.264.302.578
.345.343.403.357.402.377.691
.333.372.390.345.362.362.451.705
.266.266.286.225.256.389.398.337.541
.267.284.284.261.282.234.273.290.217.543
.288.315.339.274.297.273.309.334.220.366.550
.334.295.324.297.307.325.323.351.284.447.376.643
.244.316.306.260.284.296.316.357.265.352.329.368.603
.261.281.296.272.285.208.322.315.190.342.331.382.329.650
.310.365.345.312.358.323.355.388.285.327.382.375.378.369.700
.133.174.174.146.184.120.194.223.130.159.176.199.172.261.239.414
.189.203.187.185.220.183.211.236.160.190.206.214.211.266.326.184.448
.279.316.303.260.318.355.391.358.349.240.269.279.306.224.321.162.190.708
.276.317.318.290.295.327.328.358.272.242.265.275.241.216.267.133.163.317.560
.318.355.379.295.350.338.402.410.311.228.288.288.257.234.280.171.180.340.403.673
.228.276.268.232.250.260.324.336.250.166.197.203.219.170.233.119.137.296.287.354
 .577
.298.351.351.287.292.319.365.388.293.217.264.278.275.211.306.130.177.378.374.375
 .368.648
.300.339.343.295.347.405.404.383.351.263.304.329.318.243.354.135.176.432.321.339
 .284.371.688
.301.299.331.297.319.324.389.329.305.255.264.296.218.256.280.148.189.351.334.396
 .307.376.339.590
.296.343.312.302.329.352.409.322.330.263.295.313.308.269.309.172.181.437.279.342
 .265.341.477.341.672
.283.286.371.267.326.326.349.390.325.196.239.258.247.223.281.169.173.360.326.400

. 270. 365. 363. 359. 346. 695
. 244. 314. 313. 272. 319. 320. 380. 366. 325. 195. 243. 249. 241. 217. 282. 177. 147. 386. 303. 364
. 324. 303. 373. 323. 369. 378. 625
. 335. 346. 367. 318. 365. 364. 429. 407. 338. 276. 310. 326. 295. 248. 324. 136. 181. 386. 327. 359
. 331. 331. 414. 374. 371. 413. 419. 749
. 305. 336. 400. 312. 359. 339. 419. 400. 316. 280. 322. 306. 304. 294. 310. 195. 195. 373. 345. 444
. 328. 349. 361. 392. 397. 503. 428. 492. 746
. 228. 243. 249. 264. 299. 267. 343. 329. 274. 185. 196. 229. 218. 213. 249. 112. 148. 300. 269. 267
. 298. 295. 335. 298. 295. 334. 343. 417. 321. 588
. 234. 162. 216. 154. 175. 150. 168. 199. 163. 206. 225. 267. 173. 156. 198. 098. 090. 147. 145. 194
. 203. 216. 135. 214. 176. 230. 182. 214. 242. 148. 606
. 184. 135. 144. 088. 156. 130. 094. 119. 115. 128. 155. 170. 135. 068. 118. 042. 052. 096. 104. 135
. 152. 160. 111. 080. 107. 177. 138. 147. 144. 108. 381. 577
. 186. 206. 224. 155. 205. 162. 176. 260. 166. 222. 232. 256. 190. 177. 234. 116. 122. 194. 176. 198
. 154. 214. 194. 194. 195. 259. 199. 203. 210. 151. 326. 263. 511
. 274. 247. 283. 188. 247. 225. 244. 250. 218. 286. 319. 315. 261. 212. 305. 132. 130. 261. 198. 242
. 221. 276. 239. 218. 287. 261. 234. 259. 280. 185. 376. 366. 330. 635
. 131. 121. 106. 072. 140. 136. 109. 063. 108. 147. 166. 193. 182. 106. 146. 053. 063. 099. 061. 101
. 100. 086. 123. 075. 151. 073. 107. 090. 092. 073. 267. 292. 215. 287. 476
. 147. 123. 127. 123. 152. 153. 060. 101. 098. 184. 191. 208. 187. 134. 165. 056. 089. 134. 089. 079
. 132. 142. 139. 067. 125. 102. 137. 106. 095. 084. 271. 306. 256. 336. 261. 557
. 195. 187. 179. 181. 170. 152. 185. 187. 110. 249. 235. 272. 230. 235. 298. 114. 167. 145. 130. 174
. 148. 167. 210. 151. 177. 124. 179. 196. 175. 165. 128. 078. 106. 213. 121. 115. 622
. 227. 263. 235. 229. 256. 227. 246. 244. 138. 277. 293. 311. 282. 270. 339. 126. 179. 198. 191. 210
. 143. 152. 277. 203. 270. 131. 226. 232. 209. 173. 130. 076. 141. 225. 189. 158. 411. 654
. 157. 167. 150. 150. 157. 188. 130. 197. 136. 189. 199. 216. 198. 212. 248. 092. 165. 145. 132. 152
. 115. 131. 203. 117. 139. 134. 163. 149. 126. 109. 075. 041. 110. 141. 104. 102. 391. 334. 628
. 216. 228. 235. 189. 253. 216. 221. 259. 180. 224. 235. 260. 237. 207. 295. 157. 176. 223. 194. 233
. 206. 224. 247. 168. 199. 242. 229. 200. 253. 194. 132. 144. 139. 213. 111. 171. 267. 225. 254. 614
. 231. 234. 263. 224. 253. 210. 262. 276. 162. 270. 270. 320. 270. 287. 274. 148. 151. 241. 187. 254. 164
. 238. 274. 211. 235. 235. 204. 225. 254. 216. 110. 099. 159. 245. 117. 163. 267. 250. 210. 355. 622
. 193. 236. 239. 204. 210. 194. 200. 236. 113. 246. 252. 259. 259. 254. 205. 121. 140. 191. 178. 213. 151
. 207. 248. 187. 203. 172. 148. 212. 222. 158. 039. 044. 103. 149. 034. 083. 214. 225. 212. 340. 362. 648

附录 E 网络公共信息资源用户利用模型的结构方程路径图

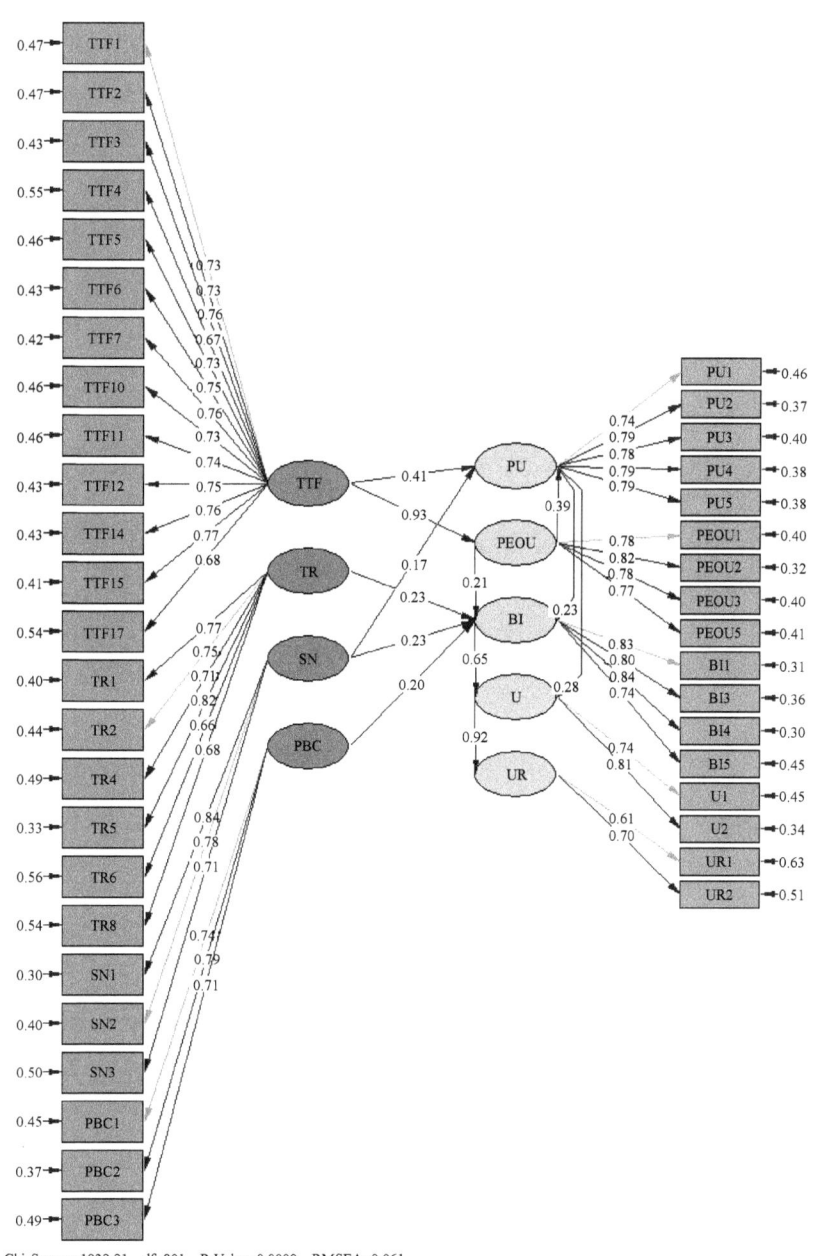

Chi-Square=1939.91, df=801, P-Value=0.0000, RMSEA=0.061